戦国史研究叢書18

戦国期の伝馬制度と負担体系

野澤隆一 著

岩田書院

戦国期の伝馬制度と負担体系　目　次

序にかえて

本書は、伝馬制度と負担体系という二つの切り口から、戦国期の社会変動を実証的に明らかにしようとするものである。具体的には、中世前期の伝馬制度との比較検討と、抜地売券・寄進状から新たな加地子の存在形態を明らかにすることで、多くの町や村が生まれた大名領国が分立した戦国社会の要因を追究した。

さて、地名は地域の人々の生活を表わす指標といわれる。そこで地名辞典を何気なく見ていると、戦国時代からあらわれる地名が目に付く。かつて勝俣鎮夫氏(1)は、中世後期の村・町の成立を社会体制の転換として位置づけ、近代社会にも通じる「村町制」として提示した。そこで本書では、中世前期の実態を踏まえつつ、戦国期に急増する宿を戦国大名の伝馬制度の創出から、同様に郷村を戦国大名が賦課した諸負担体系成立の意義からそれぞれ考察することで、宿と郷村が地域的に一体となる戦国社会の新潮流の具現化に挑戦してみたのである。

なお、収載した論文の中には発表から三十年以上が経過しているものも複数あり、既に学界の状況とは乖離してしまっている感は否めないが、一人の学徒の足跡として御寛恕していただければ幸いである。以下、各節の論点を要約して、読んで下さる方の便宜とすることで「序」にかえさせていただく。

第一章　戦国期の伝馬制度

第一節「鎌倉時代の伝馬制度」(一九九七年)は、それまでまとめられてこなかった鎌倉時代の伝馬制度を総合した

専論であり、制度面から当時の交通の実態に迫ろうと試みたものである。その結果、

幕府は御家人領内に駅家を設定して御家人役の一環として伝馬役を課していた（例、御家人―手越家綱、駅家―駿河国有度郡麻利子）宿があること、

東寺領播磨国矢野荘、高野山領備後国大田荘、東大寺領播磨国大部荘、東大寺領伊賀国黒田荘、東大寺領大和国四箇荘、東大寺領山城国賀茂荘、東大寺領大和国清澄荘、春日社領（後に興福寺三蔵院領）和泉国春木荘、東寺領丹波国大山荘、東寺領大和国檜牧荘、勧学院領近江国儀俄荘、大乗院領越前国河口荘のような畿内及びその周辺地域の寺社領荘園では、荘園領主への年貢輸送や荘官・地頭の上下向のために、伝馬役が「人夫伝馬」などとあるように、人夫役の一種として荘民に課されていた事実のあること、

幕府の協力のもと、伊勢神宮勅使下向に際して、古代以来の伝統的宿駅（例、近江国勢多・甲賀、伊勢国関・一志）からの伝馬役の徴発があったこと、

宗像社領や大乗院領に見られる地域的な伝馬役も看取されること、

などを明らかにした。なお前記の地域的な伝馬役のうち、前者は宗像社領内の諸郷に伝馬役を賦課したもので、「伝馬日記」を設置するなど制度化が進んでいる。後者は大和国大乗院領の寄人に対して「宿次伝馬」の徴発が命じられており、地域的な宿駅ネットワークが推測される。

以上のように、鎌倉時代に伝馬制度を確認することができるが、それは領域的恒常的に深化した制度と言うよりは、地域的臨時的な役負担として散見できる程度と考えられる。そして、その負担者は、かつての「僦馬の党」に通じるような東国御家人、荘園内の夫役を負担するような荘民、令制下から勅使下向などに際して古代以来の宿駅で伝馬を負担していた伝統的運送業者などを想定することができる。従って、鎌倉期の交通は、様々な階層の地域的運送業務

をつかさどる人々によって支えられていたのであり、その保障体制が伝馬制度となって顕在化したとした。

第二節「中世後期の伝馬役―戦国大名伝馬制度の歴史的前提―」（二〇〇六年）は、中世後期（南北朝・室町期）の伝馬制度の実態を検証した。かつて新城常三氏(2)は当該期を「わが国駅制史上の空白時代」とした。一方、今谷明氏(3)は興福寺の伝馬役を中心に検討し、戦国大名伝馬制度の萌芽となる「守護伝馬役」を指摘した。本節は「戦国大名伝馬制度の歴史的前提」として、中世後期の伝馬史料を可能な限り集積して、私見を述べたものである。

「師守記」によれば官祭今宮祭、法華八講、賀茂祭春宮使、天龍寺供養会勅使にみられる古代令制を淵源とするような大炊寮南北山科の伝馬役が南北朝期にも存在したが、漸次、代銭納化、更には未進化へと衰退に向かっていった。同時に、鎌倉期に見られた荘園を単位とする伝馬役も大きく衰退していった。これは、既に古代王権や荘園領主の力が、伝統的運送業者や荘民たちに充分な秩序の維持をもたらし得なくなったことの証左と言えよう。

次いで室町幕府は伝馬役免除の奉書を出しているが、これを今谷氏はむしろ特殊ケースとし「恒常的な伝馬賦課という事態を暗示している」と述べ、守護伝馬役の存在を指摘した。しかし、免除されている伝馬役はいずれも衰退し続ける荘園伝馬役であり、幕府が守護を通じて現状保障として伝馬役免除を追認したに過ぎず、守護伝馬役賦課の証とはならない。また、今谷氏は大和国の興福寺伝馬役を「守護権に淵源する」とした。しかし、近年の研究では興福寺が大和国司・守護であったとする見解は否定され、安田次郎氏(4)は、興福寺の大和国での支配権を公権委譲によるものではなく、「営々と積み上げられていった同寺の活動の結果」と結論付けている。伝馬役で言えば、興福寺は漸次、大和国内に人夫・伝馬役のネットワーク体制を構築していったが、それは前代から看取される大乗院伝馬が、更に興福寺領に拡大深化した制度と位置付けることができるのである。以上から中世後期に守護伝馬役が積極的に機能していたとは考え難いと結論付けた。

第三節「後北条氏の伝馬制度」(一九八五年)は後北条氏の伝馬制度を検討したものである。それまで後北条氏の伝馬役は、一宿郷において一日三疋の無賃伝馬役と、疋数無制限で一疋一里一銭の無賃伝馬役が併存していたとされていた。しかし、新たな伝馬関係史料も含めて再検討した結果、駄賃は伝馬手形による振り分け制で、有賃の場合の一疋一里一銭も「役」負担としての公定駄賃であること(従って私的駄賃は更に高額となる)、疋数は一宿郷で最低三疋、無賃伝馬役が「私領」に賦課された場合は、一疋一里一銭の換算基準で一国平均役から前引きとなっていた可能性があること、公方伝馬とは後北条氏の伝馬を示す制度であり、必ずしも無賃伝馬と同意ではないことを明らかにした。そして、伝馬制度創設の背景には輸送業者(馬方)の競合的動向があり、それを大名権力側から発展的に解消するための「役」創設＝伝馬制度の成立として考えてみた。

なお、付論「後北条氏と伝馬役」(一九九四年)は、後北条氏の伝馬制度の中でもとりわけ重要な天正十年(一五八二)十二月九日付伝馬掟に関して、私見をまとめた小文である。

第四節「今川氏の伝馬制度」(二〇一四年)は今川氏の伝馬制度を検討したものである。それまでの研究では、今川氏は独自の伝馬を有しておらず友野氏や松木氏に伝馬を委ねていた、その駄賃は無賃である、などとするものであった。しかし、伝馬掟の再検討や山科言継の駿河往還の詳細な分析から、今川氏の伝馬役は一疋一里一銭(一般駄賃の約三割引き)の有賃が原則であること、伝馬は今川氏当主の発行する手形所持者に対して、各支城領主を窓口として当該地域の経済圏を支えている問屋などにより仕立てられた制度であり、街道沿いの次の地域経済圏へと連鎖的に逓送される形態をとっており、商人頭の友野氏・松木氏への委任は看取できないことを指摘した。

第五節「武田氏の伝馬制度—天正三・四年伝馬定による宿立—」(新稿)は武田氏の伝馬制度を検討したものであるが、制度自体ではなく、池上裕子氏の研究[5]以来進展してこなかった伝馬役と新宿(宿立て)、具体的には伝馬屋敷や伝馬衆の創設の意義、地域社会への影響を考察した。対象地域は、天正三・四年に伝馬定の出された駿河国の根原・厚原・竹下・棠沢・沼津・蒲原の各宿である。その結果、復興期を迎えた駿東地域において、武田氏は特権付与を掲げて新宿の建設に乗り出したこと、これにともない、それまで問屋の配下となったり、拠点を持たずに散在の者として営業したりしていた駄賃稼ぎの馬方は、営業の保障、安定化を求めて新宿に集まり伝馬屋敷を与えられて伝馬衆として武田氏に捉えられたこと、以前より馬方を雇用して運送や路地保障業務をしていた問屋は、配下の馬方が武田氏の伝馬衆になるなか、新宿立ての中心となって当該地域の復興に従事し、武田氏の公的な流通構造を構築する主体となっていったことを明らかにした。そして武田氏の伝馬制度の意義を総括するならば、武田氏は甲府八日市場を核とした公的な路地保障体制を甲斐・駿河・信濃に拡張させており、それは確実に徳川氏の伝馬制度に連続する近世駅制の萌芽であったと位置付けた。

第二章　戦国期の負担体系

第一節「加地子試論―増分論争止揚への試み―」（一九八七年）は、発表当時の「増分論争」への止揚を試みた若気の至りの一作である。従来、加地子得分は鎌倉時代後期以降の土地生産力の増大による余剰分と見なされてきたが、永原慶二氏(6)が提示したように、既に中世成立期から荘園公領制に捕捉しきれない非公田部分などの耕地に潜在していたと思われることを、鎌倉期の名抜き地売券・寄進状から証明し、同時にその形式にも言及したものである。次いで、室町・戦国期にも抜地売券・寄進状が一般的に看取されることを示し、その意味から「増分論争」の重要史料であった「大福寺文書」「恵林寺領検地帳」に新解釈を試みた。

具体的には、既に十三世紀前半から荘園年貢負担を本名に任せた抜地売却は存在することから、中世前期の時点で荘園年貢負担なしという抜地が、大量の抜地加地子を内包しながら全国的に散在しており、その売却にあたっては、諸負担なしのままの形式と、荘園年貢負担をともなう形式、本名への諸負担をともなう形式のあることを掲示した。室町・戦国期の抜地売券・寄進状の分析では、若狭・美濃・三河を対象とし、その際にも本役負担を本名に留めて、低額の諸負担のともなうA形式と、ともなわないB形式に大別できること、また、売却・寄進の対象となったものは「名内の徳分」(内徳)である抜地加地子であることを改めて確認した。

そして次の項目では、A形式で創設された諸負担、とりわけ公方年貢・色成年貢の性格や成立の背景について考察した。それによれば、抜地に成立した公方年貢や色成年貢は、抜地加地子の一部が年貢化したものであり、成立順序からいえば抜地加地子が先に潜在していて、その売却・寄進の過程で抜地加地子から公方年貢や色成年貢が誕生したこと、諸負担なしの場合の抜き地に対する買得者の所有権は不安定であり、そこで、低額の公方年貢や色成年貢を買得者から本主(本名主)側に納付することで、所有権を安定化させようとした、つまり加地子得分保障要求の上に諸負担体系は成立した、と説明した。

最後に、右のような抜地売却・寄進の実情を踏まえて、「大福寺寺領目録」「恵林寺領検地帳」を検討した結果、生産力の観点からではない新たな加地子の存在形態が、二つの史料の理解にも適合すると考え、結論的には、「大福寺寺領目録・永地注文」にあらわれる耕地の多くは、低額の本年貢負担をともなうA形式の抜地買得・寄進によって大福寺に集積された土地、「恵林寺領検地帳」に見られる惣百姓の所持地や軍役衆の給恩地は、元来、荘園制下の地方寺院の直属地に低額の負担を設定することで村落維持や相互扶助のための在地留保地として存立していた土地と推定した。今川氏や武田氏は、荘園制下の在地に留保・潜在化していた加地子をその知行制に包摂したこと、更には権力側の強圧の下に一方的に捕捉されたのではなく、加地子保障を希求した役負担者側からの積極的な動向を前提としてこそ理解できるとした。

なお、基本的な論旨は不変であるが、本節は初出から三十年を経過しており、認識を訂正したり、表現・実証方法を変えたりしたため、大幅に改稿した部分がある。

第二節「戦国期の買地安堵―江北地域の売券・寄進状の分析―」（一九八八年）は、買地安堵という観点から大名権力の一角を明らかにしようとしたものである。その前提として、未だ事例研究もなされていなかった江北地域（近江国北部、伊香・浅井・坂田郡）の合計三五〇通に近い土地売券・寄進状に分析を加え、売買・寄進の実態、斗代、売価に関して新事実を提示した。また、売買・寄進の対象となっていた得分について検討を試み、従来の加地子の存在形態について新たな見通しを掲げた。

最初に全体像の把握を試み、百姓・寺庵・在地領主（国人・土豪層）の土地売却と、在地領主・寺庵の買得が多いこと、土地寄進では寺庵が百姓・他の寺庵・在地領主からの買得地を寺院（大原観音寺・総持寺・成菩提院・竹生島）に寄進する傾向が強いことがわかった。斗代（売券・寄進状の公方年貢・加地子得分・段銭・万雑公事などの諸負担・得分合計の段当表示）については、突出した件数の斗代が浮かび上がった。それによれば斗代七斗から二石まで（三三二例）のうち、一石五斗が六七例、一石が四八例、一石二斗が二五例（この三段階で一四〇例、全体の約四三％を占める）となった。全体（三七二例）でも一石から一石五斗までが二二一例で約五九％に達した。加えて平均斗代は売却地が二四〇例で約一石二斗六舛一合、寄進地は一三二例（譲状二例を含む）で約一石一斗三舛八合となった。従って、江北地域の場合、一石、一石五斗代の売券・寄進状が多く、平均化すると一石二斗前後の斗代と算出された。次いで売価の分析では、売価と諸得分は比例関係にあり、江北地域では売価は諸得分の五～六倍を中心として変動していたとした。

続いて抜地売券の考察から、そこに成立した公方年貢や諸公事の性格を明らかにした。「公方年貢段銭無地」とある抜地売券を追うと、その後の同一地の売買・寄進の過程で「公方段銭」「諸公事」「公方年貢」などとされる比較的低斗代の負担が成立してゆくことに気付いた。そこで売券・寄進状中の「公方年貢」(本年貢・所当・本役等を含む)で段当額算出可能事例(重出分除外、以下同)一五四例の中で四斗未満の合計が四八例、「公事米」(公方公事米一例を含む)二二例中で最高段当額七斗、最低五舛、平均約二斗一舛、「(公事)段銭」一四例中で最高六斗、最低一舛五合、平均約一斗四舛、その他の多種の「公事」でも全て段当三斗以下であった。以上から、荘園本年貢負担なしの名抜地を売却するにあたっては、少額ながらも抜地加地子(内徳)が諸公事・公方年貢として設定され、役負担耕地として売買・寄進する必要があったとした。更に、右のように低斗代の負担のついた耕地売券・寄進状が多いことから、広範囲な抜地(抜地加地子・内徳)の想定が可能とした。

つまり加地子は、鎌倉後期以降の土地生産力の増大が生み出した形態のみならず、非公田の荘園年貢無負担地としての形態を視野に入れるべきであり、そこに内在する名内得分(内徳)が、名抜き形式の土地売買・寄進を契機として顕在化し、その過程で買得権の安定化のために、買得した抜地加地子(内徳)の一部を低斗代の公方年貢や公事等として本主(本名主)に納入していたと結論付けた。

最後に前述のような売買・寄進の実態を踏まえて、権力側からの買地安堵の意義を考究した。買地安堵に関する先学の研究は多いものの、江北地域についてはまったく手つかずであった。まず、江北三郡の事例を表化したところ、ここに一つの特徴が浮かび上がった。文明五年(一四七三)を初見とする買地安堵者は、守護京極氏、その「根本被官」と言われた今井氏・浅井氏、京極氏の支流の百々氏などであったが、永禄四年(一五六一)以降は浅井氏に集中する。ここに浅井氏は戦国大名化を迎えたとした。

そして、こうした買地安堵の背景に横たわっているものは、多くの売券に見ることのできる「万一号本名主、又者他之妨在之者」などの売却者側に残存する本主（本名主）権であり、また低斗代を理由に諸負担増を掲げて所有権を奪取しようとする「競望之輩」の存在を推測した。大名権力はこれに対して「為公方堅御成敗肝要候」などとして買地安堵を加えたが、被安堵者の多くが、抜地買得や寄進に携わっていた寺庵層であることからも、安堵の対象となったものは、非公田である荘園年貢無負担地に内包していた在地留保分である抜地加地子（内徳）であるとした。同時に安堵は大名権力の知行制に組み込まれることを意味していることから、多くの役負担をともなう買得地は給地化したとし、この独占的主体である浅井氏を新たな段階の権力と位置付けた。

なお、本節も初出から三十年を経過しており、基本的な論旨は不変であるが、認識を訂正したり、表現・実証方法を変えたりしたため、大幅に改稿した部分がある。

第三節「戦国期越前国の負担体系と朝倉氏―敦賀郡善妙寺領の分析―」（一九九〇年）は、戦国期の越前国の抜地売買・寄進事例を掲出し、それを契機として新たに諸負担体系が在地に成立していたことを明らかにし、抜地を生み出した多くの在地留保分を前提に「善妙寺寺領目録」や「善妙寺寺領差出」などを分析し、朝倉氏の寺領安堵から、その権力論に迫ろうとしたものである。

まず、越前国の名抜地売却・寄進事例を表出し、その形式に諸負担を親名地に任せ全くの無負担地として売却・寄進される場合と、段銭・本役・上成・公方年貢・小成物などの諸負担（納入先は名主・親名が多い）をともなって名抜き売却・寄進される場合のあることを明示した。続いて売却・寄進の対象となった内徳について考察した。内徳は名内得分のことであり、名編成内においては荘園年貢を免除された在地留保分として田地・畑地・山林など様々な形態で内在していた。それらが売買・寄進の過程で顕在化するが、その際に前述したように一部は低額諸負担化したのであった。なお本章第一節により、こうした状況は既に十三世紀前半より全国的に看取できることを検証している。

次に、朝倉氏に指し出したと思われる永禄元年六月五日付、「善妙寺寺領目録」を詳細に分析した。その結果、寺領目録の分米地には低額な本役米銭や段銭が創設されていることから、「善妙寺寺領目録」の耕地は公田ではなく荘園年貢免除を受けた地方寺院の保有する在地留保地であること、本役米銭は善妙寺の寺庵を単位とする寺請であることから寺領安堵のため、段銭は一筆ごとに割り付けられていることから作職安堵のため、各々設定されたこと、納入先は元来、善妙寺が気比神宮の神宮寺であったことから、気比神宮(関係者、寺院を含む)や、敦賀郡奉行となった朝倉氏家臣(一族を含む)がほとんどであることなどを明らかにした。そして、右の本役米銭や段銭の負担は、内徳(名内得分)のような在地留保分を保障するための一策として創設されたとした。なお段銭賦課方式は、段当七五文とその約二倍の二方式に大別できるとした。

「善妙寺寺領目録」が作られた十二年後の永禄十三年には、善妙寺が朝倉氏に対して寺納高を報告し、更に寺庵ごとに寺庵領の五分の一を算出して朝倉氏への納入を約した。それが「善妙寺寺領差出写」として残っているが、その目的は五分の一役(寺庵役)を納入することで、十二年間で買得・寄進を受けた増分を加算して朝倉氏から安堵を得ようとするものであった。無論、その背景には「本主」や「競望之輩」の存在による所有権の不安定性があるが、一方で在地留保分(内徳分)は、朝倉氏の知行体系に組み込まれており、朝倉氏は、新たな段階の権力となったと評価した。

第四節「後北条氏と段銭」(一九九三年)は、戦国大名研究の王道とされる後北条氏の領国下の段銭の性格やその対応に関して、後北条氏の領国になる前に成立していた公田段銭と比較しながら検討を加えたものである。

まず、役夫工米・段銭賦課免除一覧(後に北条領国化する地域)として、延文六年(一三六一)から文明五年(一四七三)の百十二年間の五二例を表出した。それによれば、賦課側は室町幕府、鎌倉府関係者が目につき、内容は伊勢神宮関係が多く、その他にも寺社造営段銭や称光天皇即位要脚段銭が見られることから臨時課税であり、加えて、賦課対象地は段銭請取状などから「公田」であるが、その段銭請取状は応永十五年（一四〇八）が最後となるとした。また、以後、段銭催促や免除、「不事行」とする事例が増加することから、十五世紀に入ると「公田段銭」は徴収困難になっていったとした。更に「官庁段銭」「大嘗会米段銭」「鶴岡八幡宮御修理要脚段銭」「外宮神宝料足」「永安寺造営段別銭」の請取状から、公田段銭の段当額は約二〇文と算出した。

これに対して、後北条氏の段銭関係史料が最も多く残っている神奈川県相模原市の田名郷の段銭の推移を検討した。それによれば、田名郷の基本段銭は天文二十一年（一五五二）から天正九年（一五八一）まで確認できる「本段銭六貫三二〇文」であること。一方、その間の永禄五・六年（一五六二・六三）の「懸段銭四貫八〇〇文」は、田名郷貫高八〇貫文（「北条氏所領役帳」）に六%を懸けた数値であること、従って仮に何らかの基準貫高に数値を乗じたものならば「懸段銭」と記されることとなり、「本段銭六貫三二〇文」は何らかの数字を乗じて算出したものではなく、段当たり四〇文を割り付けていった結果生じた数値であるとした。

また、その対象地は後北条氏以前の「公田」ではなく、「田作り候役」とあることから、後北条氏の直轄領や寺社領、家臣の領地（私領）を問わず貫高に捕捉された「公田」を凌駕するほどの田地であったとし、加えて、以上のような新たな段銭を家臣・寺院・百姓・手工業者などの知行とすることで、後北条氏は役負担を拡大させていった新権力であると理解した。

註

（1）　勝俣鎮夫『戦国時代論』（一九九六年）。

（2）　新城常三『鎌倉時代の交通』（一九六七年、一九九五年復刊）。

（3）今谷明『守護領国支配機構の研究』（一九八六年）。
（4）安田次郎『中世の興福寺と大和』（二〇〇一年）。
（5）池上裕子『戦国時代社会構造の研究』（一九九九年）。
（6）永原慶二『日本中世社会構造の研究』（一九七三年）。

第一章　戦国期の伝馬制度

第一節　鎌倉時代の伝馬制度

はじめに

今、歴史学において、生産力の増大が社会を進化させるという考え方に対して、非生産的な商業・交易・流通などを明らかにすることにより、社会全体の変化を正しく捉えるという試みがなされている(1)。

本節は右の立場をとるものの、商業・交易・流通を真正面から論じることはせず、鎌倉時代の伝馬役という駅制を検討することで、未だ総合的研究がなされていなかった鎌倉時代の伝馬制度を整理し、そこから当時の交通の実態に迫ってみたい。

鎌倉時代の伝馬制度については、新城常三氏の『鎌倉時代の交通(2)』がある。同書は、「鎌倉時代の交通の諸相」「鎌倉と京都との間」「交通圏の拡大」と章立てされており、「伝馬役」は散見できるものの、専論としてまとまった研究ではない。また、広く中世の伝馬制度に関しては、戦国大名は別として、その研究は簡単な概説書程度があるにすぎない。例えば、『交通史〈体系日本史叢書24〉(3)』では、「鎌倉幕府の駅制」などの項目を立ててはいるが、伝馬制度に対する詳説はない。また近年の『日本交通史(4)』も鎌倉幕府の交通政策、室町幕府や守護と過所・関所の関係に触れるものの、同書の性格もあり、中世伝馬制度を詳述するにはいたっていない。

以上のように、鎌倉時代の伝馬制度についての総括的専論はみあたらない。そこで、『鎌倉遺文』の恩恵に与り、鎌倉時代の伝馬史料を集積表化し、伝馬制度の総合整理を図り、更にはそれに基づいて、当該期の日常交通の一側面を考察してゆく。

一　鎌倉幕府の伝馬制度

鎌倉時代の伝馬制度に関しては、前掲概説書などにより説明がなされているが、ここではそれを再検討し、更にはその意味を考えてみる。そこで「吾妻鏡」（『国史大系』以下同）の幕府初期の次の記事を掲げる。

（文治元年〔一一八五〕十一月二十九日条）

今日、二品被定駅路之法、依此間重事上洛御使雑色等、伊豆駿河以西、迄于近江国、不論権門庄々、取伝馬可騎用之、且於到来所可沙汰其粮之由云々、

（建久五年〔一一九四〕十二月十五日条）

十五日辛未、御堂供養導師近日可令下着之由、先使到来之間、為其迎可被遣御家人等、又所被宛催伝馬以下也、三浦介五疋、和田左衛門尉四疋、梶原平三二疋、中村庄司五疋、小早河弥太郎五疋、渋谷庄司五疋、曽我太郎二疋、原宗三郎一疋云々、此外、所々駅家雑事云々、

（建久六年正月十六日条）

十六日壬寅、真如院僧正真圓被帰洛、宿次伝馬送夫等事、為三浦介義澄、民部丞盛時等奉行、支配云々、

文治元年十一月二十九日、幕府は伊豆から近江に到るまでの駅制を定め、上洛の御使などが、権門荘園領から伝馬

役を徴発できると規定した。[5] しかし実際は、御家人の負担となっている場合が多かったようである。建久五年十二月、鎌倉永福寺薬師堂供養のための導師下向の折に、三浦・和田・梶原らの有力御家人が伝馬役を負担している。また、[6] 翌年正月の真如院僧正真圓の帰洛の際にも、三浦義澄らが宿次伝馬送夫の奉行をしている。これらのことから、幕府初期の伝馬制度は、幕府と主従関係を結んでいる御家人が、主に負担していたとみるべきであろう。[7] 更に、左の「吾妻鏡」の記事から、幕府伝馬制度は、御家人所領内に設営された駅家を起点としていたものと推測できる。

（文治五年〔一一八九〕十月五日条）

五日、辛卯、有手越平太家綱云者、征伐之間、候御共、募其功、可被行賞之由言上、且賜駿河国麻利子《（有度郡）》一色、招居浪人、可建立駅家云々、

（建久四年十月三日条）

三日、丙申、御堂《（永福寺）》供養導師下向之間、海道駅家雑事送夫等事、被支配御家人等、

奥羽合戦に戦功のあった御家人手越家綱は、駿河国麻利子郷を与えられた。[8] 同時に幕府は、手越家綱に駅家の設立を命じている。また、鎌倉永福寺阿弥陀堂の供養導師下向に関して、駅家の雑事、送夫などが御家人に割り当てられている。このように幕府は、御家人領内に駅家を設置増加させることで、より広範囲な伝馬制度を、御家人役の一環として創設しようとしていたものと思われる。[9] もちろん、幕府にとって東海道を中心とした駅制の整備は急務であろうが、前掲「吾妻鏡」文治元年十一月二十九日条の「不論権門庄々、取伝馬可騎用之」といった体制が簡単に創設されたわけではなく、当初の実態は、御家人を梃子とした駅家の建立によるところの伝馬役の設立にあったものと思われる。

一方、右のような御家人役の一環としての伝馬役を考える時、「傰馬の宄」に通じるような、東国武士団の日常的

運送業務を想定することができよう。幕府を支えた御家人たちは、馬を駆使して広く東国地域を活動範囲とする運送業者なのであり、その活動が社会を変化させ、同時に幕府権力を創出していった一原動力となったのではあるまいか。

二　荘園制的伝馬役

既に新城常三氏は、前掲著書において、荘園制下の伝馬役を掲示するも、同書の性質上、まとまった論述にはいたっていない。そこで鎌倉期の伝馬役関係史料を、『鎌倉遺文』より抽出表化し、それに基づいて本節では特に荘園制的伝馬制度の実態、負担形態、加えて当該期の日常的交通業務の有り様に迫ってみる。なお、掲示史料の数字は付表1「鎌倉期伝馬表」の番号と一致する。

㉝　請申東寺御領播磨国矢野庄（赤穂郡）例名預所職条々事

（中略）

一、炭薪以下雑物等并仕丁・人夫・伝馬等、任庄例、可致其沙汰事、

（中略）

文保三年二月十日（一三一九）

預所成就丸（花押）

請人教豪（花押）

請人平正氏（花押）

右は当時、東寺領となっていた播磨国矢野荘例名の預所職請文の一文である。これにより、矢野荘の預所の沙汰する役負担の一つとして、伝馬役を指摘することができる。(10) そして、この他にも荘園制的負担としての伝馬役は、高野

山領備後国大田荘(①㉓)、東大寺領播磨国大部荘(③㉑)、東大寺領伊賀国黒田荘(㉘㊳)、東大寺領大和国四箇荘(㉛)、東大寺領山城国賀茂荘(㉜)、東大寺領大和国清澄荘(㊶)、春日社領(後に興福寺三蔵院領)和泉国春木荘(⑪㊲)、東寺領丹波国大山荘(⑫⑬)、東寺領大和国檜牧荘(㉙)、勧学院領近江国儀俄荘(⑳㊹)、大乗院領越前国河口荘(㉒㉟㊱)などの畿内及びその周辺の寺社領荘園で看取することができるのである。一方、負担免除を明記したものには、東大寺領伊賀国湯船荘(⑨)の例がある。また、このような伝馬役負担をめぐって様々な相論が起こった。その代表的なものが、左のような雑掌と地頭間の例である。

⑥松尾社領丹波国《天田郡》雀部荘雑掌僧覚秀与地頭左衛門尉大宅光信相論条条

(中略)

一、十二番頭一人別伝馬一疋、相并十二疋、為地頭下向、可京進事、

右、如覚秀申者、云景時、云当地頭、伝馬役雖一疋無其例、況十二疋哉、依為新儀、恐向後、所訴申也云々、如光信陳者、無先例之由、無其謂、云清重、云光信、領知四十余年之間、依無京上、無具催、為地頭之身、争不催促伝馬哉云々者、無先例之由、地頭承伏之上者、勿論歟、同不可有新儀矣、

(中略)

嘉禎四年《一二三八》十月十九日

越後守平《北条時盛》(花押)

相模守平《北条重時》(花押)

右は、松尾社領丹波国雀部荘雑掌僧覚秀と、駿河国御家人で地頭の大宅光信の相論に対する六波羅下知状の一部である。これによれば、地頭大宅光信は、一二疋の伝馬を下向のために京進せよと指令したが、雑掌覚秀は、今まで伝

内容(一つ書きの「一、」は省略した)	備考・典拠
順夫伝馬脚力等事、伝馬ハ田二丁別一疋、順夫田一丁別一人	鏤阿置文「高野山文書賓簡集八」(1-367)
院御熊野詣舎屋伝馬雑事、及恒例臨時勅院事大小国役等、宜令奉免之状	和泉国司庁宣「久米田寺文書」(2-361)
抑為収納司御下向、御迎人夫・伝馬可立進由、任被仰下旨、致其沙汰之処	「京都大学所蔵東大寺文書」(補遺2-55)
永被停止人夫伝馬之勤役、可副置宝蔵守護兵士	「山城阿刀文書」(6-217)
一通同請文一志駅家可用人屋事、関人夫伝馬事、一通前祭主請文一志供給事、人夫伝馬事	公卿勅使駅家雑事文書目録「民経記貞永元年十月八日条」(6-310)
十二番頭一人別伝馬一疋、相并十二疋、為地頭下向、可京進事	雑掌と地頭の相論、六波羅下知状「山城東文書」(7-410)
来十日成業群参伝馬庄々支配事	東大寺群参伝馬支配状「東大寺文書」(8-102)
駅伝馬無実事	筑後国交替実録帳「書陵部所蔵文書」(8-274)
雑事人夫伝馬免除了	「東大寺文書」(9-271)
二所詣人夫伝馬事	傀儡と雑掌僧教圓の相論、関東下知状「尊経閣所蔵寶菩提院文書」(10-106)
公方御大事時ハ、人夫伝馬可有之、此外ハ急用之時ハ、食ヲタシテツカウトモ、細々ニツカウヘカラス	唐国村刀禰百姓等置文案「和泉松尾寺文書」(10-315)
兼又高野御拝堂之時者、伝馬五疋、人夫十人可沙汰進之	丹波大山庄領家年貢米請文案「山城田中忠三郎氏所蔵文書」(13-151)
人夫事、高野御拝堂之時者、伝馬五疋口付、人夫拾人、可沙汰進之	「東寺百合文書に」(13-220)
地頭上下向之時、宛催伝馬於百姓等者、所々之例、当庄故実也、……地頭寄事於関東御物、支配人夫、伝馬於一庄、責取巨多用途事	淡路鳥飼別宮雑掌地頭和与状写「石清水文書」(17-38)
地頭寄事於関東御物、支配人夫伝馬於一庄、責任巨多用途事	六波羅下知状写「石清水文書」(18-63)
下向之時、伝馬被用途事、于今遅々候ける	「中臣祐春記」(20-83)

付表１　鎌倉期伝馬表

No	年月日	西暦	差出人	受取人
①	建久元．6月日	1190	鑁阿	大法師
②	正治元．9月日	1199	藤原長房　藤原宣房	留守所
③	承久 2．8.10	1220	大部庄公文代盛典	年預所御奉行所
④	寛喜 2．8月日	1230	東寺三綱	
⑤	寛喜 3.10．8	1231		
⑥	嘉禎 4.10.19	1238	北条時盛　北条重時	雀部庄雑掌僧覚秀 地頭大宅光信
⑦	延応 2．3．5	1240	東大寺	
⑧	仁治 2．6．1	1241		
⑨	寛元 4．3月日	1246	伊賀湯船庄預所	湯船庄百姓
⑩	建長元．7.23	1249	北条時頼　北条重時	（久遠壽量院領 駿河国宇都谷郷今宿）
⑪	建長 4．5.11	1252	唐国村刀禰百姓	（松尾寺）
⑫	文永 3．2.10	1266	地頭沙弥昇蓮	（東寺）
⑬	文永 3.12.14	1266	地頭源基定	（東寺）
⑭	弘安元.12．8	1278	地頭藤原富綱　雑掌法橋明舜	（石清水八幡宮）
⑮	弘安 2．正.20	1279	北条時国　北条時村	（石清水八幡宮）
⑯	弘安 6.10．1	1283	清賢	

云来二月□人等伝馬□□□三月春日社行幸可令闕怠之条	「兼仲卿記弘安十年八月巻裏文書」(21-79)
〔⑭⑮と同内容〕	関東下知状写「石清水文書」(21-340)
兼又高野御拝堂之時者、伝馬五疋、人夫十人可沙汰進云々者	東寺領丹波国大山庄、関東下知状「東寺文書案」(21-349)
儀俄庄人夫伝馬之間事、早任先例、可令召仕給之由	「出雲蒲生文書」(25-257)
連日数十伝馬口付被催促之条、百姓之煩也	播磨大部庄百姓申状「東大寺文書」(26-152)
御検注使迎料水津夫伝馬事、合夫十人伝馬五疋	検注使迎夫馬注文「大乗院文書」(26-182)
被退出尾道浦之間、人夫伝馬等、任先例致沙汰	大田庄庄官百姓等解「高野山文書」(27-140)
次百姓等出伝馬之處、地頭不敍用之由、郡司雖申之、為胸臆之間子細同前	地頭大隅宗久と郡司谷山資忠の相論、鎮西下知状「山田文書」(27-170)
可早任勧進旨、弁進棟別拾文銭并使者大粮分三文・宿次伝馬等事	大乗院政所下文「大乗院文書供養御参宮記」(27-203)
定慶則弘安八年以来抑留年々乃貢并主殿用途色々雑物等、打止人夫伝馬以下公事等之旨訴之	六波羅下知状「山城法金剛院文書」(29-65)
打止人夫伝馬以下公事等由事、如今年二月十一日御教書者、先度可下知□	荻野忍性請文「仁和寺文書」(29-122)
大屋戸郷百姓等畏歎申候郷夫伝馬等事	大屋戸郷百姓等申状「東大寺文書」(31-384)
人夫伝馬秣阿那師一名々主職等	大和国檜牧庄所務得分注文「東寺百合文書」(32-75)
為田所沙汰支配諸郷夫伝馬事	宗像氏盛条々事書「宗像辰美文書」(32-232)
記録大和四箇庄人夫伝馬事、右今度為学生供訴訟、可有使者上洛、而人夫伝馬巡役、相当候四箇庄之處	東大寺評定記録「東大寺文書」(32-267)
請申賀茂庄恒例臨時寺役等事、夫伝馬応下知之旨、可致沙汰、敢不可申子細事	慈法請文「東南院文書」(33-264)
請申東寺御領播磨国矢野庄例名預所職条々事、炭薪以下雑物等并仕丁・人夫・伝馬等、任庄例、可致其沙汰事	播磨国矢野庄例名預所職請文「東寺文書」(35-88)

⑰	弘安 9. 3. 27	1286	惟宗景直	
⑱	弘安10. 11. 27	1287	北条宣時　北条貞時	(石清水八幡宮)
⑲	弘安10. 12. 10	1287	北条宣時　北条貞時	(東寺)
⑳	永仁 4. 9. 16	1296	(勧学院)	儀俄庄下司
㉑	永仁 6. 6月日	1298	大部庄百姓	(東大寺)
㉒	永仁 6. 8. 23	1298	(大乗院)	(越前河口庄)
㉓	正安 2. 卯月日	1300	備後国大田庄庄官百姓	(高野山)
㉔	正安 2. 7. 2	1300	北条実政	(地頭大隅宗久)
㉕	正安2. 閏7. 29	1300	大乗院政所	(大和国)添上郡祈願所并御庄寄人等
㉖	嘉元 2. 12. 24	1304	金澤貞顕　北条時範	(丹波国法金剛院)
㉗	嘉元 3. 4. 11	1305	沙弥忍性(荻野四郎入道)	(仁和寺)
㉘	延慶 4. 3. 29	1311	(伊賀国)大屋戸郷百姓	黒田庄御沙汰人
㉙	応長元. 10. 27	1311	玄雲	(明運房)
㉚	正和 2. 正. 9	1313	宗像氏盛	
㉛	正和 2. 4. 6	1313	東大寺評定	
㉜	正和 4. 12. 23	1315	慈法	(東大寺東南院)
㉝	文保 3. 2. 10	1319	預所成就丸	(東寺)

人夫伝馬事、往古参賀之時者無支配之儀候歟、……御上洛之程者、於人夫伝馬者、可令申沙汰候也	琳重書状「大乗院文書」(35-199)
次人夫伝馬事、二疋五人所望候、無相違之様、申沙汰候者、所仰候	良懐奉書「大乗院文書」(36-207)
御領人夫伝馬……御領人夫大概於□方可被下行□馬并一宮公事名人夫伝馬員数大概可被注進事	興福寺院家上洛方事書「大乗院文書」(36-306)
春木庄内唐国村百姓等夫伝馬事、背建長四年置文之旨、無沙汰之由、亀王丸訴申候、事実者太不可然	三蔵院御教書「和泉岡文書」(37-298)
次後七日時郷夫伝馬事、政所御大事異他之間、加下知之処、全分不致其沙汰之条、執行番頭等無沙汰之至也	東大寺年預所下知状案「東大寺文書」(39-14)
来月十九日、可被発遣公卿勅使、関、一志等駅家上下向供給人夫伝馬以下事、任例無懈怠可被致其沙汰	後醍醐天皇綸旨「公卿勅使参宮日記」(39-26)
関、一志等駅家上下向供給人夫伝馬以下事、任例無懈怠可被致其沙汰	皇太神宮神主請文「公卿勅使参宮日記」(39-29)
為東大寺御領、夫伝馬以下御公事朝夕勤仕之所也	清澄庄名主百姓等言上状「雑古文書」(39-69)
不相待国之夫伝馬、於京都乗馬荷懸駄夫以下、臨時ニ以賃雇候之間、二重之煩可有御察候	備後国大田庄雑掌了信書状「高野山文書宝簡集」(39-165)
下作職を申請候了、仍本年貢九斗四升、沙汰人給壱斗、勅伝馬代壱貫文、御立用之上は、一切地主ニかけ申へからす候	西法請文「長福寺文書」(39-239)
百姓并伝馬召仕事、可任先例事	(近江国)儀俄本新両庄下司名田畠等所務契状「蒲生文書」(40-232)

㉞	元応元. 8.10	1319	琳重	(大乗院)
㉟	元亨2ヵ. 5. 4	1322	良懐	井田(奉行実舜法橋)
㊱	元亨2ヵ.(不明)	1322	(大乗院)	
㊲	正中 2. 3.11	1325	胤秀	唐國村刀禰
㊳	嘉暦 3. 2.18	1328	東大寺年預所	黒田庄執行・番頭
㊴	嘉暦 3. 3. 3	1328	宮内卿(光継)	大中臣隆実
㊵	嘉暦 3. 3.11	1328	皇太神宮神主	
㊶	嘉暦 3. 6.24	1328	(大和国)清澄庄名主百姓	(東大寺)
㊷	嘉暦 4. 3.13	1329	了信	曼荼羅沙汰人
㊸	嘉暦 4. 8.11	1329	西法	
㊹	元徳 3. 5. 8	1331	式部五郎源頼通	

「備考　典拠」欄の(　)内は『鎌倉遺文』の巻-頁数を示す。

馬役を負担した事実はないので、これを六波羅探題に新儀として訴え出たのである。結局は、先例なしとみて地頭側の承伏で決着した。

同様に、石清水八幡宮寺領淡路国鳥飼別宮雑掌法橋明舜と、地頭木工権助藤原富綱の和与状写（⑭、⑮⑱も関連）には「一、地頭寄事於関東御物、支配人夫、伝馬於一庄、責取巨多用途事、右、有限之御物時者、随分限可致其沙汰也、任自由、不可及非分之譴責、自今以後者、可停止之也矣」とあり、地頭の伝馬役徴発にともなうトラブルを窺わせる。また、東寺領丹波国大山荘⑲でも、雑掌と地頭の相論の中で、雑掌の負担する「兼又高野御拝堂之時者、伝馬五疋人夫十人可沙汰進云々者」が、訴訟内容の一部にみえる。

これらに対して、逆に荘園制的伝馬役を地頭が中止した事例もある。

㉖（付紙略）

法金剛院丹波国主殿保（多紀郡）領家雑掌定慶申、当保地頭酒井次郎左衛門尉孝信抑留年貢米五百四十弐石参斗余并主殿用途弐百九十貫八百文・色々雑物等、打止人夫伝馬以下公事等由事、

（下略）

丹波国法金剛院領主殿保の領家雑掌定慶が、地頭酒井孝信の行為を訴えたことに対する六波羅下知状の冒頭である。年貢抑留行為と同時に「打止人夫伝馬以下公事等之旨訴之」と下略の部分に記されており、地頭の荘園制的伝馬役の忌避が指摘できる。なお、訴訟は雑掌定慶の言い分が認められた。

さて、この他の伝馬役を内容とする相論では、久遠寿量院領駿河国宇都谷郷今宿で起きた傀儡と雑掌教圓の相論がある(11)。

⑩久遠寿量院領駿河国宇都谷郷今宿傀儡与寺家雑掌僧教圓相論条々

（中略）

一、二所詣人夫伝馬事

一、湯詣人夫兵士事

右、両条、如傀儡等申者、同新儀也云々、如教圓申者、当郷百姓不足之間、或先預所雇之、或随田地宛催之、強不可及訴訟云々者、教圓陳状之趣、同為新儀、早可令停止矣、

（下略）

幕府は、傀儡に対する「二所詣人夫伝馬」「湯詣人夫兵士」賦課を新儀と認め、雑掌教圓は敗訴したのである。

ここで、雑掌教圓の言い分をきいてみると、「或随田地宛催之」とあり、「二所詣人夫伝馬」「湯詣人夫兵士」賦課が、田地を対象としていたことが予想される。加えて①の建久元年（一一九〇）六月日付 大法師宛 鑁阿置文の「一、順夫伝馬脚力等事」には、「伝馬ハ田二丁別一疋、順夫田一丁別一人、脚力田二十丁別一人」と記され、やはり田地に対しての賦課が認められる。一方、前掲⑥の嘉貞四年十月十九日付 六波羅下知状では、「一、十二番頭一人別伝馬一疋、相并十二疋、為地頭下向、可京進事」とみえ、有力名主層で下級荘官の番頭を賦課基準としていた例もある。

次いで負担形態を検討してみると、付表1に明らかなように、伝馬役の多くは「人夫」と併記して賦課されている。即ち、荘園領主は夫役の一種として伝馬を在地より徴発していたのであり、それは年貢等の輸送、荘官や地頭の上下向に供されたのである。従って、後述する律令制的伝馬役のような、宿次逓送形態ではなかったように思われる。

同時に、以上のような伝馬役の負担者としては付表1⑩や⑥の如く、傀儡や番頭層などを考えることができよう。傀儡は移動の際に馬を利用したであろうし、番頭は農耕で使役したものと思われる。また、㉑の永仁六年（一二九八）六月日付、播磨国大部荘百姓申状の「連日数十伝馬口付被催促之条、百姓之煩也」や、㉓の正安二年（一三〇〇）卯月

日付、備後国大田荘庄官百姓等解の「被退出尾道浦之間、人夫伝馬等、任先例致沙汰」、更に㉘の延慶四年(一三一一)三月二十九日付、伊賀国大屋戸郷百姓申状の「大屋戸郷百姓等畏歎申候郷夫伝馬等事」の各文より、地頭や荘官は、在地からの役として、百姓の馬を徴発していたことがわかる。それらは当然に農作業に用いられたのであろうが、それのみでなく、傀儡や有力名主層と同様に、日常の物資の交易にも使用されていたのではなかろうか。つまり、荘園制的伝馬は、有力名主層を含む荘民たちの日常的な交易活動に支えられて成立していたものと推測できるのである。

三　律令制的伝馬制度

付表1⑤㊴㊵は、いずれも伊勢神宮勅使下向に際して、古代よりの宿駅である伊勢国一志駅[12]と鈴鹿関駅[13]の、給食・人夫・伝馬役負担に関する史料である。その中でも、⑤の記事について「民経記」(『大日本古記録』以下同)寛喜三年(一二三一)十月八日条には、左の如く人夫一〇〇人、伝馬六〇疋などと詳細に記されている。

一、駅家人夫・伝馬事
近江　両駅家百人・六十疋、国司致其沙汰
伊勢
関　人夫　五十人祭主隆通(大中臣)朝臣
神宮納所募武家不合期云々、仍被仰武家、可随祭主催之由被仰下、再三被仰祭主了、可加下知之由有請文、
五十人守護所　忠家無先例由申之、仍不致其勤、嘉禄即如此、
伝馬　三十疋祭主、子細同前、
三十疋守護所、子細同前、

一志　人夫　百人　前祭主能隆（大中臣）卿領状、
　　伝馬　六十疋　同

近江国の「両駅家」は、勢多[14]と甲賀[15]と思われ、近江国司であった御家人佐々木信綱[16]の沙汰により、一〇〇人の人夫、六〇疋の伝馬の調進がおこなわれた。一方、伊勢国関の場合、人夫一〇〇人、伝馬六〇疋を各々、祭主の大中臣隆通[17]と守護所（当時の伊勢守護は北条時房[18]）で折半して勤仕することとなっている。また伊勢国一志では、前祭主の大中臣能隆[19]が、人夫一〇〇人、伝馬六〇疋の調達を承諾している。

元来、伊勢神宮勅使下向という国家的行事に際する律令制的伝馬役の調達は、伊勢神宮祭主がこれを勤めたものと考えられるが、右の「民経記」の割り書きには、「仍被仰武家、可随祭主催之由被仰下」とあったり、守護所が調達に協力したりしている点などを勘案すれば、既に律令制的伝馬役は形骸化しており、幕府の協力によって漸く維持されていたと言えよう。『吾妻鏡』文治三年（一一八七）四月二十九日条には、「文治三年三月三十日公卿勅使伊勢国駅家雑事勤否散状事」が載録されているが、この中で「勤仕庄」としては、「勧学院飯鹿庄、多々利庄、荻野庄、常楽寺庄」のみであり、一方「不勤仕庄」は、七一の荘名に及んでおり、律令制的伝馬制度の衰微が窺われる。更には、約百年後にも同様に伊勢神宮勅使下向の際の人夫・伝馬の催促がなされているが（付表1㊴㊵）、現実の負担の有無、数量などは不明であり、また公卿勅使下向は、この嘉暦三年（一三二八）以降、江戸期まで断絶したと言う[20]。

さて、この他にも律令制的伝馬役衰退の事例をあげることができる。付表1②の和泉国司庁宣では、後鳥羽上皇熊野参詣時の課役としての伝馬雑事が免除となっている。同時に、⑧の仁治二年（一二四一）六月一日付、筑後国交替実録帳には、「駅伝馬無実事」を左の様に記している。

⑧右、「使為氏等」勘云、此国応在駅伝馬、疋数有限、料稲早存、而已以無実、其由如何、前司「同任行宣」陳云、

駅馬無実之後、已経数代、詳載代代不与解由状実録帳等、度度言上畢、依実被録矣、「使為氏」重勘云、無実之由雖注前帳、買□勤、已在後任、運送之儲、何以為本、早以見馬、可備分附、前司陳状同前、

仁治二年の時点で、駅馬の実態がなくなってから、既に数代を経ているとある。また、「早以見馬、可備分附」としているので、駅伝馬のかわりに、一般業務の馬による輸送を利用したのであろう。

いずれにせよ、以上のような律令伝馬制度は、原則として前述した近江国勢多・甲賀、伊勢国関・一志のような古代以来の宿駅を中心に徴用されたのであるから、この人夫・伝馬を負担した主体も、古代からの伝統を受け継ぐ逓送運輸業者が中核となっていたのではないだろうか。即ち少なくとも、荘園制下の夫役の一種としての伝馬役とは、形態あるいは負担者の部分で差異が認められよう。

四　在地伝馬役

これまで幕府・荘園・律令制的伝馬役の実態を述べてきたが、この他に、賦課範囲は広くはないが、在地に密着して制度的にも深化のみられる伝馬役が確認される。ここではこれを仮に在地伝馬役として検討を加える。

㉚一、為田所沙汰支配諸郷夫伝馬事

右、案大札之趣、当職者社家之規模也云々、而近年自親類以下方々、内々召仕之由有其聞、太以無謂、所詮置片日記於公文所、紀巡儀、無偏頗令支配之、一年両度可遂勘定也焉、[21]

右は「宗像氏盛条々事書」の中の一文である。この事書に関しては、既に石井進氏の研究[22]があり、その成立過程や性格・意義などが明らかになっている。それによれば、この伝馬役は、在地領主としての宗像神宮大宮司家宗像氏の

在地支配の一環として、位置付けなければならない。内容は、宗像社領の支配機構の一つである田所が、社領内諸郷に人夫・伝馬役を割り当てていること、また、宗像社の公的伝馬であるはずなのに、近年は宗像氏の一族などが、内々に諸郷より人夫・伝馬役を徴収しているが不当である。ついては、人夫・伝馬役負担に関する片方の帳簿を、やはり宗像社領の一支配機構である公文所に置き（一方は田所に設置したのであろう）、順番を守り公平に割り当てるようにし、年に二回これらの帳簿を検査すると記している。

具体的な負担方法は不明であるが、帳簿をつけて（近世宿駅制度では問屋場に帳付役人がいたことが知られる）、各郷の疋数や負担順などを定めていたものと思われ、制度化が進んだ地域社会の伝馬役を予想させる。そして、大和国大乗院領においても、その「寄人」が宿次伝馬役の徴納を命じられている。

㉕大乗院政所下　（大和国）添上郡諸御祈願所并御庄々寄人等

可早任勧進旨、弁進棟別○拾文銭并使者大粮分三文・宿次伝馬等事、

右、棟別銭者、興福寺供養料也、天下無双之重事、一国平均之所役也、且其趣見公文目代下文者歟、然者、不漏一宇可致其弁、但於一円御領者、更以無公人入卩之例、然而依有沙汰之煩、限今度之儀、任満寺群議之旨、所令優恕也、更以不可為後法之例者、随其催、無懈怠、可致其沙汰之状、依仰下知如件、以下、

正安二年後七月廿九日　勾当法印

権別当法眼和尚位在判

寺主大法師

都維那法師

中綱相縁　仕丁武友　西大寺八斎戒実言房下向云々、

山辺郡中綱賢珍　仕丁兼行　白毫寺八斎戒随仁下向云々、
広瀬郡宇智郡　中綱慶賢　仕丁国次
城上郡中綱忍尊　仕丁清宗
城下郡中綱幸珍　仕丁国清
　西大寺八斎戒蓮阿弥陀仏下向云々、
葛上郡忍海郡　中綱永舜　仕丁武行
　招提寺八斎戒下向云々、
葛下郡中綱幸有　仕丁盛安
　広大寺八斎戒歟
宇陀郡中綱琳兼　仕丁行吉
　白毫寺八斎戒
添下郡中綱幸賢　仕丁武末
　般若寺道念下向云々、
平群郡中綱幸藝　仕丁国正
　眉間寺八斎戒覚禅房
高市郡中綱定賢　仕丁清弘
　招提寺八斎戒善願房
十市郡中々舜預　仕丁国弘

眉間寺八斎戒

大和国各郡の中綱・仕丁は大乗院領の寄人と思われ、棟別銭、使者への大粮分、更には宿次の伝馬役まで要求された(一円御領の今回の棟別銭は免除となった)。このように、棟別銭徴収に際して、各郡の寄人に対して宿次伝馬が命じられるということは、各宿にそのような体制が整備されていたからであり、地域社会における在地伝馬役として説明することが可能であろう(23)。

むすび

鎌倉時代の伝馬制度を総合的に検討すると、左のように整理することができよう。

(1)幕府の伝馬制度——御家人領内に駅家を設置することで、御家人役の一環として、より広範囲な伝馬制度を確立しつつあった。

(2)荘園制的伝馬役——年貢などの輸送、荘官や地頭の上下向のために、夫役の一種として在地より徴発された。

(3)律令制的伝馬制度——衰微はしているが、幕府の協力を得て、伊勢神宮勅使下向に際して、古代以来の伝統的宿駅からの徴発があった。

(4)在地伝馬役——地域領主権力の深化にともない、狭い範囲ではあるが制度化が進展していた。

さて、右のような伝馬役・制度は、いかなる実態に支えられて成立していたのであろうか。年未詳五月十三日付某書状(「金沢文庫所蔵大集経文集浦文書」『鎌倉遺文』八―三頁)には、「てむま(伝馬)はつやつや候はて、まことすてぬへく候、こゝろなき申事にて候へとん、ちん(賃)馬候はゝ、二三日かし給はるへくや候らん、けんちう(検注)の時、かたかたむまをつか

うて候あひた、かやう二申候也」とあって、検注時の駄賃馬の使用が述べられている。(24)

既述したように、当該期の伝馬役負担者は、武士層、名主や百姓などの荘民、旧来よりの運輸業者たちがこれにあたっていたものと思われるが、それは彼らが、日常的にも右の駄賃馬の営業のような、私的運送業務に携わっていたからであろう。そして、このような様々な階層の者たちが、鎌倉時代の交通・交易活動を支えていたのであり、同時に幕府や荘園領主らは、その業務を保障することで、伝馬役を賦課しえたと言えるのである。

註

（1）網野善彦「日本史再考―新しい歴史像の可能性―」（『NHK人間大学』一九九六年）など。

（2）新城常三『鎌倉時代の交通』（一九六七年、一九九五年復刊）。

（3）豊田武・児玉幸多編『交通史〈体系日本史叢書24〉』（一九七〇年）。

（4）児玉幸多編『日本交通史』（一九九二年）。

（5）この点、鎌倉幕府成立の問題ともかかわるが、本節は鎌倉時代の伝馬役の総括的検討を主題としているので、ここでは触れない。

（6）源頼朝が奥州藤原氏征討の際に建立を企図した寺院で、鎌倉宮の背後にあって広大な寺域を擁した（『神奈川県の地名』〈日本歴史地名大系14〉三〇九頁）。

（7）新城常三氏は伝馬役の御家人負担に関して、「駅路の法発布の当初より荘園と相並んで御家人が参加していたのであろうが、荘園の離叛により、専ら御家人がこれを担当するに至ったものと考えられる」と述べている（註（2）書、二五四頁）。

(8) 鎌倉期から見える宿名で、駿河国有度郡のうち(『角川日本地名大辞典22静岡県』八九七頁)。

(9) 児玉編註(4)書(一二六頁、菊池紳一執筆)では、「使者など公的な往来については沿道の御家人の負担で伝馬等が用意されていたと思われる」とし、御家人役としての伝馬の賦課が述べられている。

(10) 付表1「鎌倉期伝馬表」の中で、新城が註(2)書で引用している史料は、①⑥⑩⑬⑭㉑㉛㉝のみである。

(11) この関東下知状に関しては、新城註(2)書の他に、網野善彦『日本論の視座―列島の社会と国家―』(一九九三年、一八二頁)や、笠松宏至「お前の母さん……」(『中世の罪と罰』一九八三年、六頁)でも扱われている。なお、この下知状から傀儡が宇都谷郷の田地を耕作していたことがわかる。

(12) 『角川日本地名大辞典24三重県』(一七四頁)には以下のようにある。「平安期～鎌倉期に見える駅名。伊勢国一志郡のうち。郡名に由来する駅名。「権記」寛弘二年十二月十三日条に「壱志郡駅家」として見える。伊勢公卿勅使参宮時の駅家で、鈴鹿(関)駅の次駅として見え、離宮院に連絡する(「江家次第」「西宮記」)」。

(13) 『角川日本地名大辞典24三重県』(六三〇頁)には以下のようにある。「平安期に見える地名。伊勢国鈴鹿郡のうち。関所の意味と地名としての「関」の区別は判然としないが、公卿勅使派遣の際の宿泊地鈴鹿駅家が、「権記」寛弘二年十二月十二日条に「鈴鹿関戸駅家」とよばれた」。

(14) 『角川日本地名大辞典25滋賀県』(四二一頁)には以下のようにある。「古代以来の汎称地名。栗太郡のうち。(中略)勢多駅は東海・東山両道の大幹として国内第一の大駅であり、瀬田橋は京・畿内への交通を確保する重要ポイント」。

(15) 『角川日本地名大辞典25滋賀県』(三〇八頁)には以下のようにある。「平安時代から見える駅名。甲賀郡のうち。近江国東海道三駅の一つ。甲賀駅は東海道が東山道と分岐してからの最初の駅であり、「延喜兵部式」では駅家に駅馬二〇匹・伝馬五匹を置く定めであった」。

(16)『日本史総覧Ⅱ』八九頁。
(17)『鎌倉・室町人名辞典』一〇四頁。
(18)『日本史総覧Ⅱ』二七九頁。
(19)『鎌倉・室町人名辞典』一〇四頁。
(20)『角川日本地名大辞典24三重県』「二志駅」の項目(一七四頁)。
(21)『中世法制史料集　第三巻　武家家法Ⅰ』(二一頁)にも収録されている。
(22) 石井進「十四世紀初頭における在地領主法の一形態」(『日本中世国家史の研究』一九七六年)。
(23) 室町期の大和国の伝馬制度を論述した今谷明「室町時代の伝馬について」(小笠原長和編『東国の国家と社会』一九八五年、後に今谷『守護領国支配機構の研究』に所収)は、在地伝馬役の延長線上にあるものと思われる。
(24) 付表1㉒では、検注時の人夫伝馬の利用が記されている。なお、年代未推定であるが、六月□日付 治部卿法橋御房宛 行圓書状(「金沢文庫所蔵金発揮抄第一裏文書」『鎌倉遺文』〈以後『鎌』とする〉一五―一一八)や、年月日未詳 法橋御房宛 承勢書状(「金沢文庫所蔵金発揮抄第二裏文書」『鎌』一五―一二五)、七月二日付 法親書状(「蓬左文庫所蔵金沢文庫本斎氏要術第十裏文書」『鎌』一五―一二五二)などから、武蔵国六浦荘金沢郷称名寺を拠点とした「京上伝馬」の存在が推測できる。

第二節　中世後期の伝馬役
―戦国大名伝馬制度の歴史的前提―

はじめに

わが国の伝馬制度の研究は、主に古代史と近世史において、多くの優れた業績が積み重ねられてきた。かたや中世史については、一部の戦国大名は別として、特にその後期における研究は貧弱である。それは例えば、新城常三氏の『鎌倉時代の交通』(1)の次の文章で明確に解説されている。「古代中期以来久しく断絶していた駅制は、鎌倉幕府の手により再び復活したのであったが、幕府の滅亡とともにここに再び崩壊し、その後、戦国時代の駅制出現まで、わが国駅制史上の空白時代がしばらく続くのである」。

筆者はかつて、鎌倉時代の伝馬史料を集積表化し、当該期の伝馬制度に関しての総括的な分析を試み(2)、⑴幕府伝馬、⑵荘園制的伝馬、⑶律令制的伝馬、⑷在地伝馬として整理した。

一方、新城氏によって「駅制史上の空白時代」と評された中世後期については、以後、唯一、今谷明氏が「室町時代の伝馬について(3)」で室町期の大和守護興福寺の伝馬役を中心に検討し、「守護伝馬役」の存在を指摘、「守護領国制下においても、戦国期伝馬制の明らかな萌芽形態は存在していた」と結論付けた。従って、新城氏の空白時代とする見解と、今谷氏の「守護伝馬役」説が併存しているのが現状と言える。

そこで本節では、鎌倉時代の伝馬役を踏まえ、更に中世後期の伝馬史料を可能な限り集積することで、以上の二つの説の止揚を試み、加えて戦国大名伝馬制度の歴史的意義に迫ろうとするものである。

一　「師守記」にみる律令制的伝馬制度

「師守記」は、南北朝期の明法官人で記録所寄人・大炊頭を務めた中原師守の日記であり、当該期の重要史料として知られる。この「師守記」の中には、中原師守が知行する南北山科より徴発される伝馬役が散見できる。そこで、これを一覧化したものが、付表2「「師守記」にみる伝馬役」である。

洛北紫野に長保三年（一〇〇一）に創建された今宮社では、毎年五月九日に今宮社御霊会が官祭として定着していた(4)。この折に南北山科より伝馬役が徴発されている（付表2①④⑦⑧⑫⑮⑱㉒㉕㉘）。古来より山科の地は宿駅として知られ、京都から東方へ通じる三条街道が通過し、多くの交通業者の存在や人馬の供給地を推測することができる。また、南北山科には大炊寮領御稲田が確認される(5)。諸国の舂米・雑穀及び諸司に分給する食料を掌る大炊寮の役割の中には、祭祀・斎会・釈奠・節会などに必要な米、その他の食品や雑物を供給する仕事がある。多数の人々が社参し、物資が搬入される官祭今宮祭の挙行に際して、山科を支配する大炊頭中原師守が、伝馬を利用して南北山科から米穀などを運搬させたのであろう。しかし、十四世紀後半ともなると、南北山科から伝馬役で送致されるべき御稲は代銭納化し（㉒㉕㉘）、また貞治三年（一三六四）の「南山科御稲伝馬」は、「免除年限中」を理由に無沙汰となった（㉒）。

㉒九日、壬申、天晴、今日紫野今宮祭也、北山科御稲伝馬以料足三十文到其沙汰、寮使友永請取之、南山科御稲伝馬今年木幡彦三郎可致沙汰也、而免除年限中也、仍無沙汰也、寮頭膝突・御幣等不被沙汰進也、近年依不具如然、

此祭近年諸司不及沙汰歟、然而伝馬ハ寮使請取之、近年儀也、

北山科御稲伝馬代は、大炊寮使友永が請け取っている（付表2㉕㉘も同様）。また、南山科御稲伝馬は木幡彦三郎の負担であったが、「免除年限中」ということで無沙汰となってしまった。木幡彦三郎に関しては不明であるが、大炊寮領山城国宇治郡南山科御稲のうちに「木幡御領」があり、[6] 現地の供御米負担責任者で、伝馬を沙汰するところから、交通業務も営んでいた在地土豪層と推察できる。

当時、この官祭今宮祭は、従来準備のために奔走してきた役人が無沙汰をしだしたので、「伝馬ハ寮使請取之」（付表2㉕㉘も同様）とあることから、大炊寮使が南北山科の伝馬を利用して準備にあたっていたものと思われる。

次に、五月十九・二十日の条には法華八講の法会に際して、伝馬役の徴発がみられる。法華八講は、「法華経」八巻を八座に講説する講であり、御八講・八講・法華会とも言われる。法華会は聖徳太子が講じたものが最初とされ、後に東大寺・興福寺・円宗寺・延暦寺などで勅会として挙行された。[7]

南北山科に対する八講伝馬役は、付表2②⑭⑰⑳㉔㉗㉚で看取することができるが、既に南山科の場合は暦応三年より未進であり（付表2②）、また北山科の場合は貞治三年から無沙汰となってしまった（㉔）。この時の理由が「今年刑部入道智浄可進之、而御田流之間、公事中子細不進之云々、以外也」と記されている。御稲伝馬負担の責任を負った刑部入道浄智は、㉒の木幡彦三郎と同じく、山科で交通業をも営んでいた土豪層と推測できよう。

付表2を見ると、山城国綴喜郡内奥山田の大炊寮領へ[8]も法華八講にあたって伝馬が賦課されていたことがわかる（⑨⑬⑯⑲㉓㉔㉖㉙）。

㉖今夕自奥山田御稲、八講雑事并伝馬代五十文等沙汰進之、伝馬代者進家君（中原師茂）、故禅尼（師守母）御時如此被進之間、毎年進之了、人夫明日可来之由、仰之了、庄方八講雑事伝馬代等同到来、預所頼恵取之、伝馬代進大方、但別申請云々、

容	典拠
疋	1-142
参也	1-146
	1-274
	2-19
馬五疋御領状	2-111
	2-114
兼(菅原)同進伝馬、先例也云々	2-131
	3-95
	3-109
借給候哉、人夫五人・伝馬三人〔疋〕御預状	3-165
悦存之由、有返事	3-169
	3-287
代進上家君	3-295
(ママ)被□□了	3-296
	4-103
伝馬代ハ進上家君了	4-109
講伝馬未到、以外也、追可有厳密沙汰也	4-109
	5-26
	5-33
	5-33
	6-331
山科御稲伝馬今年木幡彦三郎可致沙汰也、而免除年限中也、仍無沙汰也、……然而	7-158
進家君	7-169
大方、……北山科御稲伝馬不進之、今年刑部入道智浄可進之、而御田流之間、公事	7-169
寮使友永請取之、……然而伝馬ハ寮使請取之、近年之儀也	8-214
進家君、……庄方八講雑事伝馬代等同到来、預所頼恵取之、伝馬代進大方	8-225
然、追而加問答也	8-225
野御稲伝馬代四十文上下輪轉致沙汰云々等寮使左近太郎友永□□〔請取〕之、……然	9-174
故禅尼御時被進之間、進之了、……庄方八講雑事伝馬代等同到来、預所頼恵取之、	9-209
尋也、南山科御稲近年不進之也	9-210

付表2　「師守記」にみる伝馬役

No	年月日	西暦	内
①	暦応 3. 5. 9	1340	紫野今宮祭如例云々、伝馬南北山科二疋各一人宛、其外予預一
②	暦応 3. 5.20	1340	北山科御八講人夫・伝馬如例、南山科近年以別儀御免歟、仍不
③	暦応 4. 3.14	1341	南山科……人夫・伝馬等、任巡役可致沙汰
④	康永元. 5. 9	1342	紫野今宮祭……南北山科伝馬如例到来云々
⑤	康永 3. 4. 7	1344	賀茂祭春宮使料人夫十人・伝馬十疋可召給云々、人夫五人・伝
⑥	康永 3. 4.14	1344	人夫伝馬等、被送執権卿(勧修寺経顕)宿所了
⑦	康永 3. 5. 9	1344	紫野今宮祭……南北山科伝馬同到来、無為、幸甚々々、年預国
⑧	康永 4. 5. 9	1345	紫野今宮祭……南北山科伝馬、如例致沙汰云々
⑨	康永 4. 5.19	1345	奥山田御稲方並庄方八講伝馬代、両方各一連宛到来、被召公物
⑩	康永 4. 8.22	1345	来廿九日天龍寺供養、為勅使可参向、伝馬五疋口付・人夫十人
⑪	康永 4. 8.28	1345	伝馬三疋在口付・人夫5人被遣大理卿(四条隆蔭)、依所望也、
⑫	貞和 2. 5. 9	1346	紫野今宮祭……南北山科伝馬、如例致沙汰云々
⑬	貞和 2. 5.19	1346	自奥山田御稲、吉田八講雑事人夫一人・伝馬代百文到来、伝馬
⑭	貞和 2. 5.20	1346	自北山科、八講伝馬口付到来、当時無八講間、雖取□〔法〕要暫
⑮	貞和 3. 5. 9	1347	紫野今宮祭如例、南北山科伝馬如例到来
⑯	貞和 3. 5.19	1347	自奥山(ママ)御稲、吉田八講雑事並人夫一人・伝馬代百文到来、
⑰	貞和 3. 5.20	1347	自北山科八講伝馬口付到来、依無八講被返遣了、……南山科八
⑱	貞和 5. 5. 9	1349	紫野今宮祭也、南北山科伝馬如例到来云々、両山科予知行地也
⑲	貞和 5. 5.19	1349	今日自奥山田、明日吉田八講雑事並伝馬代人夫等到来
⑳	貞和 5. 5.20	1349	北山科伝馬口付到来、南山科近年不進、可有厳密沙汰也
㉑	貞治 2.12.27	1363	自奥山田御稲節季色々到来、……伝馬代百文進寮家
㉒	貞治 3. 5. 9	1364	紫野今宮祭也、北山科御稲伝馬以料足三十文到其沙汰、……南 伝馬ハ寮使請取之、近年儀也
㉓	貞治 3. 5.19	1364	自奥山田御稲、八講雑事並伝馬代五十文等沙汰進之、伝馬代者
㉔	貞治 3. 5.20	1364	奥山田庄方八講雑事・伝馬代等到来、預所頼恵取之、伝馬代進 申子細不進之云々、以外也
㉕	貞治 4. 5. 9	1365	紫野今宮祭也、南北山科御稲伝馬代各二十文、致其沙汰云々、
㉖	貞治 4. 5.19	1365	自奥山田御稲、八講雑事并伝馬代五十文等沙汰進之、伝馬代者
㉗	貞治 4. 5.20	1365	北山科御稲伝馬不進之、今年相当荒田分之由、令申云々、不可
㉘	貞治 6. 5. 9	1367	紫野今宮祭也、如例南北山科御稲伝馬代三十五文歟、致匚　コ 而伝馬ハ寮使請取之□上歟、近年之儀也、且存敬神者也
㉙	貞治 6. 5.19	1367	自奥山田御稲吉田八講雑事並人夫等到来、伝馬代五十文進大方、 伝馬代進大方
㉚	貞治 6. 5.20	1367	北山科御稲八講伝馬不進之、今年相当無公事御田云々、委可相

「典拠」欄の数字は、『史料纂集』本の巻-頁を示す。

奥山田からの伝馬は、やはり康永四年（一三四五）より代銭納化していたようであるが（付表2⑨）、その銭は右の記述によれば同年以来、大外記に就任していた師守の兄の中原師茂や、師守の夫人であろう「大方」に進納されていた。本来ならば「伝馬代百文進寮家」（付表2㉑）のように「伝馬代」は公役として大炊寮に納入されるのであるが、中原家の自家経済に包摂されてしまっていたようだ。

この他にも、北朝重鎮で光厳院執権の勧修寺経顕の依頼で、賀茂祭春宮使に対する伝馬を供給したり（付表2⑤⑥）、また、康永四年八月二十九日の天龍寺供養会では、勅使となった四条隆蔭に伝馬・人夫を用意している（⑩⑪）。

以上のような官祭今宮祭・法華八講・賀茂祭春宮使・天龍寺供養会勅使にみられる古代令制を淵源とするような大炊寮南北山科の伝馬役が南北朝期にも存在したが、それは次第に代銭納化、更には未進化へと着実に衰退へと向かっていった。もはや伝統的王権が、交通業者の私的な日常業務を保護・保障しえなくなっていたのである。(9)

二　荘園制的伝馬役

鎌倉時代には、東寺領播磨国矢野荘、高野山領備後国大田荘、東大寺領播磨国大部荘、東大寺領伊賀国黒田荘、東大寺領大和国四箇荘、東大寺領山城国賀茂荘、東大寺領大和国清澄荘、春日社領（後に興福寺三蔵院領）和泉国春木荘、東寺領丹波国大山荘、東寺領大和国檜牧荘、勧学院領近江国儀俄荘、大乗院領越前国河口荘などの畿内及びその周辺の寺社領荘園で、伝馬役の負担を確認することができた。(10) しかし、本節の対象となる南北朝期から室町期になると、荘園制的伝馬役は激減してしまう。

当庄事可知行之由所被仰下也、恒例臨時御年貢已下、任先例可致其沙汰旨、可被相触庄家者也、且御教書案文為

存知所遣之也、仍下知如件、
康永元年《（一三四二）》七月廿四日　　　　　　　　　預所――
　　　四ヶ郷公文所
　追仰
教仏在庄之処、厨雑事并上洛之時草手人夫、伝馬等、任先例致其沙汰之由、同可被相触者也、(11)

右は越前国牛原荘の例で、

六日《（裏書）》、臨幸事、武家使者長井因幡守下著、不延引之様可令申沙汰云々、執奏并賢俊両所可申之由含之云々、領状了、
山前南庄人夫五人、東庄五人、七里一人、
八里一人、香四人、
伝馬《一疋置鞍》香二疋、山東庄二疋、八里一疋、(12)

右は近江国香荘の例であり、当時はともに醍醐寺領として存立していた。

前者の越前国牛原荘は現在の福井県大野市北部一帯に比定され、古代末期から中世を通じて醍醐寺の領有下にあったが、応仁の乱頃からその実態は失われていった(13)。史料中の伝馬は鎌倉期の荘園伝馬役と同様に、「人夫」役と併記されている。他の中世後期の荘園伝馬役も同じであることから、当該期の伝馬役も夫役の一環として在地より徴発されていたのである。加えてその徴発方式には、牛原荘預所から公文所に指示が出されているところから、鎌倉期にもみられる預所の沙汰(14)として下司や公文に命じられる預所役の性格が看取できる(15)。

後者の史料は、足利尊氏の御持僧として信任の厚かった醍醐寺座主賢俊の日記の文和四年（一三五五）二月六日の条

である。前年の文和三年の暮れに、足利尊氏は南朝軍に攻められて京都から近江に逃れていたが、翌年、足利義詮とともに反撃を開始した。この折に尊氏は後光厳天皇を奉じており、京都奪還のために近江成就寺から坂本へと移動中であった。近江国香荘[16]は、現在の滋賀県愛知郡秦荘町大字香之庄の地域にあった。香荘は当時醍醐寺領であり、臨幸に際して尊氏からの指示を醍醐寺座主賢俊が応諾し、荘園伝馬が利用されたのであろう。

しかし前述したように、中世後期の荘園伝馬役賦課に関する事例は稀であり、逆に未進が確認できるようになる。例えば、康永元年八月二十九日付 年預五師圓英等借用状[17]には、「大和庄々依近年之旱魃及烈所(列参)、夫伝馬令難渋之間」とあり、また延文三年(一三五八)十一月日付 太良荘百姓申状[18]には「一、不頗(顧カ)百姓等侘傺、傍輩若殿原ニ、京上人夫伝馬以下被借事無力問之間、百姓等弥令損亡事」などとある。更に、明徳四年(一三九三)九月二十三日付 高野山小集会評定事書[19]には次のように記す。

明徳四年九月廿三日、小集会評定云、

一、志富田庄夫伝馬之事、蓮花乗院沙汰之時者、毎度不拵于余庄間、志富田致其沙汰候間、公私依事繁、百姓等歎申之処、不便之由、自学侶方御披露之上者、今度深賢房在京之夫伝馬、可被差替于广(麻カ)生津庄事、

同年　月　日　　　年預頼應(花押)

高野山領志富田荘は、現在の和歌山県伊都郡かつらぎ町東渋田・西渋田付近と考えられている。高野山領となったのは、元弘三年(一三三三)の後醍醐天皇のいわゆる「元弘の勅裁」によるが、この評定事書の翌年からの応永年間(一三九四～一四二八)には、既に殿原と百姓間で夫役相論が起きているという。[20]なお、志富田荘の百姓難渋で臨時に「夫伝馬」の差し替えを受けた高野山領麻生津荘は、紀伊国那賀郡にある。[21]

いずれにしても、鎌倉期と比較しても中世後期の荘園伝馬役は大きく衰退していたとすべきである。そしてこのこ

とは、前節の律令制的伝馬制度と同様に、荘園領主の政治権力が、もはや伝馬役を負担すべき在地社会にとって、充分な保障をもたらしえない権力となってしまっていたことを物語っている。

三　守護と伝馬役

室町幕府と伝馬役とのかかわりを集積して表化した付表3「室町幕府と伝馬役」によれば、そのほとんどは次のように伝馬役免除や賦課の禁止を内容とするものである。

⑧南禅寺領播磨国矢野庄・大塩庄、段銭・諸公事以下守護役・人夫・伝馬等事、被免除訖、早任去八月十二日御判之旨、可被停止使者入部由、所被仰下也、仍執達如件、

長禄二年(一四五八)十二月廿三日　右京大夫(細川勝元)(花押)

山名右衛門督(持豊)殿

室町幕府は、将軍―管領―守護という公式ルートで、矢野荘・大塩荘の段銭・諸公事以下、守護役、人夫・伝馬等を免除し、守護使不入を命じたのである。そして付表3⑨によれば、さらに守護代であろう太田垣土佐守に遵行状が下されている。

これらのことを今谷明氏は、「たまたま幕府による伝馬役免除の奉書等が残存しているが、免除されるのはむしろ特殊な場合であって、史料は逆に、恒常的な伝馬賦課という事態を暗示しているのである」と述べ、守護伝馬役の存在を指摘している。

しかし、免除されている伝馬役は、今谷氏も認めているように、前記の南禅寺領播磨国矢野荘・大塩荘の他、石清

内　　容	備考・典拠
人夫伝馬等以下課役対捍云々、濫妨所務之由載申状之上者、可依相論落居矣之状、下知如件	『久我家文書』1-89、近江国田根荘永吉守恒名雑掌定尋と地頭代秀職の相論を裁決
或被催夫伝馬、或譴責兵糧米、致濫妨狼藉云々、早可停止彼違乱之状如件	「小早川什書」『日』6-13-802、伯耆国富田庄内天満郷一分地頭職事
高麗使之羅興儒以下同進物等、被召上由事、今月六日所被成御教書也、早任被仰下旨、用意人夫伝馬、可被致分郡警固状如件	「東寺百合文書」『日』 6-44-290
高麗使之羅興儒以下同進物等、被召上由事、去月六日御教書並同月十九日施行案如此、早任被仰下之旨、用意人夫伝馬雑事以下、致警固可致勘過之由候也、仍執達如件	「東寺百合文書」『日』 6-44-290
若狭国耳西郷地頭職事、為守護使不入地之処、号人夫伝馬催促、津田入道乱入当郷、搦取百姓等致狼藉云々	「臨川寺重書案文」『日』7-5-101
段銭以下諸公事並守護役人夫・伝馬等、向後所令免除之状如件	「石清水文書」『日』 7-15-313
臨時課役・段銭・人夫・伝馬・守護役以下諸公事、被免除訖	「大徳寺文書」『大日本古文書』家わけ17-大徳寺文書之12-203、大徳寺如意庵領尾張国破田村
段銭・諸公事以下守護役・人夫・伝馬等事、被免除訖	「南禅寺文書」『兵庫県史』 8-48、播磨国矢野庄・大塩庄
段銭・諸公事以下守護役・人夫・伝馬等事、被免除訖	「南禅寺文書」『兵庫県史』 8-48、播磨国大塩庄
刑部二郎右衛門入道為預所上者、至于臨時課役・伝馬等、別而閣候、此旨可被心得之状、如件	「東寺百合文書」け『相生市史』7-483、矢野庄内東寺領
東寺領若狭国太良庄事、……相懸人夫伝馬等云々、太不可然	「東寺百合文書」『室町幕府文書集成』上-197
美濃揖斐庄深坂保地頭職、尾張国稲木庄内峯吉郷、伊予国荏原郷西方久万山内青河等地頭職……守護役、並人夫伝馬以下事、所免除也	「前田家所蔵文書」『日』8-5-775
南禅寺播磨国矢野・大塩両庄役夫工米並段銭諸公事以下人夫・伝馬等事、任先例被免除訖、早為守護使不入之地	「南禅寺文書」『室町幕府文書集成』上-344

付表３　室町幕府と伝馬役

番号	年月日	西暦	差出人	受取人
①	康永元. 12. 21	1342	足利直義	(久我家)
②	観応元.　8. 17	1350	(幕府)	(守護)山名時氏
③	永和元. 11. 19	1375	右近将監(赤松義則)	宇野備前権守(祐頼)
④	永和元. 12.　9	1375	備前守(宇野祐頼)	赤穂郡寺社本所地頭御家人
⑤	応永 8.　8. 24	1401	沙弥(畠山基國)	一色左京大夫入道(詮範)
⑥	応永19.　5. 10	1412	足利義持	(石清水八幡宮)
⑦	長禄 2.　4. 21	1458	細川勝元	斯波義敏
⑧	長禄 2. 12. 23	1458	細川勝元	山名持豊
⑨	長禄 3.　5. 22	1459	山名持豊	太田垣土佐守
⑩	寛正 6.　5. 21	1465	日野言清	小川三郎右衛門尉
⑪	寛正 6.　9.　2	1465	(飯尾之種・清貞秀)	武田大膳大夫
⑫	文明 4. 11. 22	1472	足利義政	
⑬	文明12.　6. 22	1480	布施英基・飯尾元連	南禅寺雑掌

禁制　南御所様御料所備前国香々戸庄……一、相懸兵粮米並人夫伝馬事右条々、堅被停止訖	「宝鏡寺文書」『室町幕府文書集成』上-378
鞍馬寺境内並寺領所之段銭、棟別、人夫、伝馬、臨時課役等事、被免除訖	「鞍馬寺雑記」『日』8-18-693
東寺領山城国久世上下庄……段銭臨時課役地口棟別人夫伝馬闕所検断以下事、任度々証文之旨、被免除訖	「東寺文書」『室町幕府文書集成』上-559
禁制　東寺……一、相懸兵粮米人夫伝馬於門前百性(姓)等事、右条々、堅被停止訖	「東寺百合文書」『室町幕府文書集成』下-535
大和法隆寺領播磨国鵤庄段銭並臨時課役・人夫・伝馬・検断等事、所免除也	「法隆寺衆分成敗曳附並諸証文写」『日』9-8-112
禁制　大山崎……一、相懸兵粮米並人夫伝馬事、付放火人押買等之事、右条々、堅被停止訖	「疋田家本離宮八幡宮文書」『室町幕府文書集成』下-540
……次境内並寺領所々段銭・棟別・人足・伝馬・臨時課役以下先規免除之上者、弥可被全領知之由	「鞍馬寺文書」『室町幕府文書集成』下-344

水八幡宮領(付表3⑥)、大徳寺如意庵領尾張国破田村(⑦)、東寺領若狭国太良荘(⑪)、美濃国揖斐荘(⑫)、尾張国稲木荘(⑫)、備前国香々戸荘(⑭)、鞍馬寺領(⑮⑳)、東寺領山城国久世上下荘(⑯)、法隆寺領播磨国鵤荘(⑱)などの荘園伝馬役である。

既述のように、そもそも中世後期の伝馬役は大幅に衰微しており、幕府が「守護不入地」などとして伝馬役を免除・禁止したのは、当時の一般的な状況を追認・安堵したと考えるのが自然である。従って、以上の事例を特殊な場合とし、守護が恒常的に領国内に伝馬役を課していたと結論付けることには賛同できない。逆に幕府は、次のように守護に対して人夫・伝馬役、兵糧米の徴発などの違乱行為の取り締まりを命じているのである。

②小早河中務入道々圓申、伯耆国富田庄内天満郷一分地頭職事、或被催夫伝馬、或譴責兵糧米、致濫妨狼藉云々、早可停止彼違乱之状如件、

観応元年(一三五〇)八月十七日　○署名ヲ脱シタルモノナルベシ

山名伊豆前司(時氏)殿

⑤臨川寺雑掌申若狭国耳西郷地頭職事、為守護使不入地之処、

⑭	文明15. 11. 18	1483	布施英基・斎藤豊基	（宝鏡寺）
⑮	文明18.　7. 16	1486	沙弥・散位	當寺衆徒御中
⑯	明応 5.　2. 17	1496	飯尾清房・諏訪貞通	東寺雑掌
⑰	明応 8.　8. 28	1499	斎藤基雄・諏訪長直	（東寺）
⑱	永正15.　8.　6	1518	足利義稙	（法隆寺）
⑲	大永 6. 12. 21	1526	斎藤基速ヵ・斎藤誠基ヵ	（大山崎）
⑳	天文 5.　4. 29	1536	松田盛秀・左衛門尉	鞍馬寺衆徒

「備考・典拠」欄の『日』は『大日本史料』を、数字は巻−頁を示す。

号人夫伝馬催促、津田入道乱入当郷、搦取百姓等致狼藉
云々、尤招罪科歟、不日止使者入部、可被全寺家所務之由、
所被仰下也、仍執達如件、
応永八年（一四〇一）八月廿四日　　沙彌（畠山基国）　判
一色（詮範）左京大夫入道殿

前者は現在の鳥取県米子市南方に位置する富田荘（荘園領主不明）(22)内の地頭職、後者は現在の福井県美浜町耳川以西から現三方町の気山・海山地区に比定される(23)臨川寺領耳西郷の地頭職についての史料で、各々違乱行為を受け、伝馬役等が徴発されようとしたことに対して、幕府が守護に治安維持を指令したものである(24)。

ただ付表3③④の二例のみが、室町幕府の公式命令伝達経路で、播磨国赤穂郡寺社本所地頭御家人に対して、人夫・伝馬役の用意を求めている。しかしこの事例は、倭寇の禁遏を要望して高麗の使節羅興儒が来日した時のもので、幕府や守護を介して山陽道沿いの諸荘園に人夫・伝馬の調達や高麗使節の警護を命じたのであり、国家的施策の意味あいを含む特異な課役と言えよう。なお、同目的の高麗使節がその後も永和三・四年（一

三七七・七八)、康暦元年(一三七九)と立て続けに来日しているが、[25]人夫・伝馬役の用意を求めた様子は窺えない。従って、実際にいかほどの人夫・伝馬役が確保できたのかは疑問が残る。

以上の検討から、中世後期の守護がその領国内の荘園などから守護伝馬役を日常的に徴発していたと考えることは難しく、ましてや戦国大名のような駅制の萌芽形態の存在を想定することは不可能であろう。[26]

四　興福寺の伝馬役

今谷明氏は前掲「室町時代の伝馬について」の論文中に「大和における伝馬の実態」として節を設け、「興福寺伝馬役の賦課根拠は、荘園領主権力ではなく、一国支配上の守護権に淵源するものであることが推測される」と結論付けた。無論、それは興福寺が大和守護であることを前提として検討した結果であった。しかし近年の研究[27]は、朝廷が大和国司の権限を、また幕府が大和守護の権限を各々興福寺に与えたとする見解に対しては、否定的である。つまり、安田次郎氏[28]が次に述べる如く「興福寺の大和国に対する支配を、朝廷や幕府からの公権委譲によって成立したと考えるのは間違っており、それは営々として積み上げられていった同寺の活動の結果として考えるべきものである」とする立場が支配的となりつつあり、かつ正当であろう。

そこで本節では、「大神宮御参鳥目等雑記」「小天宗清発向奉行下向引付」「東院毎日雑々記」「孝圓御寺務応永九年記」「辰市家旧記」「東院年中行事記」「宣胤卿記」「宣秀卿維摩会参向記」「京上人夫帳」「談山神社記録」「春日社司祐維記」「経尋記」「成簣堂古文書」(以上『大日本史料』第七・八・九編所収)及び、『経覚私要鈔』『大乗院寺社雑事記』『多聞院日記』『政覚大僧正記』に記載されている明徳三年(一三九二)から大永二年(一五二二)までの百三十年間の

「興福寺伝馬」史料、合計二〇二例を対象として分析を加えてみた。

第一に徴発地が判明する例が一七五例ある。その中で二桁以上は「七郷」五二例、「高田庄」一九例、「倉庄」一八例、「小吉田庄」一五例、「服庄」一四例、「大市庄」一三例で、その合計は一三一例、判明分の約七五％に相当する。

特に多いのが五二例の「七郷伝馬」である。「七郷」[29]とは南大門郷・新薬師寺郷・東御門郷・北御門郷・穴口郷・西御門郷・不開門郷のことで、興福寺四面郷が鎌倉時代に再編成された諸郷を指しており、興福寺支配の中心として機能していた。従って、「七郷」から伝馬が最も多く徴発されているのは当然の結果と言える。[30]「七郷」の原点となった「四面郷」に関しては、やはり安田次郎氏[31]が「十一世紀半ばには、東大寺はその西方を東大寺領西里として、また興福寺はその東西南北の四面を興福寺四面郷として領有していた」と解説している。ここに中世奈良の原初的形態が想起され、漸次、深化してゆく興福寺の領主支配の一つとして伝馬役が構築されていったのであり、国司や守護の公権を仮に与えられたとしても、それが画期となり一挙に伝馬役が成立したとは考え難い。

次いで一九例が確認できる高田荘[32]は、現在の大和郡山市高田町にあった五名からなる完全均等名荘園で、鎌倉末期には大乗院領となった。倉荘[33]は現天理市蔵之庄町を中心とする地域で、大乗院の根本所領であり一二の均等名により構成されていた。小吉田荘[34]は、現斑鳩町小吉田に比定される大乗院領荘園である。服荘[35]は、現斑鳩町服部を中心とした地域で同じく大乗院領荘園である。大市荘[36]は、現在の天理市柳本町東南部に比定されている大乗院領で、七名からなる均等名荘園であった。

以上のことから、興福寺は伝馬役負担の中核となる七郷伝馬に加えて、荘園を拡大させつつ、そこから伝馬役を徴発することで、大和国内に人夫や伝馬のネットワーク[37]を構築させていったものと推測できる。

第二として目的地がわかる例が一一二例ある。その中でも六一例と半分以上を占めるのが上洛を目的とする伝馬である。しかし、その理由は様々と言える。例えば公的性格を帯びた例では、延徳二年（一四九〇）七月の足利義材の将軍宣下に際して、興福寺別当大乗院政覚は、倉荘・高田荘から各々伝馬を徴発して上洛している（『大乗院寺社雑事記』九―四四四頁）。また私的な性格のものとしては、文明十七年（一四八五）六月十日に大乗院政覚が「内々儀」として、甥にあたる二条尚基を見舞うために上洛した折、七郷伝馬一疋を使用している例（『政覚大僧正記』一―一二八頁）などがあげられる。結局、興福寺伝馬は守護公権としての公的性格を背負った負担体系ではなく、その在地支配の拡大にともない成立した、興福寺を公私のあらゆる面で日常的に支えていた役体系の一つと理解すべきであろう。

第三に興福寺伝馬役の衰退について検討してみる。前述したように、全国的には中世後期の荘園伝馬役は大きく後退しており、興福寺の伝馬役も例外ではない。例えば、「京上伝馬高田庄無沙汰」（応仁二年〔一四六八〕閏十月二十日条『大乗院寺社雑事記』四―一三七頁）、「倉庄伝馬事、召百姓先日無沙汰分事加問答了」（文明六年十月七日条『大乗院寺社雑寺記』六―四四頁）などとある。また『政覚大僧正記』（一―六六頁）文明十六年七月二十四日条には「伝馬事、本ハ二十疋云々、近年五六疋云々」と記され、伝馬疋数の減少が指摘されている。

そして同時に、律令制的伝馬役の部分で述べた「御稲伝馬」と同じく、代銭納化が散見されるようになる。

来八日京着
維摩会人夫伝馬事、五人五疋、内於二疋者、御侍可乗之間、可然馬乗鞍可被置、可被進候、残三疋分、以代可被進候、人夫者必五人可被進候、一人も不足候者、可御事闕候、能々可令御下知候由候也、恐々謹言、

（長享二年）十一月二日　（勅使雑掌）朝貞

春日両惣官御中（祐仲・祐松）(38)

興福寺維摩会は南都三会の一つで、「維摩経」を講説する勅会である。その際の勅使送迎の折、人夫・伝馬役が徴発されるが、右の長享二年（一四八八）には、五疋のうち三疋分が代銭納化している。また永正十五年（一五一八）の事

例では、「就維摩会御参向之儀、人夫・伝馬事、被仰出候、意得存候、当時路次已下難治之子細候之条、如前々、以代御参向之砌、可致進納通候」[39]、大永二年（一五二二）の興福寺維摩会では、「大会人夫・伝馬代出之、神主家(奥)統トリマトメテ、南曹于時葉室殿(頼継)へ進上之、合二貫八百文進上之、請取家統方ニ在之」[40]とあり、維摩会勅使下向にあたり、春日大社神主が人夫・伝馬を用意するも、既に代銭納となっていることがわかる。この背景には、前記の永正十五年にみえる「当時路次已下難治之子細候之条」や、「城州与奈良、路次不通之間、以代被納之者、可畏存旨被申入候処、先以今度者代以被納之由被仰了」[41]との記載から、路次の保障が困難になりつつあって、興福寺や春日大社の人夫・伝馬が機能しなくなった状況を想起できよう。

　そこで代銭納の意味を考えてみる。

　　上洛供奉之人数[42]
　俊實　椿尾(井脱)召馬、高田庄伝馬申付、可進由
　　　申之処、東林院申請門跡方伝馬ニ令
　　　混乱、不来、仍俄ニ駄賃等之馬ニテ
　　　上洛了、曲事也、

これは、大永二年六月二十一日の興福寺別当経尋の上洛供奉衆の一人俊實に関する記述である。伝馬にかわって駄賃馬で上洛していることがわかる。

　自京都東福寺陽首座(鳳崗桂陽)、逍遙院(三条西実隆)三男、予祖父也　勢州ニ持之寺(安養寺)江下之間、伝馬、初瀬迄之案内者可給由承之間、副定使了、馬共俄之事間、駄賃馬二疋遣之、恪阿計略、三百文ニテ二疋調法云々[43]、（下略）

これは、経尋の祖父で東福寺の鳳崗桂陽が、伊勢安養寺に下向する際、興福寺伝馬を所望したが調えることができ

ず、結局、興福寺側は駄賃馬に切り換えたことが記されている。

このことから代銭納の裏面には、伝馬役の代替として納入された銭貨を利用して、私的に交通業者を雇い入れていた実態が浮かび上がってくる。とりわけ中世後期の交通業務の発展は著しいものがあり、駄賃馬についても左の著名な「閑吟集」の一首が、庶民の間での日常的、全国的な輸送業務の存在を明示しているのである。

爰はどこ　石原峠の坂之下（岐阜県不破郡の石原峠カ）　足痛やなふ
駄賃馬に乗たやなう　殿なう(44)

むすび

南北朝期から室町期にかけての伝馬を考察した結果、古代や近世のような全国的駅制は認められなかった。この意味では、新城氏が「駅制史上の空白時代」としたことは正しい。しかし、より微視的に伝馬役の負担として検証した場合、前代以来の古代令制を淵源とするような伝馬役や、荘園制的伝馬役が、漸次衰微しながらも確認された。

一方、「守護伝馬役」に関しては、荘園伝馬免除は特別措置で日常的には守護は伝馬役を賦課していたとする今谷氏の説には賛同できない。それは前記のように、当該期の荘園伝馬は一般的に大きく後退しており、従って、その上に立脚する「守護伝馬役」を想定することは、非現実的だからである。おそらく、付表3の諸役免除内容の幕府文書作成の裏側には、荘民からの幕府への金銭納入(45)などをともなった伝馬役忌避要求に対して、幕府が応諾した状況があったものと思われる。即ち、在地側からの現状保障を要求する禁制発給のメカニズムが働いていたのである（実際に付表3⑭⑰⑲は禁制形式をとっている）。

今谷氏が「守護伝馬役」の有力な根拠としたのが「興福寺伝馬」であった。それは、大和守護興福寺が、荘園伝馬役を賦課することから主張したものだった。しかし、本文でも述べたように、興福寺が大和守護である確証はない。(46)実証的に検討するならば、興福寺は、その支配の原点にある「七郷」を中核に、徐々に大和国内に支配権を拡大してゆき、人夫役や伝馬役のネットワーク体制を創出していったのである。そしてこれと同様の例として、正和二年(一三一三)正月九日付 宗像氏盛条々事書の左の伝馬役をあげることができる。

一、為田所沙汰、支配諸郷夫伝馬事

右、案大札之趣、当職者社家之規模也云々、而近年自親類以下方々、内々召仕之由有其聞、太以無謂、所詮置片日記於公文所、紀巡儀、無偏頗令支配之、一年両度可遂勘定也焉、(47)

筆者は本書第一章第一節「鎌倉時代の伝馬制度」においてこの伝馬役を「在地領主としての宗像神宮大宮司家宗像氏の在地支配の一環」と位置付けた。従って興福寺伝馬も、この「在地伝馬役」が拡大・深化したものと考えられるのではなかろうか。

さて、以上のような歴史的前提の中で、戦国大名伝馬制度をどのように評価すべきであろうか。かつて筆者は、戦国大名研究の王道とも言うべき後北条氏、その伝馬制度について論述した。(48)それによれば、戦国大名伝馬制度の創設を「輸送業者間の諸特権の保障、賦与を希求した競合的動向を指摘し、それを大名権力側から発展的に解消するための「役」創設」とした。(49)つまり、既に前代以来の伝馬役は姿を消し、本文で触れたような駄賃馬を保持する輸送業者らを、守護不入地や新宿などの自由かつフラットな場で競合させることで、実力のある業者の日常業務を保障し営業特権を賦与するかわりに、新たな伝馬役体系を創出していったものと思われるのである。

いずれにせよ戦国大名伝馬は、今まで述べてきた中世の伝馬役とは異質の「役」体系であり、それは近世宿駅制度に大きく一歩を踏み出したシステムであったと言えよう。

註

（1）新城常三『鎌倉時代の交通』（一九六七年、一九九五年復刊）二九五頁。
（2）拙稿「鎌倉時代の伝馬制度」（『豊島岡研修』平成九年度）、本書第一章第一節。
（3）今谷明「室町時代の伝馬について」（『東国の国家と社会』一九八五年、後に同『守護領国支配機構の研究』一九八六年に所収。以後、今谷氏の見解は同論文による）。
（4）『京都市の地名〈日本歴史地名大系27〉』四七七頁「今宮社」。
（5）『国史大辞典』「大炊寮領一覧」橋本義彦執筆。
（6）同右。
（7）『国史大辞典』「法華会」塩入良道執筆。「法華八講」福原隆善執筆。なお、「師守記」に登場する「法華八講」がどこで挙行されたのかは不明であるが、中原師守の知行する山科には真言宗山階派大本山勧修寺があり、「勧修寺縁起」の中に勧修寺の法華八講の盛儀が述べられている（『国史大辞典』「勧修寺縁起」平岡定海執筆）。
（8）註（5）。
（9）「兼宣公記」（応永二十三年三月十日条『大日本史料』七―二四―三六一頁）には、賀茂祭における伝馬五疋の用意が記されている。同様に「賀茂祭装束料注文」（応永二十五年卯月十一日『大日本史料』七―三〇―一七八頁）にも伝馬五疋の準備が認められる。一方、応永七年十二月六日付 道後政所宛 伊勢神宮権禰宜奉書（「内宮神宮所持古文書」『大日本史料』七―四―七三二頁）には「幣使御上洛伝馬料諸役人等、毎度無沙汰事、太不可然」とあり、伝馬料の怠納が窺われる。

(10) 拙稿註(2)中「付表1　鎌倉期伝馬表」参照。

(11) 「雑々聞書」(『大日本史料』六―七―四九五頁)。

(12) 「賢俊僧正日記」(『大日本史料』六―一九―六八七頁)。

(13) 『福井県の地名〈日本歴史地名大系18〉』五四頁「牛原荘」。

(14) 文保三年二月十日付 播磨国矢野庄例名預所職請文(「東寺文書」『鎌倉遺文』三五―八八頁)。嘉暦三年二月十八日付 東大寺年預所下知状案(「東大寺文書」『鎌倉遺文』三九―一四頁)。

(15) その他、預所が関与している例としては、註(17)の「夫伝馬令難渋之間、馬一疋可召置之由評定之間、為彼料足所借用之状如件」とある康永元年八月二十九日付 年預五師圓英等借用状や、「人夫伝馬事、為預所之計、可被致其沙汰矣」とある康永三年正月二十三日付 契約状(「文永四年外記日記裏書」『大日本史料』六―八―六四四頁)がある。また、註(19)の明徳四年九月二十三日付 高野山小集会評定事書の差出人は、「年預頼應」とある。

(16) 『角川日本地名大辞典25滋賀県』三一四頁「香荘」。

(17) 「東大寺文書」(『大日本史料』六―七―五二〇頁)。

(18) 「東寺百合文書」(『大日本史料』六―一二―二六四頁)。

(19) 「高野山文書」(『大日本史料』七―一―四二八頁)。

(20) 『日本荘園史大辞典』三三七頁「志富田荘」小山靖憲執筆。

(21) 『角川日本地名大辞典30和歌山県』二〇四頁「麻生津荘」。

(22) 『角川日本地名大辞典31鳥取県』五三八頁「富田荘」。

（23）『福井県の地名〈日本歴史地名大系18〉』五六五頁「耳西郷」。

（24）付表3①は、表中の備考にも記したように、雑掌定尋と地頭代秀職の相論を足利直義が裁決したものであり、守護の関与は窺われない。

（25）『国史大辞典』「高麗」旗田巍執筆。

（26）有光有學氏は付表3⑥の足利義持御教書をあげ、「守護によって伝馬制が実現されていた」（同「今川領国における伝馬制」『歴史公論』一一五、一九八五年、後に同『戦国大名今川氏の研究』一九九四年に所収）とする。しかし、本文で述べたように、伝馬役免除が守護伝馬制度の存在を証明するものとはならない。

（27）泉谷康夫「鎌倉時代の興福寺と国司・守護」（『高円史学』一、一九八五年、後に同『日本中世社会成立史の研究』一九九二年に収録）、泉谷康夫『興福寺』（一九九七年）、安田次郎『中世の興福寺と大和』（二〇〇一年）。

（28）安田註（27）著書、「視覚と構成」ⅱ頁。

（29）安田次郎『中世の奈良』（一九九八年）、永島福太郎『中世畿内における都市の発達』（二〇〇四年）。

（30）今谷氏は七郷伝馬徴発に関して、「寺務上洛・一座証義上洛・訴訟上洛等の比較的公務の色彩が強い場合が多く、単なる旅行・参詣用途に七郷の馬を使役することは少なかったようである。これは七郷郷民の馬を興福寺が徴発することが必ずしも容易でないことによるとみられ」（今谷註（3）著書四六八頁）とする。公用・私用の峻別は困難であるが、本文で述べた通り、「七郷伝馬」の徴発事例が多いので、興福寺伝馬の中心的役割を担っていたことは間違いない。

（31）安田註（29）著書一六頁。

（32）『講座日本荘園史7　近畿地方の荘園Ⅱ』（一九九五年）安田次郎執筆、「大和国」一八八頁。

（33）註（32）一八一頁。

(34)『奈良県の地名〈日本歴史地名大系30〉』五二頁「生駒郡」、七四頁「小吉田村」。
(35) 同右七四頁「服荘」。
(36) 同右七三八頁「大市荘」。
(37) 拙稿註(2)において、賦課範囲は広くはないが、在地に密着して制度的にも進展のみられる荘園制的伝馬役を在地伝馬役として指摘した。その際、正安二年閏七月二十九日付 大乗院政所下文(「大乗院文書供養御参宮記」『鎌倉遺文』二七―二〇三三頁)を掲示した。それによれば、棟別銭徴収にともない大乗院政所は、大乗院領の「寄人」たちに対して「宿次伝馬」の負担を命じている。このことから、大和国内の各宿に伝馬役負担のネットワークが創設されていたことがわかる。
(38)「宣胤卿記」(『大日本史料』八―二四―七七頁)。
(39) 永正十五年十二月十四日付 宿院御目代宛 春日執行正預延俊披露状(「春日社司祐維記」『大日本史料』九―八―三〇四頁)。
(40)「春日社司祐維記」大永二年十二月十八日条(『大日本史料』九―一七―一二〇頁)。
(41)「春日社司祐維記」永正十五年十二月二十一日条(『大日本史料』九―八―三〇六頁)。
(42)「経尋記」大永二年六月二十一日条(『大日本史料』九―一五―二五三頁)。
(43)「経尋記」大永二年八月二十九条(『大日本史料』九―一八―九〇頁)。
(44)「閑吟集」(『梁塵秘抄・閑吟集・狂言歌謡〈新日本古典文学大系56〉』一九九三年、二六〇頁)。
(45)『多聞院日記』(二―九三頁)の永禄十一年十月二十三日条には「今度ナラ中防禦制札上総ヨリ被出、判銭トテ過分ニ申懸」とあり、織田信長上洛に際して奈良中に現状保障のための「判銭」が賦課されたことがわかる。これにともない奈良の主要寺社には、禁制が発給されたものと思われる（例えば、永禄十一年十月日付 大和法隆寺宛 織田信長禁制「菅孝次郎氏所蔵文書」『織田信長文書の研究』上巻―一二二頁）。

(46) 泉谷康夫氏は「大和国には守護が置かれなかった。その最大の理由は、大和国に地頭・御家人がほとんどいなかったことにあると思われる」と明記する（『興福寺』一九九七年、一〇九頁）。

(47) 「宗像辰美文書」（『鎌倉遺文』三二一―三三一頁）。なお、この事書に関しては、既に石井進氏の研究（「十四世紀初頭における在地領主法の一形態」『日本中世国家史の研究』一九七〇年）があり、その成立過程や性格、意義などが明らかにされている。

(48) 拙稿「後北条氏の伝馬制度に関する一試論」（『國史學』一二七、一九八五年、本書第一章第三節）、「後北条氏と伝馬役」（『戦国史研究』二八、一九九四年、本書第一章付論）。

(49) 池上裕子氏は「新宿を設定し六斎市を立てようとしたことは、伝馬負担地の創出にねらいがあったことを示すものに他ならない」（「伝馬役と新宿」『戦国史研究』八、一九八四年、後に『戦国時代社会構造の研究』一九九九年に所収）とする。

第三節　後北条氏の伝馬制度

はじめに

現在の戦国大名の研究動向は、大きく次の二点がある。その第一点は、一九五〇年代に繰り広げられた太閤検地論争を基軸に据えつつ、戦国大名研究の本質に迫ろうとする「検地論」、更には検地などにより顕在化する「増分」「踏出」論争である。(1)また第二点は、個別的に戦国大名の諸制度を詳細に分析する研究で、(2)東国の戦国大名を中心に推し進められている。

以上のような研究動向の中での本節の位置付けは、当然に後者に属するものであるが、まず後北条氏の伝馬制度に関する研究史及び問題点を明確にしておきたい。

一九二五年、渡辺世祐氏は「後北条氏伝馬の制附道路の修築」(3)を発表した。この論考は、後北条氏の伝馬制度を最初に概観し、ついで臨済禅の高僧明叔慶浚の語録を載せた「明叔録」中の天文二十年(一五五一)六月二十六日付 兊心庵宛 智旺書状(4)の一部分である「従小田原到鎌倉路次并霊区所々、太守印判、除一里一銭、伝馬三疋、関東路四十里馬歟」(5)を紹介し、これは後々に到るまで伝馬制度解明のための貴重な一素材となってきた。

次いで相田二郎氏の「戦国時代に於ける東国地方の宿・問屋・伝馬」(6)があり、これは今日においても、戦国期東国地方の交通を考察する上では、基本となるものである。ここで相田氏は、当時の東国には伝馬業務を生業とするところの「問屋」が各宿に存在し、一定の駄賃を収取して運送業を経営していたことを明らかにした。また、後北条氏の伝馬役は、商人・旅人の宿泊所でもあるところの「問屋」経営者が負担していたとし、その際の駄賃に関しては、前記「明叔録」中の「太守印判、除一里一銭、伝馬三疋」や、天正十年（一五八二）に武蔵国奈良梨、上野国倉賀野に発給した後北条氏伝馬掟[7]等から、一日三疋の無賃伝馬を正規の伝馬役、更にそれ以外に賃取伝馬役（一疋一里一銭）が、一宿郷に仕立てられていたとした。

その後、新城常三氏[8]・児玉幸多氏[9]・中丸和伯氏[10]・奥野高広氏[11]・豊田武氏[12]等が、戦国大名の交通政策の一環として、伝馬制度に触れている。

さて、次いで伝馬制度に正面から取り組んだものとしては、下山治久氏の「後北条氏の伝馬制度[13]」がある。この論文は、伝馬印・伝馬掟・伝馬手形、成立過程等の諸問題を包括的に述べており、問題点は多岐に及んでいるが、本節の論点の一つである駄賃については、「むすび」で次の如くにまとめている。「後北条氏の伝馬制度は氏綱の時代に設けられ、分国の拡大に伴って制度化されていった。公用の場合は一日三疋、一疋一里一銭の基本線を確立したのが氏康であった」。この下山氏の駄賃に関する見解は、一日三疋、一疋一里一銭としていて、無賃伝馬役との関係等の点で少々不明確ではあるが、前掲相田論文の駄賃制を否定していない点や、論文中に「一日三疋の無賃伝馬（有賃の場合は制限されていない）」とある点から、一日三疋の無賃伝馬役と疋数無制限一疋一里一銭の有賃伝馬役が、一宿郷において併存的に賦課されていたと理解しているようである。

相田氏以来、下山氏に到るまでの先学の見解は、天正十年の伝馬掟を中心とするものであるが、実はその細密な考察は相田氏はもちろん、以後の論考においても試みられておらず、再検討を加えてみる必要がある。更に、近年の史料編纂事業等の過程で発表された新しい伝馬制度関係史料も含めて、改めて伝馬役負担体系創出のメカニズムを再考察する意義は少なくないものと考える。

一　伝馬掟の検討

最初に、相田氏以来、伝馬制度解明の基本的史料となっていた天正十年（一五八二）の伝馬掟について再検討し、その駄賃・疋数に関して見解を述べてみたい。

北条家伝馬掟

掟　　奈良梨

一[1]、西上州へ伝馬之事、奈良梨より高見へ可次、此方者須賀谷へ可次事、

一[2]、近年境目ニ付而、郷村不弁之由候間、只今より来未申（天正十一・十二）三ヶ年者、常者一日ニ参疋定置候、例式者、更伝馬之用所も有間敷候へ共、先大躰之定一日ニ可為三疋、出馬之時者、一日ニ拾疋可立事、

一[3]、常ニ者一日ニ三疋之外、何与申付候共、伝馬来重候共、先次第ニ三疋之外不可立、日送ニ可致之事、

一[4]、出馬之時拾疋、是又先次第ニ何与付懸候共、拾疋之外不可立事、

一[5]、文言を好々可見届、可除一里一銭与有之伝馬をハ可除、扨又可除文言無之者、公方荷ニ候共、其外者不及沙汰、速従口付之前、一里一銭請取而、其上可立之事、

一[6]、日付之文言好ミ見届、先次第之所分明ニ可致之、自然入筆等為紛事有之者、不相立而、其印判を可致披露事、

一[7]、万一或三疋之外、或動之時十疋之外有之者、縦公方荷ニ候共、倩賃（ママ）を可出間、其賃を従口付前請取、可成儀

を者可弁済事、

已上

右、七ヶ条、当郷可存其旨、然ニ文言を不見届、或恐権門、或随時之強儀、法度之外伝馬を立ニ付者、当郷自滅迄候間、不及是非候、仍定所如件、

天正十年壬午（虎朱印）
十二月九日[14]

条文ごとに内容を分類してみると次の如くになろう。

(1)伝馬経路の確定。
(2)奈良梨における一日の伝馬役負担疋数。
(3)伝馬日送制。
(4)戦時での一日の伝馬役負担疋数の最大枠。
(5)伝馬手形による駄賃規定。
(6)伝馬手形の日付に関する諸注意。
(7)平時一日三疋・戦時一日一〇疋よりも多い伝馬役が課され、なおかつ翌日分での負担（日送り）を待てない場合の措置規定。

第一の論点は、(2)(4)に記されているところの伝馬役が、諸先学の指摘の如く、無賃伝馬役を意味するものか否かである。諸先学がこれを無賃役とする根拠は、前掲の渡辺氏紹介による「明叔録」中の禅僧智旺書状の「太守印判、除一里一銭、伝馬三疋」の部分である。即ち、この「伝馬三疋」を伝馬掟の(2)(4)に規定されている疋数と理解したので

ある。更に先学は、⑺に見える「倩賃」（倉賀野の場合は「駄賃」）を「一里一銭」と解し、一宿郷において一日三疋の無賃伝馬役と疋数無制限一疋一里一銭の有賃伝馬役が併存して仕立てられていたとする。

しかし、この結論の根本の拠り所たる右の智旺書状の内容は、「従湯下早雲寺而可一里、到府中小田原、町小路数万間、地無一塵、東南海也、海水遶小田原麗也、太守塁、喬木森々、高館巨麗、三方有大池焉、池水湛々、浅深不可量也、白鳥其外水鳥、翼々然也、太守平日踏実地、表文裏武、刑罰清而遠近服矣、寔今代天下無双之覇王也」などとあるもので、紀行・見聞記的性格が主であり、当然に先の記述も小田原から鎌倉までの一宿郷における後北条氏の一日の無賃伝馬役の疋数を述べたものではなく、後北条氏から智旺に対して無賃伝馬手形が発行され、その疋数が三疋だったことを体験的に表現しているにすぎないのである。ましてや後述するように、一宿郷の伝馬役負担疋数は、各宿郷の貫高によって決定するものと思われ、その意味からすれば小田原から鎌倉までの宿郷に賦課された無賃伝馬役疋数が、一律に一日三疋であるはずがないのである。

つまり、書状中の伝馬三疋と掟中の伝馬三疋は、偶然にも疋数が同じだったに過ぎず、前者三疋は智旺に仕立てられた無賃伝馬役の疋数、後者三疋は一日に奈良梨郷が仕立てる伝馬役の疋数を各々示しているのである。

第二の論点は「倩賃」の意味である。以上のように考えるならば、この伝馬掟が示す疋数を無賃伝馬役とする根拠は不十分であり、⑵⑷の疋数は、駄賃とは無関係に規定された伝馬役の一日の疋数と考えることができる。そして⑺の「倩賃」は、前述の一日の疋数（そこには有賃〈一疋一里一銭〉・無賃〈可除一里一銭〉の手形を持った者が来往し、その手形文言により、一日三疋の枠内で振り分けられる）を超過し、同時に日送りを待てない場合の駄賃であるから、先学が指摘するような公定駄賃一疋一里一銭とは別の、私的伝馬業務に委託する時の駄賃と考えなくてはならない。言わば後北条氏が制定した伝馬役の枠内に積み残しが出た際に、私的民間運送業務に依託する時の規定であって、この「倩賃」（「駄賃」）は当然に一般運送業務における輸送費なのである。その具体的金額は不明であるが、少なくとも「役」として制定された駄賃＝一疋一里一銭よりも高額であったものと思われる(15)。

既に児玉幸多氏は、「伝馬手形を与えられることはすでにある特別の待遇を与えられたということになるのであって、もしそれを与えられていなければ、宿では伝馬を出す義務がなかったので、もし必要があれば相対の賃銭で雇わなければならなかったのである。すなわち伝馬の使用は、無賃の場合はもとより有賃の場合でもなお特権であったのである(16)」と指摘していることが注目される。

以上の意味から次の今川氏伝馬定が興味深い。

（義元袖判）

当宿伝馬之儀、天文廿三年仁以判形五箇条議定之処、一里十銭不及沙汰之由申条、重相定条々、

一、雖為如何様之公方用并境目急用、一里十銭於不沙汰者、不可出伝馬事、

一、毎日五疋之外者、可為一里十五銭事、

一、号此一返奉行人雖令副状、可取一里十銭事、附壱里十銭依不沙汰伝馬不立之上、荷物打付雖令通過不可許容、縦荷物雖失之、不可為町人之誤事、

右条々、如先判不可有相違、若於有違背輩者、注進交名者也、仍如件、

永禄元戊午（一五五八）

八月十六日

御油

二郎兵衛尉(17)

これは、三河国御油宿の問屋であろう二郎兵衛尉なる者に発した今川義元伝馬定書である。後北条氏領国内での六

町一里、この今川氏領国内の場合の六〇町一里については、既に相田氏が前掲論文で論述しているところである。この御油宿の場合、その勤仕する伝馬役は全て一里一〇銭の有賃伝馬役であり、かつ一日五疋の役負担であった。そして注目すべきことに、一日五疋以上の負担となる場合は、役としての駄賃「一里十銭」よりも五〇%増の「一里十五銭」の駄賃が認められているのである。即ちこの駄賃こそ、後北条氏伝馬掟に明記されている「倩賃」（「駄賃」）に相当するところの一般伝馬業務における駄賃に他ならない。

以上、天正十年の伝馬掟に関して再検討し一試論を提起した。引き続いて、ここで第一の論点として掲げた駄賃と疋数について、各々他史料を吟味して更に検証してゆきたい。

二　駄　賃

後北条氏は、永禄五年（一五六二）六月に武蔵国平井郷の伝馬奉行に宛てて全三か条の伝馬定を発給している。その中には駄賃に関して「一、馬一疋、一里一銭半定、然時者二里三銭、此積を以取代物、可立馬事」[18]とあって、公定駄賃が一疋一里一銭半と値上がりしているものの、何ら疋数との関係は看取できない。また第三条には「一、飛脚以下者ニハ、可除一里一銭、印判文言可被顕之間、見届可申事」と記され、ここでも手形文言による駄賃振り分け制が窺われる。更に下山治久氏により紹介された、永禄九年三月二十四日付 伊豆国丹那郷地頭大道寺駿河守百姓中宛 虎印判状写には、次のようにある。

一、伝馬之事、三ヶ年以来者、一里一銭被定、既公方御用迄郷中前引ニ被下処、其御憐愍之志るしもなく、無幾程兎角申事、無是非雖被思召、□竟風損ニ致退転之由申間、今来年之間一日五疋ツ、ニ被定候、猶一里一銭厳密可

申取之事、
一、（中略）
右、丹那郷為私領間、□竟大道寺依致様退転之是非可有之候、急度諸百姓召返可加助成、向後相定処、公方役・伝馬等就致無法者、小代官可被処罪科者也、仍而如件、
丙寅
三月十四日　　遠山左衛門尉奉之
丹那郷
地頭　大道寺駿河守殿
百姓中[19]

丹那郷の駄賃は一疋一里一銭である。後北条氏は、その丹那郷内（丹那郷は地頭大道寺氏の私領である）に無賃伝馬役を賦課する際には、「御憐愍」として、一国平均役（例えば段銭・懸銭）を一疋一里一銭の換算基準で「前引き」として差し引いていたものと思われる。この様な例証は丹那郷のみで確認できるのであるが、「私領」に対する後北条氏の伝馬役賦課の場合、一国平均役を前記の基準で免除していたものと想定できよう。その様な状況下、丹那郷百姓は、風損を理由に退転↓逃散へと走った。そこで更に後北条氏は、永禄九・十年に限定して一日の伝馬役負担疋数を「五疋」に減少させたのであり[20]、その上で「猶一里一銭厳密可申取之事」というように、その枠内で駄賃を取得することとなった。

以上の如くに、この場合も丹那郷に無賃伝馬が常備されていたとは考えられず、一日五疋（永禄八年以前は六疋以上）の枠内で、有賃・無賃の伝馬が仕立てられ、仮に無賃伝馬役が賦課された場合でも一国平均役前引き制が採用さ

れて、一疋一里一銭の公定駄賃は保障されていたのである。

さて、付表4は、後北条氏の伝馬手形一覧である。駄賃に関しては、手形中に「可除一里一銭」と記載されているものは無賃「×」とし、その記載のない手形には有賃と判断して「〇」と示した。付表4①の大永三年（一五二三）から⑩の永禄十二年までの事例を見ると、有賃伝馬役の事例が多く見られ、以降次第に無賃伝馬が増加しているように思われる。また、⑭㊲（㊻㊾も同様であろう）は、各々戦時に仕立てる最大枠の一〇疋を超過するケースであって、この場合も前引き制は採用されずに有賃となっている。

佐脇栄智氏は、『神奈川県史　通史編1原始・古代・中世』[21]で「伝馬は、人や物資の逓送を任務とした陸上交通機関である。これには、駄賃を支払わないで仕立てることのできる、いわゆる無賃の伝馬と駄賃を支払って使用する、いわば有賃の伝馬の二種があった。このうち無賃の伝馬が、公方伝馬などといわれ、北条氏が駄賃免除（一里一銭を除く）の伝馬手形を発行して仕立てられたものである。伝馬役は、この無賃の伝馬を北条氏が領国の宿郷に割り当てたものということができる」[22]と述べる。この佐脇氏の公方伝馬＝無賃伝馬＝後北条氏の伝馬役という考え方は、駄賃の手形による振り分け制を説いてきた筆者にとって当然納得はできない。そこでこの部分を今少し伝馬手形中の「公方伝馬」から述べてみる。伝馬手形中に「公方伝馬」とある手形は、付表4③⑧⑨(58)であって、いずれも「可除一里一銭」の記載がないことから「有賃」であろう。

③（竪切紙）伝馬壱疋可出之、沼田孫二□（郎カ）被遣、可為公方伝馬者也、仍如件、

　未（「常調」伝馬朱印）

　　十一月十七日　　　　笠原藤左衛門奉

　　　小田原より

目的地	使用目的・備考	典拠
豆州	伊勢家朱印状、内容は過書	長慶寺文書(1-25)
下総		大須賀文書(1-202)
倉内(上野)	「公方伝馬」	設楽己知氏所蔵文書(1-209)
小田原		後藤文書(1-240)
～常陸		秋田藩家蔵文書(2-38)
浦賀	鍛冶番匠	武州文書所収久良岐郡作兵衛所蔵文書(2-45)
甲府	「海蔵寺就上洛」(2-63)	相州文書所収足柄下郡海蔵寺文書(2-64)
土肥(伊豆)	「武栄」印、土居御屋敷うしろの山石を御土蔵の根石にする北条氏康朱印状「公方伝馬」	片平信弘氏所蔵青木文書(2-67)
足柄	「武栄印」北条氏康朱印状「公方伝馬」	片平信弘氏所蔵青木文書(2-97)
小田原	鋳物師大磯土届	田辺本甲斐国志草稿(補遺-36)
江戸	「於武州切石」(2-159)	片平信弘氏所蔵青木文書(2-159)
東金(上総)		本漸寺文書(2-208)
通～甲州		諸州古文書甲州二上(2-224)
小田原	炭50俵	山田明氏所蔵文書(2-243)
栗橋(下総)	北条氏照朱印状写	澤田文書(3-45)
駿州		集古文書49(3-49)
鉢形(武蔵)		武州文書所収児玉郡政右衛門所蔵文書(3-57)
甲州		小山田文書(3-65)
韮山(伊豆)	明樽届御用	眞繼文書(3-124)
大神(相模)	千津嶋百姓中宛北条家朱印状	明治大学刑事博物館所蔵瀬戸文書(3-128)
館林		懸文書(3-132)
小田原		国会図書館所蔵冑山文庫文書(3-133)

付表4　後北条氏伝馬手形表

No	年月日	西暦	疋数	受給者	有賃○ 無賃×	奏者・奉行人	出発地
①	大永 3. 3.12	1523	4	上州の鋳物師	○	遠山(直景)	相州
②	(永禄元)閏6.18	1558	2	大須賀式部丞	○	石巻	小田原
③	(永禄 2)11.17	1559	1	沼田孫二□(郎ヵ) (北条康元)	○	笠原(康明)	小田原
④	(永禄4ヵ)10.13	1561	1	仏師	×	安藤(良整)	鎌倉
⑤	(永禄10) 2.朔	1567	3	佐竹宗誉	×	石巻	小田原～館林
⑥	(永禄10) 7.18	1567	1	番匠	○		金沢
⑦	(永禄11) 7. 9	1568	5	海蔵寺	×	岩本(定次)	小田原
⑧	(永禄11) 9. 5	1568	2	石切左衛門五郎等	○	丹後	小田原
⑨	(永禄12)卯.晦	1569	1	石切	○	幸田與三	小田原
⑩	(永禄12) 7.20	1569	5		×	万阿弥	大磯
⑪	(元亀元)卯.10	1570	1	石切左衛門五郎	×	山角(定勝)	小田原
⑫	(元亀2ヵ)12.朔	1571	3	東金本漸寺	×	海保入道	小田原
⑬	(元亀 3)10. 6	1572	1		×	(板部岡)江雪斎	小田原～竹下
⑭	(天正元)12月日	1573	13		○	江雲	媒ヶ谷(相模)
⑮	(天正 5).卯.15	1577	5		○		小山(下野)
⑯	(天正5ヵ) 6. 1	1577	2	高野への使僧	×		小田原
⑰	(天正5ヵ) 8. 6	1577	2	鉢形の鋳物師	×	(間宮)宗甫	小田原
⑱	(天正5ヵ)12.14	1577	3	小林刑部左衛門	○		
⑲	(天正 8)閏3.22	1580	1		不明	(板部岡)江雪	小田原
⑳	(天正 8) 6.11	1580	2		○		小田原
㉑	(天正 8) 9.13	1580	1	懸石見	×	江雲	小田原
㉒	(天正8ヵ) 9.26	1580	1	小野	×	幸田	江戸

小浦(伊豆)	御馬飼料諸道具届、土肥・熱海・軽井沢は有賃	最勝院文書(3-170)
葛西新宿～臼	遠山直景伝馬手形寫	武州文書所収橘樹郡九左衛門所蔵文書(3-181)
白井		上杉文書十一(3-247)
浮橋(伊豆)	土肥・熱海は有賃	佐野家蔵文書(3-248)
沼津(駿河)	督姫輿入に関する交渉	早稲田大学図書館所蔵文書(3-249)
前澤(武蔵)		設楽己知氏所蔵文書(3-252)
小田原	御臨時の炭、媒ヶ谷より参分	山田明氏所蔵文書(3-258)
安城		模寫古文書五(5-55)
沼津		武州文書所収葛飾郡不動院文書(4-22)
湯本(相模)	御樽被進御用小田原伝馬中宛	大和文華館所蔵雙柏文庫文書(4-31)
熊谷(武蔵)	検地案内者として上州へ下向	矢嶋文書(4-67)
・西土肥	西浦へ帰る番匠	三島明神文書(4-73)
信州		雑録追加七(5-56)
小田原		諸州古文書武州一二(4-89)
小田原	炭50俵	山田明氏所蔵文書(4-90)
小田原	大磯土届の御用	相州文書所収足柄下郡次郎右衛門所蔵文書(4-93)
小田原		中林文書(4-96)
西上州		倉林文書(4-102)
小田原	召物届用	神谷文書(4-119)
遠州	帰国	集古文書49(4-143)
佐倉(下総)		香取郡小誌(6-48)
小田原		相州文書所収鎌倉郡澀谷總右衛門所蔵文書(4-179)
府川(下総)		下総舊事十(4-179)

㉓	（天正10ヵ）2.22	1582	5		×	江雲	小田原
㉔	（天正10）5. 9	1582	1	彼出家	○		江戸～浅草～井
㉕	（天正11）6.12	1583	6	一井斎（長尾憲景）	×	垪和（康忠）	小田原
㉖	（天正11）7.11	1583	1	宇苅	×	今阿弥	小田原
㉗	（天正11）7.28	1583	1	朝比奈彌大郎（泰勝）	×	山角（定勝）	小田原
㉘	（天正11）8.28	1583	1	小野	×	幸田	小田原
㉙	（天正11）12. 2	1583	8		×	幸田	厚木
㉚	（天正12）3.23	1584	3	牧	×	山角	小田原
㉛	（天正12）6.晦	1584	3	不動院（下総葛飾郡）	×	垪和（康忠）	岩付（武蔵）
㉜	（天正12）10.16	1584	2		○	笠原（康明）	小田原
㉝	（天正13）7.24	1585	1	矢嶋備前守	×	海保新左衛門（定廣）	小田原
㉞	（天正13）閏8. 6	1585	2	番匠４人	×	安藤豊前（良整）	小田原～西浦
㉟	（天正13）9. 6	1585	1	信州よりの飛脚	×	山角（定勝）	半田（上野）
㊱	（天正13）12.25	1585	3	御手脇堤	×	今阿弥	浅庭（武蔵）
㊲	（天正13ヵ）12月日	1585	12		○	江雲	媒ヶ谷（相模）
㊳	（天正14ヵ）2. 7	1586	10	中筒	×	海保	大磯
㊴	（天正14）3. 8	1586	1	惣社（上野）の鋳物師	×	垪和（康忠）	惣社
㊵	（天正14）3.20	1586	3	上州の鋳物師	×	垪和（康忠）	小田原
㊶	（天正14）9.25	1586	3		×	海保	新田
㊷	（天正15）3.29	1587	4	高野山高室院の使僧両人	×	（板部岡）江雪	小田原
㊸	（天正15）8.11	1587	2	栗飯原證人成毛・寺嶋	×	山角（定勝）	小田原
㊹	（天正15）9. 5	1587	1	鎌倉の番匠	×	安藤（良整）	鎌倉
㊺	（天正15ヵ）9. 7	1587	1	松田（憲秀）の使者	×	幸田	小田原

小田原	鉄砲の御用、大磯土35駄	相州文書所収足柄下郡次郎右衛門所蔵文書(4-182)
小田原	西之庄□届用	須賀文書(4-194)
上州		大阪城天守閣所蔵宇津木文書(4-205)
小田原	鉄砲の玉鋳る御用、大磯土24駄	相州文書所収足柄下郡次郎右衛門所蔵文書(4-217)
鉢形(武蔵)		楓軒文書纂五四(4-219)
小田原		関山文書(4-237)
鉢形(武蔵)		相州文書所収足柄下郡音曲舞大夫所蔵文書(4-261)
當麻(相模)		関山文書(4-270)
新田(上野)	百姓召還を命じられ帰国ヵ(4-311)	大阪城天守閣所蔵宇津木文書(4-313)
沼田(上野)		本間順治氏所蔵文書(4-323)
小田原		相州文書所収鎌倉郡三橋永助所蔵文書(5-53)
小田原	媒ヶ谷炭届用	相州文書所収愛甲郡傳兵衛所蔵文書(5-54)
～小金(下総)	「公方伝馬」	渡邊利夫氏所蔵文書(5-55)
御陣	御臨時の御酒届御用	陶山静彦氏所蔵江成文書(5-56)
金沢(武蔵)		田代文書(5-58)
川越		武州文書所収比企郡大澤蔀守孝等所蔵文書(5-60)
関宿	總寧寺帰路	諸国文書(5-67)
小泉(上野)		富岡家古文書(5-69)

㊻	(天正15) 9.27	1587			○	宗悦	大磯
㊼	(天正15)11.10	1587	5		×	海保	西之庄(上野)
㊽	(天正15)12.24	1587	1	宇津木	×	垪和(康忠)	小田原
㊾	(天正16)正.12	1588			○	宗悦	大磯
㊿	(天正16)正.18	1588	3	安房守(北条氏邦)	○	宗悦	小田原
51	(天正16) 6.15	1588	2	関山二郎左衛門(通高ヵ)	×	江雲	館林
52	(天正16)12.18	1588	5	まいまい(舞々)	×	宗悦	小田原
53	(天正17ヵ) 3.15	1589	1	関山	×	宗悦	小泉(上野)
54	(天正17)12. 6	1589	1	宇津木	×	垪和(康忠)	小田原
55	(天正17)12.26	1589	4	中山	×	(板部岡)江雪	小田原
56	丑. 2.19		2	鎌倉の仏師	×	(間宮)宗甫	熱海
57	丑.12.16		8		×		媒ヶ谷
58	巳.霜.19		3	徳阿	○		鎌倉～江戸城
59	戌. 7.15		3		×		小田原
60	亥.10.10		3	正泉院	×	(板部岡)江雪	小田原
61	2.28		4	川越の鍛冶	×	(間宮)宗甫	小田原
62	6月日		7	總寧寺(下総)	×	遠山修理允(政秀)	佐野(下野)
63	8.12		1	富岡亀蔵	×	菊阿弥	小田原

「使用目的・備考」「典拠」欄の(　)内は『戦国遺文 後北条氏編』の巻-頁数を示す。

成稿時は『神奈川県史 資料編3』『新編相州古文書』『新編武州古文書』『新編埼玉県史 資料編6』『静岡県史料』『新編甲州古文書』『松戸市史 上巻』から作表したが、上掲の表は『戦国遺文 後北条氏編』によって確認、増補して再作成した。現状では更に伝馬手形は増えていることと思われるが、今後の研究の踏み台としての意義もあろうかと考えて敢えて掲出した。

倉内まて宿中

このような「公方伝馬」が、「可除一里一銭」と同意であるとの記載した史料を管見の限り認めることができない以上、これが無賃伝馬役に相当するとは思われない。即ち、「公方伝馬」は後北条氏の伝馬役には相違ないが、そのまま「無賃伝馬役」を意味するのではない。

三　疋数

続いて後北条氏が一宿郷に割り当てた一日の伝馬役負担疋数を確認してみると、次のようになる。

・武蔵国平井郷(23)―一日三疋、戦時一〇疋(永禄五年(一五六二))
・武蔵国関戸郷(24)―一日三疋、戦時一〇疋(永禄七・八年適用)
・伊豆国丹那郷(25)―一日五疋(永禄九・十年適用)
・武蔵国葛西新宿(26)―一日四疋(永禄十年)
・武蔵国奈良梨郷(27)―一日三疋、戦時一〇疋(天正十年(一五八二)、同十二年まで適用)
・上野国倉賀野(28)―一日三疋、戦時一〇疋(天正十年、同十二年まで適用)

池上裕子氏はこれらの事例から、次のように疋数に関して述べている。「無賃提供伝馬数は各宿によりはじめから異なっているのであり、平常三疋の数は最低負担数と思われる。各宿の負担数は陣夫などと同じように宿の貫高を基準に決定されたものと考えられる(29)」。池上氏の指摘の如く、各宿郷の一日の伝馬役負担疋数は最低三疋でまちまちであろう。しかし、その疋数決定を貫高を基準とすることはよいとしても、駄賃に関しては池上氏は「無賃提供伝馬数」と述べており、最低三疋の負担伝馬役が既に無賃役であるものと解しているのであって、この見解は、手形振り分け制と相反するので同意することはできない。

さて、この伝馬役における疋数であるが、天正十四年七月十六日付 後北条氏評定衆宛 落合三河守陳状[30]には、「下宿より六十疋余備申、御伝馬走廻申候」とあって、北条氏の帰陣の際に、交通の要衝である相模国当麻宿下宿から六〇疋もの伝馬が供出されている。[31]また、永禄十二年に江戸城代遠山直景の孫にあたる遠山康光が、本城主の使者として越後国に向かう時に、上野国の国人領主由良成繁に対して「随而伝馬五十疋計自此方被ト候、御造作ニ候共、御領分より沼田迄被仰付可被下候[32]」と申し送っている。この様な大量の伝馬疋数をどの様に解すべきであろうか。

かつて新城常三氏は前掲書において、伝馬役の軍事的性格を強調した。[33]そして今また池上裕子氏は「軍事行動は伝馬によって支えられていたのであり、伝馬規定数を越えた駄賃伝馬をも半強制的に使役できる態勢が、無賃伝馬数規定を主内容とするはずの伝馬制度そのものによって作り出されているといえよう[34]」などとする。しかし筆者は、新城氏や池上氏のように、軍事行動が一日一〇疋前後の伝馬役に支えられていたとするには疑問を覚える。何故ならば、奥野高廣氏が既に天正五年七月十三日付 北条家諸奉行定書[35]をあげて、武蔵国岩槻城主太田氏房の軍事奉行中に六人の小荷駄奉行の存在を指摘し、「天正五年の時点に後北条氏だけが小荷駄を整備したとは考えられないであろう[36]」と言及しているように、軍事行動における小荷駄隊の活動は看過できないのであって、伝馬役の軍事的役割を過大評価することは危険であると考えるからである。

従って、このような伝馬役の創設を、新城氏や池上氏のように大名権力側からの大量で恣意的な強制的搾取として一方的に理解してよいものであろうか。そこで、大名権力と伝馬役を通じて、日常的業務を保障され特権賦与を受けている業者と思われる者たちの事例を、後北条氏と武田氏から示してみる。

・相模国藤沢宿(37)—「致伝馬候裏屋敷六間」(弘治元年〔一五五五〕十二月二十三日付 藤沢大鋸町木工助宛 北条家朱印状)
・駿河国蒲原宿(38)—「伝馬屋敷三十六間」(元亀三年〔一五七二〕五月十一日付 蒲原衆宛 武田家朱印状)
・駿河国棠沢郷(39)—「家数二十五間棠沢郷」(天正四年〔一五七六〕二月十四日付 棠沢郷宛 武田家伝馬掟朱印状)
・駿河国竹下之郷(40)—「家数五十間竹下之郷」(天正四年二月十四日付 竹下之郷宛 武田家伝馬掟朱印状)
・駿河国根原之郷(41)—「家数二十間根原之郷」(天正四年三月二十一日付 根原之郷宛 武田家伝馬掟朱印状)
・駿河国厚原郷(42)—「家数二十五間厚原郷」(天正四年三月二十一日付 厚原郷宛 武田家伝馬掟朱印状)
・甲斐国八日市場(43)—「勤伝馬衆三十人」(天正四年六月二十八日付 八日市場宛 武田家掟書)
・信濃国諏訪十日町(44)—八七人の伝馬衆とみられる者と八人の御印判衆(天正六年五月十一日付 諏訪十日町宛 武田勝頼朱印状)
・信濃国大門郷(45)—「伝馬勤仕衆」一七人(天正九年二月七日付 大門郷宛 武田氏伝馬定書)
・相模国酒匂本郷(46)—「伝馬衆十三人」(〔天正十六年ヵ〕七月二十三日付 酒匂本郷小代官百姓中宛 北条氏政掟書写)

このように特に武田氏の事例に顕著であるが、一般的に伝馬役を勤仕する宿郷には、かなり多くの輸送業者が存在していたものと思われ、大名権力によって保障されるところの彼らの私的業務は、一日三疋以上という「伝馬役」負担疋数による公的輸送能力を大きく凌駕していたものと考えられる。逆に言えば、前掲の五、六〇疋の伝馬役や多くの伝馬衆の存在の意味するところは、潜在的ながらも、より機能的で大規模な民間輸送能力を暗示しており、「役」として顕在化した一日数疋の伝馬量が、当時の民間輸送能力の全体量と比較して、ごく一部分に過ぎなかったことを意味していよう。そして、こうした「伝馬役」としての公的輸送力と民間レベルの私的輸送力の量的比較による正しい理解が、伝馬役創出に関して、今まで見過ごされてきた重要な視座となり得るものなのである。

四　伝馬役負担体系の創出

先に相田二郎氏は、前掲論文中において「問屋の進退者が伝馬を課役として勤仕したのは、問屋が宿泊并に伝馬業を営む故に、その課税として果たしたものに外ならない」と述べ、問屋の日常業務を大きく宿泊と伝馬業務としたが、既に相田氏は伝馬役として顕在化するその底辺には、民間の輸送業務が横たわっていることを指摘していたのである。明瞭に問屋や馬方の日常業務を確認できる史料は乏しいが、例えば、室町時代末期に成立し柴屋軒宗長を編者とする説もある著名な歌謡集「閑吟集」にも、次のような小歌が収録されている。

爰はどこ　石原峠の坂之下　足痛やなふ　駄賃馬に乗りたやなう　殿なう(47)

また相田氏は、永禄三年（一五六〇）五月十三日付 上杉氏老臣連署条目を示している。「一、馬方前之事、自他国諸商人荷物駄賃仁付而、以外及劬労云々、所詮、馬方停止之、駄賃之事者、問屋与商人衆以談合可受用事、但伝馬問屋方可出之事(48)」。伝馬業務における駄賃は、馬方衆と商人衆間との談合では円滑に決定しないので、問屋と商人間で取り決めよと指令している。つまり問屋が馬方を統轄しているのであり、この点は伝馬役を勤仕するのは問屋の責務であると記されていることで明らかである。また、慶長十四年（一六〇九）のオランダ東インド会社上級商務員のニコラース・ポイクの平戸から駿府までの往復の旅程を記載した旅行記に、次のように伝馬役及び民間輸送業務に関する部分が確認される。

（八）同月二十二日、我々はアリアーン《(Ariaen)》〔デルフト出身のピーテル・アドリアーンスセン・ブランカルト《(Pieter Adriaenz Blanckart)》を指す〕及びコルネリス《(Cornelis)》〔トマス・コルネリセン《(Thomas Conelisz)》またはヤン・コルネリセン《(Jan Cornelisz)》のいずれかに当たる〕という二人のドイツ人〔オランダ人〕通訳を伴い、皇帝の無料の駅馬〔の利用の証明〕である一通の証書を得て、オサッカ〔大坂〕へ向けて出発した。
同（九）月十三日、（中略）〔我々は〕その地で二頭の馬を雇い入れ、そしてこのようにしてフェランド〔平戸〕へ向けて陸路を馬で進んだ[49]。

以上のような事例や、前掲の伝馬役数・伝馬衆などから窺われる「役」たる伝馬の存在は、全国的な民間レベルでの輸送業務の発達、ひいては物資の流通を示唆するものである。そして、その上に創設されていった「役」の一つに伝馬役を位置付けることができるものと思われる。

神山宿伝馬之儀付而、去未年（永禄二年）以来、散在之者與伝馬屋敷相拘之者、依有申事、今度遂裁許上、先年苅屋笠寺出陣之時、如相定彼役屋敷拘来七間之者半分、散在之者半分充、打合可勤之、府中小田原其外近辺所用之儀茂、如年来可相勤、於向後有難渋之族者、可加成敗之旨、可被申付之状如件、

永禄五壬戌年

八月五日（朱印「万歳」）

神山代官

名主 武藤新左衛門尉殿[50]

駿河国駿東郡葛山氏領内の神山宿に関する「伝馬屋敷相拘之者」と「散在之者」の間の相論裁許状である。これも既に相田氏が言及するところであるが、「伝馬屋敷拘の者は、問屋の所有者に属しており、散在の者に対して一定の場所に集合して伝馬業に従事していたもの、之に対して散在の者は、伝馬を仕立てる為に、問屋を所有する者に、一定の駄賃を納めて伝馬業に従事するを許されていたものである[51]」とする。その両者間に伝馬役めぐって相論が起こり、

結局は相互に半分宛の負担となって結着した。即ち、大名権力に結合して伝馬役を勤仕する伝馬衆に列されることは、反面では私的輸送業務の保障、諸特権の賦与(52)につながり、その伝馬衆の利権をめぐっての「競望之輩」が登場してくることが十分に想定されるのである。それがここでは、「伝馬屋敷相拘之者」の伝馬役難渋(53)を起因としてあらわれた「散在之者」に該当するのである。

このように伝馬役創出の背景には、「役」の量を大きく超えるほどの駄賃馬を使用する私的運送業務を上級権力者側から保障され、加えて諸特権賦与を期待する業者の思惑があったのである。例えば、前述の丹那郷において地頭大道寺氏に年貢を納入すべき百姓が、一方では後北条氏の伝馬役を勤めている事実があるが、これも同様に大道寺氏領を越えた広い領域を覆う私的輸送業務の保障、諸特権賦与を期待する上に立脚したところの「役」体系の創出と考えられるのではなかろうか。それは冒頭で掲げた武蔵国奈良梨でも証明できる。

其方事、郷中之老名敷者ニ候間、於当家中、諸役不可有之候、以上、
奈良梨之義、公方伝馬走廻ニ付而、不入之事、侘言候、彼郷之事者、久敷知行候間、自余之郷ニ相替り、令用捨、
尤諸不入ニ相定候、気遣有間敷候、但、大途之伝馬をハ厳密ニ可走廻者也、仍如件、
天正十一(一五八三)癸未
九月廿一日　(上田)憲直(印)「慶宝」
奈良梨 鈴木隼人殿(54)

支城松山城領内にあった奈良梨は、天正十年以来、後北条氏の伝馬役＝「公方伝馬」を負担してきた。そこで、松山城主である上田憲直に対して、不入の詫び言を訴えたところ、「久敷知行候間、自余之郷ニ相替り、令用捨、尤諸不入ニ相定候」と諸役不入の特権(具体的には註(52)にある棟別免除となった)が承認されたのである。即ち、奈良梨は

後北条氏の伝馬役を勤仕することで、日常業務を保障されるだけでなく、松山城領内であるにもかかわらず、諸役不入の特権を支城領主から認められたのである。なお、宛所の鈴木隼人は「郷中之老名敷者」とあるので奈良梨の有力問屋と思われ、抱えていた伝馬屋敷の棟別免除、更には領域的輸送業務が保障されたのであろう。

そして右のような「役」負担体系の創出は、諸新興業者の台頭を予想させるものである。つまり、新興業者らは「今川仮名目録」第一条や戦国大名文書に多出する「増分」申請と同様に、「役」の増量を掲げて「問屋職」や「伝馬衆」などを競望するようになったのである（神山宿の「散在の者」が例示できよう）。かくしてこのような競合的在地状況の中で創出されていった負担体系の一つが戦国大名の伝馬役なのであり、一方的な大名権力の強制のもとに成立したものとは考え難いのである。

むすび

後北条氏の伝馬制度を中心に据え、次の諸点を試論として提起した。

一、駄賃に関しては、伝馬手形中の「可除一里一銭」の記載の有無によって有賃・無賃を振り分けるシステムとなっていた。

二、疋数に関しては、伝馬役を負担する一宿郷に最低で一日三疋の枠を定めた。それを駄賃との関係で言えば、先学の指摘するような無賃伝馬役ではなく、「一」で示した手形による振り分け制によって決定することとなる。

三、無賃伝馬役が「私領」に賦課された場合、一疋一里一銭の換算基準で後北条氏の一国平均役から前引きとなっていた可能性がある。

四、公方伝馬とはあくまでも後北条氏の伝馬役を示す制度であり、無賃伝馬役と同意ではない。
五、伝馬制度創設に関して、民間レベルでの輸送業務を基本的視座に据えた考え方が不可欠であろう。その意味から、輸送業者間の諸特権の保障・賦与を希求した競合的動向を指摘し、それを大名権力側から発展的に解消する結果としての「役」の創設＝伝馬制度の成立として考えてみた。

註

（1）「増分」の内容については、有光有學氏・勝俣鎮夫氏らの「加地子」と推定する見解と、安良城盛昭氏・小和田哲男氏らの「隠田」とする見解が対立している。
（2）柴辻俊六『戦国大名領の研究―甲斐武田氏領の展開―』（一九八一年）や杉山博『戦国大名後北条氏の研究』（一九八三年）。
（3）渡辺世祐「後北条氏伝馬の制附道路の修築」（『日本交通史論』一九二五年）。
（4）この智旺に関して渡辺・相田二郎・下山治久の三氏は智晤とするが、佐脇栄智氏の指摘（『後北条氏の研究〈戦国大名論集8〉』解説四五一頁）の如く、『円覚寺史』（八九〇頁）の玉村竹二氏の智旺書状の解説が正しいものと思える。
（5）「明叔録」（『円覚寺史』八八七頁）。なお、東京大学史料編纂所架蔵の「明叔録」には、『関東路四十里馬敷」の部分が「関東の十里馬類敷」とある。この部分のみ平仮名が記されている事や、奥書に「飛騨国益田郡萩原村中呂禅昌寺蔵本、明治三十七年三月、同国吉敷郡国府村大字広瀬町岡村利平氏謄写ノ本ヲ以テ写ス」とあって、写しの写しと言うことから、敢えて『円覚寺史』を用いた。
（6）相田二郎「戦国時代に於ける東国地方の宿・問屋・伝馬」（『歴史地理』五一―五・六、後に『中世の関所』一九四三年に所収)。

(7)「旧奈良梨村仙右衛門所蔵文書」(『新編武州古文書』〔以後『武州』とする〕上―五四八頁)。この掟に登場する高見は、比企郡と男衾郡の郡境に位置し、上野・信濃への鎌倉街道が通っている。また、須賀谷は鉢形を経て上野に至る鎌倉街道が通り、交通・軍事上の要地であったことが知られる(『角川日本地名大辞典11埼玉県』四九九・五三六頁参照)。また、同年閏十二月二十六日には上野国倉賀野にもほぼ同様の後北条氏伝馬掟書が発給されている(「堀口文書」『神奈川県史資料編3古代・中世(3下)』〔以後『神奈川』とする〕九八一頁)。倉賀野は現高崎市の南東に位置しており、倉賀野党の本拠地であった。八幡山は倉賀野の南東約一三キロにある。和田とは現高崎市内、沼之上は倉賀野から東約九キロにある芝根村であると言う(『大日本地名辞書』六―七七四・七七九・八二一頁、及び国土地理院『高崎』五万分の一参照)。これらの伝馬掟が発給された天正十年は、本能寺の変以降、急速に勢力地図が塗り替えられる。甲斐及び南信濃には徳川氏が、北信濃には上杉氏が、そして上野には後北条氏が各々侵攻を開始したのである。従って、後北条氏は北武蔵から上野にかけての交通網整備に着手した。そのルートが松山城→須賀谷→奈良梨→高見→鉢形城→八幡山→倉賀野→和田・沼之上となって成立したのである。

(8)新城常三氏は『戦国時代の交通』(一九四三年、一六三頁)で駄賃について「又一日に於ける公用としての無賃伝馬の数を一定にした」と述べる。また、伝馬制度制定の主目的を「宿駅の設置の主要目的が戦時非常の際にある事が看取されるがこれは又戦時に於ける宿駅の重要性を物語るものである」(一六四頁)とする。

(9)児玉幸多氏は『近世宿駅制度の研究』(一九五七年)で、註(7)の後北条氏伝馬掟から「通常一日三疋までの伝馬を出すこと、それを越える分は日送りすなわち日延べにすること、出陣の時は一日に十疋まで立てること、それ以上は公方荷であっても一里一銭の駄賃を取ることなどが定められているが、実際には天文から天正までを通じて一宿三疋十疋という方針が維持されていたようである」（四三頁）とする。

(10) 中丸和伯氏は「戦国時代における南関東の交通」（『新地理』七―三・四、一九五九年）で交通経路を中心に述べているが、駄賃などに関しては具体的に触れていない。

(11) 奥野高廣氏は『戦国大名』（一九六〇年、二五七頁）において、伝馬賃銀表・公用無賃乗馬数表を作成し、後北条氏については、一疋一里一銭、一日三疋の無賃乗馬数としている。

(12) 豊田武氏は『体系日本史叢書24交通史』（一九七〇年、一〇〇頁、後に『中世の商人と交通〈豊田武著作集第三巻〉』四四五頁）において、「無賃の伝馬を公用の旅行者と軍用の手工業者、特定の外国人および軍需物資に限ることにした。しかもその数を、北条氏は一日三疋、上様の御通りの時や出馬の時は一〇疋、三疋以上の使用には代償を下付した」とし、一宿郷での一日三疋の無賃伝馬役の存在を指摘する。

(13) 下山治久「後北条氏の伝馬制度」（『年報後北条氏研究』創刊号、一九七二年、後に『後北条氏の研究〈戦国大名論集8〉』所収）。

(14) 註(7)「旧奈良梨村仙右衛門所蔵文書」。

(15) 具体的に私的輸送業務の駄賃は判然としないが、後北条氏の職人使役では一年間三十日、一人一日一七文の基準公方使役としての公用賃金の定があり、それを超過して公方役をかける場合の一人一日五〇文の作料は、当時相場の六分の一、二分の一という低賃金であった（佐脇栄智「後北条氏の職人衆への課役について」『後北条氏と領国経営』一九九七年）。一方、私的輸送業務自体に関しては、天正二十年八月日付 美濃国岡山宿宛 豊臣秀次朱印継馬継夫掟書（「安楽寺文書」『岐阜県史 史料編 古代中世一』五五八頁）に、伝馬手形のない者に対して「自分之代物を出し、駄賃馬、人足かり候におゐてハ、右之御定のことく、私の公用を出させ、駄賃馬、人足かし可申事」とあって、私的輸送業務への切り替えを指令している。

　また参考までに、古代律令体制下の伝馬制度では、『令集解』厩牧令公使乗駅条に、「凡公使須乗駅及駅馬、若不足者、即以私馬充」とあり、伝馬不足の場合には、「充雑徭」または「和与功直」の形で私馬を徴用することができるとある。この「和与功直」は、天正十年の後北条氏伝馬掟にある「倩賃」「駄賃」に関係するところの一般の私的駄賃と考えることができよう。
(16)　児玉前掲註(9)。
(17)　「林照明氏所蔵文書」(『豊橋市史』五―三二九頁)。國學院大學院友 原田昌男氏の御教示による。なお、今川氏の伝馬制度に関係しては、小和田哲男氏の「戦国期駿遠の交通と今川権力」(細井淳志郎先生退官記念論集『地域をめぐる自然と人間との接点』一九八五年)と、有光友學氏の「今川領国における伝馬制」(『歴史公論』一一五、一九八五年)がある。前者は今川氏の交通政策を概観したものである。後者は今川領国の伝馬制度の成立を、天文二十三年前後の軍事行動との関連で捉え、更にその制定原理を守護公権の一部として論じている。しかし後述するが、伝馬制度の制定を大名権力側からの軍事的・政治的意味合いの強いものとして一面的に理解することには反対である。それは伝馬役創出の問題点は、基本的に負担する主体である在地側に求めなければならないと考えるからである。
(18)　「旧平井村名主半兵衛所蔵文書」(『武州』上―三七九頁)。この平井郷に関しては「平井は青梅、大久野から五日市方面へ抜ける古道が早くから発達した交通の要衝であり、戦国末には宿場集落も形成された」(『角川日本地名大辞典13東京都』六一五頁)とある。
(19)　「川口家文書」。この虎印判状写は下山治久氏が紹介したが(「丹那郷関係の後北条氏文書二通」『戦国史研究』二、一九八一年)、ここに掲出したものは、『丹那地域風土記』(一九七〇年)五九頁の写真版により確認し、「既」→「雖」、「定被」→「被定」と訂正したものである。なお、丹那郷は伊豆国田方郡の元伊豆山神社の一円社領であった(『角川日本地名大辞典22静岡県』六一一頁)。

(20) 下山氏は註(19)論文中、この疋数に関して一日三疋から五疋に増加したものと考えているようだが、これは一日三疋の無賃伝馬役の設定という誤解から発生したのであろう。なお、既に池上裕子氏は本節同様にこれを「減免」と記している(「北条領国における身分編成と役の体系」『戦国時代社会構造の研究』一九九九年)。

(21) 『神奈川県史　通史編1原始・古代・中世』(一〇七三頁)。

(22) 武田氏の場合、天正三・四年に駿河国の宿郷(富士西麗中道往還の厚原・根原、富士東麗甲駿往還の竹下・棠沢、そして東海道の沼津と蒲原)に対して発給した次の伝馬定書が有名である。

定(竜朱印)

一、自今以後、公用之御伝馬御印判者、御朱印ニあるへし、為私用申請御印判者、御朱印壱たるへき事、

一、御伝馬惣而一日ニ四疋宛可出之、此外一切被停止之事、付、無拠火急之公用にをひてハ、至于其時、可被加御下知之事、

一、為私用申請伝馬、自今以後、一里一銭之口付銭可請取之事、

一、於口付銭有難渋之族者、宿中之貴賤令一統、不撰人不肖不可出伝馬之事、

(紙継目朱印、印文「伝馬」)

一、伝馬不相勤輩、以密々駄賃をつくる事、一円被禁之事、

一、伝馬勤仕之輩、御普請役御免許事、

一、自小田原伝馬、無異儀可出之事、

右条々、向後努力(々)不可有御相違之旨、被仰出者也、仍如件、

天正四年丙子　　　　釣閑斎(長坂光堅) 奉之

二月十四日

家数廿五間

棠沢郷

各々の「伝馬定」は、ほぼ同文である。ここでは駿河国棠沢郷宛の定をあげた(「芹沢家文書」『戦国遺文 武田氏編』四―五七頁)。このように「公用之御伝馬」=「御朱印二」、「為私用申請」=「御朱印壱」とあって、伝馬手形に捺されている伝馬朱印の数による振り分け制が採用されている。更に第二条の「御伝馬惣而一日ニ四疋宛」の「御伝馬」は、第一条の「公用之御伝馬」に対応するものと考えることができる。とすると棠沢郷に一日四疋の無賃伝馬役が設置されていたことになり、振り分け制の上で無賃伝馬役の数量が決められていたようである。

(23) 註(18)「旧平井村名主半兵衛所蔵文書」。

(24) 「武州文書所収多摩郡源左衛門所蔵文書」(『神奈川』四九九頁)。この関戸郷は、武蔵国府から多摩川を渡り鎌倉方面へ向かう渡河点の要衝であったと言われ、戦国期は後北条氏の直轄領となっていた(『角川日本地名大辞典13東京都』四二二頁参照)。

(25) 註(19)「川口家文書」。

(26) 「遠山文書」(『早稲田大学所蔵荻野研究室収集文書』下―八五頁)。葛西新宿は武蔵と下総の国境に位置する交通の要衝にある(『角川日本地名大辞典13東京都』五四五頁参照)。

(27) 註(7)「旧奈良梨村仙右衛門所蔵文書」。

(28)　註(7)「堀口文書」。
(29)　池上註(20)論文。
(30)　「関口文書」(『神奈川』一〇九五頁)。
(31)　この伝馬役負担の背景には、当麻宿で発生した問屋営業権をめぐる関山氏と落合氏の相論(当麻上之宿の町人退転、伝馬役難渋を原因とする)がある(阿部浩一「戦国期東国の問屋と水陸交通」『戦国期の徳政と地域社会』二〇〇一年)。
(32)　「上杉家文書」(『新潟県史　資料編3中世一』五七頁)永禄十二年六月二十七日付　由良成繁宛　遠山康光書状。
(33)　新城註(8)著書。
(34)　池上裕子「伝馬役と新宿」(『戦国時代社会構造の研究』一九九九年)。
(35)　「豊島宮城文書」(『神奈川』八三四頁)。
(36)　奥野高廣「小荷駄隊」(『日本歴史』一四一、一九六〇年)。また、小林計一郎氏は武田氏に関して、「武田軍の小荷駄隊」(『日本歴史』二〇九、一九六五年)で武田軍の小荷駄隊の存在を指摘し、またそれが各部隊ごとに設けられていたとする。
(37)　「森文書」(『神奈川』三六一頁)。
(38)　「草ケ谷文書」(『静岡県史料』〔以後『静岡』とする〕二―六二五頁)。
(39)　註(22)「芹沢家文書」。
(40)　「鈴木家文書」(『戦国遺文　武田氏編』四―五八頁)。
(41)　「根原文書」(『静岡』二―四四四頁)。
(42)　「厚原植松文書」(『静岡』二―九六頁)。

(43)「坂田季吉家文書」(『新編甲州古文書』一―一七二頁)。
(44)「諏訪文書」(『信濃史料』〔以後『信濃』とする〕一四―三一七頁)。
(45)「諸州古文書」(『信濃』一五―二頁)。
(46)「相州文書所収足柄下郡徳右衛門所蔵文書」(『神奈川』一〇七一頁)。その他にも天文二十二年十一月二十六日付 芹沢玄蕃尉宛 葛山氏元判物(「芹沢文書」『戦国遺文 今川氏編』二―一六一頁)に伝馬役を勤仕する棠沢郷の「居屋敷并門屋十間」がある。
(47)「閑吟集」(『梁塵秘抄・閑吟集・狂言歌謡〈新日本古典文学大系56〉』一九九三年、二六〇頁)。
(48)「上杉家文書」(『大日本古文書・家わけ』一二―一―四四八頁)。
(49)金井圓「ニコラース・ポイクの駿府旅行記―三浦按針(ウィリアム・アダムズ)に関する新史料―」(『日本歴史』四三六、一九八四年)による。
(50)「武藤文書」(『静岡』一―六五九頁)。
(51)相田氏註(6)論文。なお相田氏は、この「散在之者」が問屋に対して一定の「駄賃入」る＝上まえを納めていたことを明らかにした。また、これと似た状況を連想させる事例として、武蔵国松山新宿設置に際して新宿が本宿に毎年五〇〇疋の納入を命じられているケースがある(天正十三年十一月十四日付 池谷肥前守・大畠備前守宛 岩崎対馬守証状写「新編武蔵国風土記稿」『新編埼玉県史　資料編6』〔以後『埼玉』とする〕六三九頁)。
(52)例えば、註(24)の北条家朱印状写の第三条では「濁酒役并塩あい物役、御赦免之事」と特権が賦与されている。また註(46)の芹沢玄蕃尉には「伝役棟捌《(別)》桑役茶役其外諸役、末代令免許訖」とあり、註(38)蒲原衆には「如前々棟別已下諸役御免許候之条」とあり、やはり諸役免除特権が与えられている。更に註(7)奈良梨郷には「不入ニ候間、むねへつ《(棟別)》

さいそく《催促》一円ニ指をくへく候」とある（天正十二年ヵ）十月二十四日付上田憲定印判状が発給されている（「鈴木文書」『埼玉』六一九頁）。

（53）永禄五年七月二十二日付神山宿中伝馬屋敷者宛葛山氏元伝馬相論裁許朱印状（「武藤文書」『静岡』一―六五八頁）には、「伝馬屋敷相抱之者」が、永禄三年から伝馬役を難渋していたことが記され、葛山氏元は「伝馬銭」（代銭納であろう）を要求している。このような相論発生の糸口は、戦乱や飢饉による治安の悪化がもたらす路次不自由からくる問屋―伝馬衆の「役」難渋、緩怠行為があげられる。伝馬役創出の背景には、退転した宿復興や新設という新たなフラットな場を出発点とする競望行為があったものと思われる。逆に言えば、在地レベルの競合的社会状況を捨象して「新宿」や「伝馬役」の創設を考えることはできないのである。

（54）「鈴木文書」（『埼玉』六〇二頁）。

付論　後北条氏と伝馬役

はじめに

戦国大名研究の王道とされるだけあって、後北条氏には多くの良質な史料が残存している。従って、細密な研究業績が生み出されており、毎月のように多数の新知見が明らかとなっている。

一方、以上の高水準で豊富な研究業績などを基礎として、後北条氏権力論（戦国大名権力論）が活況を呈しているかと言えば、今一つ物足りなさが残るのは、筆者だけであろうか。

そこでここでは、後北条氏研究における細かい事実認定を縦軸とすれば、中世全体という時間の経過を横軸として捉える方法論を試み、今後の後北条氏研究の一つのスタイルを提示してみる。なお、その視角として伝馬制度から検討を加えることとする。

1　後北条氏以前

中世の伝馬制度・役に関しては、未だ総合的な研究がなされていないのが現状であるが、その中で、後北条氏以前の中世伝馬制度・役について通観する。

(1)鎌倉幕府の伝馬制度

文治元年（一一八五）十一月二十九日、幕府は駅制を定め、権門荘園領から伝馬役を徴発できるとしたが、実際は、御家人の負担となっている場合が多かった。つまり幕府伝馬役は、御家人役の一環として考えることができる。

(2)荘園制的伝馬役

『鎌倉遺文』中、年月日が明確な伝馬役史料は、四〇例を確認でき、その中の三三例が荘園制的伝馬役である。従って、鎌倉期の伝馬役の中心は、荘園制的負担体系の一環としての伝馬役にあったと言える。

(3)律令制的伝馬制度

寛喜三年（一二三一）と嘉暦三年（一三二八）に、伊勢神宮勅使下向のため、伊勢国一志駅と鈴鹿駅で伝馬役負担が看取できる。

(4)在地伝馬役

正和二年（一三一三）正月九日付 宗像氏盛条々事書の一文に、宗像神社大宮司家宗像氏の在地支配の一環としての伝馬役の規定が確認できる。一定の地域社会の中で深化した役負担と位置付けられる。

(5)守護伝馬役

今谷明氏が「室町時代の伝馬について」（『守護領国支配機構の研究』）で、中世後期の守護がその領国内の荘園などから守護伝馬役を日常的に徴発していたとする。しかし、史料的には実証できない。

2 後北条氏の伝馬制度

さて、以上を踏まえて、後北条氏の伝馬制度を中世伝馬制度の中に正確に位置付けなければならない。そこで小文では、伝馬制度の駄賃を中心に述べ、後北条氏の伝馬制度の新側面を引き出してみたい。

渡辺世祐氏による紹介以来、諸先学は臨済僧明叔慶浚の語録「明叔録」中の禅僧智旺書状の「太守印判、除一里一銭、伝馬三疋」を起点として、後北条氏の伝馬制度の基本史料である天正十年（一五八二）十二月九日付 奈良梨宛 北条家伝馬掟（以後「伝馬掟」）を検討してきた。「伝馬掟」には「一日ニ参疋定置」などとあることから、これを先の「明叔録」中の一文に対応させ、一日三疋の無賃伝馬役と解したのである。また、「伝馬掟」の「万一或三疋之外、或動之時十疋之外有之者、縦公方荷ニ候共、倩賃を可出間」の「倩賃」を、疋数無制限一疋 里一銭の有賃伝馬役とし、二系統の伝馬役の存在を指摘した。しかし、「明叔録」の紀行・見聞記的性格を考慮に入れれば、先の「太守印判、除一里一銭、伝馬三疋」は、全ての宿郷に整備された一日の無賃伝馬役疋数を表現したのではなく、智旺に与えられた「常調」伝馬朱印（太守印判）のある手形文言（除一里一銭、伝馬三疋）を、体験として記載したものと思われる。即ち、無賃伝馬手形が発行され、その疋数が三疋だったのであり、奈良梨の一日の伝馬役疋数に偶然に一致したにすぎないのである。ましてや、宿郷の伝馬役負担疋数はまちまちであり、全ての宿郷に一律に一日三疋の無賃伝馬役が用意されているはずはない。従って、宿郷に賦課された伝馬役は、その疋数の範囲内で、手形文言によって無賃、有賃（一疋一里一銭）に振り分けられていたのである。

加えて、以上のように考えるならば、もう一方の疋数無制限一疋一里一銭の有賃伝馬役は、ありえないこととなる。問題点は、先の「倩賃」の解釈に集約されてこよう。前掲した如くに、奈良梨の一日の伝馬役は三疋であるが（戦時は一〇疋）、それを超過し更に日送りを待てない際の駄賃が、「倩賃」なのである。従ってそこには、既に後北条氏の「役」としての特権は通用しない。即ち「倩賃」は、私的民間運送業務に委託した時の費用であり、具体的な金額は不明であるが、当然に「一疋一里一銭」よりも高額となる（なお今川氏の場合、「役」としての駄賃よりも五〇％増となっている。本書第一章第四節「今川氏の伝馬制度」参照）。

さて、後北条氏により安堵された公定駄賃に関して、永禄九年（一五六六）二月十四日付 伊豆国丹那郷地頭大道寺駿

河守百姓中宛 印判状写（下山治久「丹那郷関係の後北条氏文書二通」『戦国史研究』二一、参照）に、「一、伝馬之事、三ヶ年以来者、一里一銭被定、既公方御用迄郷中前引ニ被下処」と記されている。丹那郷は大道寺氏の私領であり、そこに後北条氏の伝馬役が賦課されていた。そして、その公定駄賃の一疋一里一銭は、段銭や懸銭などの一国平均役から「前引き」として丹那郷百姓中に与えられていたものと推測できる。事実、残存している伝馬手形の約七一％は無賃手形であり、近世宿駅制度における伝馬役入用の萌芽的形態を連想させる。

むすび

後北条氏以前の中世伝馬役の中心は、荘園制的負担体系としての伝馬であった。従って、実際に負担対象となったのは、荘園制下の名主・百姓層が主となろう。一方、後北条氏の伝馬制度においては、既に荘園制的枠組みは看取できず、各宿郷に対して「掟」が発給され、その「町人中」「百姓中」を直接の把握対象とするものであった。以上のように後北条氏の伝馬制度は、それ以前の中世伝馬役とは基本的に異なっており、伝馬役入用の成立や宿郷内部の人的掌握に向かう、近世的伝馬制度に一歩踏み出した負担体系と言えるのではなかろうか。

なお、後北条氏の伝馬制度に関しては、本書第一章第三節「後北条氏の伝馬制度」を参照されたい。

第四節　今川氏の伝馬制度

はじめに

戦国期の交通制度研究は停滞気味と言っていいであろう。わずかに「戦国期の交通を考える」として、二〇一二年に『馬の博物館研究紀要』（第一八号）で小特集が組まれた程度である。その中で大石泰史氏[1]は、今川氏の交通史研究において現在指摘されている諸点をあげて、「今川氏は独自の伝馬を有しておらず、商人頭の友野氏や松木氏が伝馬を有していた（有光氏）。しかし、友野・松木両氏に伝馬を委ねていたのが今川氏の特徴との考え方（小和田氏）もある」と有光友學氏[2]・小和田哲男氏[3]の見解を紹介し、自身は「戦国大名による領民への対応を視野に入れた近年の研究を考慮すると、小和田氏が指摘したように、今川氏は伝馬を友野・松木氏に委ねていたという理解の方が実態に近いのではないか」と小和田説を支持した。

筆者はかつて後北条氏の伝馬制度を考察し[4]、手形による有賃・無賃役の振り分け制や、宿郷の貫高を基準とした疋数（最低一宿郷三疋）設定を述べたが、前述のように、独自の伝馬は無く商人頭に依存するとされた今川氏の伝馬制度には、違和感を覚えざるを得ない。

そこで本節は、今川氏の伝馬掟及び弘治二・三年（一五五六・五七）の山科言継の駿河往還、伝馬屋敷の設置などから、後北条・武田・今川の伝馬役賃銭が基本的には一疋一里一銭と共通であること、今川氏の伝馬役は支城領のような地域経済圏の連鎖から成立しており、友野・松木両氏に依存しているとは考えにくいこと、そして、伝馬役を勤めた者は、大名権力と直接に結びつくことで「伝馬屋敷」を与えられて定住化した者と、大名権力と結んだ問屋の下に隷属して伝馬役を勤仕した者がいること、最後に、近世伝馬制度構築に向けての動向、以上を検討するものである。

一　伝馬掟の再検討

今川氏の伝馬掟としては、次の二通が知られている。

（今川義元）
（花押）

当宿伝馬之儀、天文廿三年仁以判形五箇条議定之処、一里十銭不及沙汰由申条、重相定条々、

一、雖為如何様之公方用并境目急用、一里十銭於無沙汰者、不可出伝馬事、

一、毎日五疋之外者、可為一里十五銭事、

一、号此一返奉行人雖令副状、可取一里十銭事、

付、一里十銭依無沙汰伝馬不立之上、荷物打付雖令通過不可許容、縦荷物雖失之、不可為町人之誤事、

右条々、如先判不可有相違、若於有違背輩者、注進交名者也、仍如件、

永禄元戊午（一五五八）
　八月十六日
　　　　　　　　御油
　　　　　　　　　二郎兵衛尉（5）

三河国御油宿の伝馬役は、一里一〇銭（今川領国には一里を後北条領の一〇倍の距離とする地域がある）[6]一日五疋までの負担であった。従って無賃で仕立てる義務はなかったが、三条目に「号此　返奉行人雖令副状、可取一里十銭事」とあって、今川奉行人の添状を得て無賃で仕立てさせようとする事例のあったことがわかる。なお、一日六疋以上となる場合は、二条目にあるように役負担の「一里十銭」の五割増しの「一里十五銭」が保障された。これは、後北条氏の伝馬掟に見られる「倩賃」（駄賃）[7]に相当するもので、「役」負担外の私的伝馬業務の駄賃である。逆に言えば、伝馬手形があれば一般駄賃の「一里十五銭」の約三割引の「一里拾銭」で伝馬を使用できたことになる。

丸子宿伝馬之事（印）「如律令」

右、公方荷物之事者除壱里拾銭、其外之伝馬壱里拾銭可取之旨、先年相定処、寄事於左右相紛云々、然間、自余爾相替、依為無余慶地、当宿及怠転之旨、只今企訴訟条、於向後公方荷物之事者除一里拾銭、彼印判爾三浦内匠（正俊）助可加判形、若於無判形者、縦雖為公方荷物、壱里拾銭可取之、其外上下伝馬事者、壱里拾銭於不出者、伝馬不可立之、但地下宥免之上、公方儀令無沙汰、其上在所於令衰微者、此定可有相違之旨、所任先印判、仍如件、

永禄三庚申年

四月廿四日

丸子宿中[8]

静岡市内丸子宿は公方荷物（今川御用）の場合のみ無賃役とされていたが、それが曖昧になり無賃仕立てを要求する者が横行した。丸子宿には余分な土地は無く、こうした伝馬役を更に負担できる者を集めることは不可能であった。そこで公方荷物には、今川氏の伝馬印のみならず三浦正俊の判形を必要とすることで対応した。三浦正俊は今川氏真の守衆頭人で、その家督相続後は当主氏真に一番近い側近になったとされている。[9]それでも公方荷物の判別はうまく

ゆかなかったとみえ、但書以下で「此定可有相違之旨」とこの「定」を撤回する姿勢を見せている。因みに今川氏の伝馬手形は、天文二十年（一五五一）から永禄三年（一五六〇）までの五通が確認されており、いずれも有賃である。無論、三浦正俊の判形のあるものはない。

ここで今川伝馬制度の駄賃に関する推論が許されるならば、それは一疋一里一（一〇）銭の有賃が原則ではなかったかということである。つまり、無賃とするのは丸子宿の公方荷物の例のみであり、それも「公方荷物之事者除壱里拾銭、其外之伝馬壱里拾銭可取之旨、先年相定処」と記され、公方荷物＝無賃は「先年相定」であって、それ以前は異なっていた可能性があること、公方荷物＝無賃としたことにより混乱が生じたこと、特別措置である三浦正俊の判形がない場合は公方荷物でも有賃としたこと、また最後に「此定可有相違之旨、所任先印判、仍如件」として「定」の撤回と同時に「先印判」（「先年相定」以前）に戻す可能性、即ち有賃制に回帰する可能性があることなどがわかる。整理すれば、有賃（「先印判」）→公方荷物無賃（「先年相定」）→混乱→特別措置（伝馬手形＋三浦正俊の判形）は無賃→負担困難の可能性→有賃へ、となる。

さて、既に有光友學氏は右の二つの伝馬掟から、私見とは異なる説を述べている。それは、丸子宿の公方荷物無賃から、御油宿の場合の「号此一返奉行人雖令副状、可取一里十銭事」を重視し、「この一度の荷物運搬については公方荷と同様に無賃で運搬してほしい旨、奉行人の副状をそえて申し出るものがいたことを示していよう。ということは、一方で公方荷であるという伝馬手形によって伝馬の無賃使用が認められていたからこそ、それに便乗しての違法行為が引き起こり、それを防止するために設けられた箇条といえよう（中略）今川氏における統一的伝馬制制定の当初（天文二十年前後）においては、すべての宿伝馬において公方荷＝無賃ではなかったかと考えられる」と私見とは逆の説を提起していた。

有光氏は「御油宿のように公用＝有賃制が一般的であるとするならば、大名権力にとって伝馬制制定のメリットは半減ないし意味のないものといえよう」と言うが、既述したように一疋一里一（一〇）銭でも一般駄賃の約三割引きで伝馬を使用できるのである。また、御油宿の「号此一返奉行人雖令副状、可取一里十銭事」からだけでは、奉行人の副状の内容が「公方荷物と同様に無賃」とする根拠にはならない。逆に「号此一返」からは特別措置として懇望している姿が窺え、本来は有賃であった証左ともなろう。

加えて有光氏は、今川氏は天文二十年前後に駿遠の守護として公方伝馬無賃制を定めたものの、この時期に御油宿のような三河国では守護公権を手中にしていなかったので、強制力を発揮できなかったと論じた。しかし、筆者は別稿(10)で守護伝馬役の日常的な徴発は認められないと述べたように、守護公権という伝統的な権威のみで役体系が創設できたものか、甚だ疑問なのである。

今川氏の伝馬掟の検討から、今川氏の伝馬制度は一疋一里一（一〇）銭を原則としていたと推測した。三河御油宿の掟の冒頭で「天文廿三年仁以判形五箇条議定之処、一里十銭不及沙汰由申条、重相定条々」と掲げているのは、この原則を遵守せず無賃で済まそうとする者がいるので、再度この原則を徹底させるためであった。また駿府丸子宿の掟は、公方荷物を例外的に無賃としたために混乱が生じたので、特別措置として三浦正俊の判形がある場合に限り無賃役となったわけで、やはり原則は「若於無判形者、縦雖為公方荷物、壱里拾銭可取之」なのであった。

二　山科言継往還にみる伝馬役

弘治二年（一五五六）九月十一日、前中納言山科言継は数名の従者とともに離洛した。時に五十歳であった。その目的は、今川氏親に嫁した姉（寿桂尼）を頼って駿府に下向していた義母の中御門氏を見舞うためであった。その旅中、次のように伝馬に関する記事が散見できる（以下『言継卿記』から）[11]。

①過三里着引馬、人夫伝馬之事、飯尾善三郎ニ遣太刀雖申遣、三川へ出陣留守云々、（弘治二年九月二十一日条）

②爰迄予乗馬従城（懸川城）被申付、同荷物伝馬同被申付了、但自金屋三里之間伝馬、村田馳走にて出之云々、（弘治二年九月二十三日条）

③飯尾長門守所江沢路隼人佑遣、近日可上洛之間、伝馬以下之過書之事申遣了、軈可披露之由返答也、（弘治二年十一月二十七日条）

④早旦隼人佑飯尾長門守所へ遣、伝馬之事申、以定日過書可調与之由返答、（弘治二年十二月二日条）

⑤早々飯尾長門守所へ伝馬之数之事、以隼人佑申遣、他行云々、（弘治二年十二月四日条）

⑥次山国与七明日上洛之間、伝馬之印之事、飯尾長門守ニ此間申、今晩到来、（弘治二年十二月十一日条）

⑦朝比奈備中守ニ上洛路次三ヶ国之送伝馬以下之事同申遣了、（弘治二年十二月二十三日条）

⑧早々以隼人佑、飯尾長門守、三浦内匠助所へ、来廿八日上洛之案内、伝馬等之事、大守、五郎殿へ可申之由申遣了、（弘治三年二月二十五日条）

⑨筑後并中田十郎右衛門所へ沢路隼人遣、明日可罷立之間、伝馬送等之事申遣之処、乍両人留守云々、従筑州使有之、明日者伝馬指合之間可延引之由有之、（弘治三年三月七日条）

⑩予乗馬先日之備中守馬也、其外伝馬十疋到、（弘治三年三月九日条）

⑪山国与七迎ニ白菅迄来、従京方々書状共到、日々伝馬共十疋出之云々、（弘治三年三月十一日条）

⑫同伝馬従岡崎九疋出之、自鷲塚一里三分駄チン也、（弘治三年三月十四日条）

言継は、駿河への下向に際して、遠江引馬で城主飯尾善三郎（乗連）に伝馬を依頼するも三河出陣中でうまくゆかず⑴前日には三河吉田にて城将伊藤左近を訪れているが、やはり西三河出陣中であった。これも伝馬依頼であろう）、懸川で城主朝比奈泰能を訪ねるもこれまた駿河に出かけており面会はかなわなかったが、翌日二十三日には言継に朝比奈泰能が馬を仕立て荷物伝馬も用意された。しかし、金谷からの三里は同日に雇った駿河への案内者の「村田弥太郎」の奔走で伝馬が確保された⑵。

上洛に向けては、「三ヶ国之送伝馬」を飯尾長門守⑶⑷⑸⑹⑻、側近衆）、三浦内匠助⑻、側近衆）や朝比奈泰能⑺に働きかけ、義元や氏真に披露を求めている。帰洛の意志は既に十一月末からあったが、義元等から引きとめられ結局、駿府出発は翌年の三月一日にずれ込んだ。何度もの伝馬依頼にも拘わらず、不思議なことに「伝馬」仕立の記事は掲出の七日⑼まで見られない。言継は一日に藤枝に宿泊、二日には遠江懸川の天然寺に到り、八日出発の予定としたが伝馬に支障が生じて出発は翌日に延引となった⑼。この時の言継使用の馬は下向の時と同様に城主朝比奈泰能からの馬であり、加えて一〇疋の伝馬が仕立てられた⑽。同日は原川・袋井・見付・池田・天竜川を経て引馬に宿泊した。

十日は引馬を発ち今切の渡しを通過し新居に入るも風雨のために逗留することとなった。但し「荷物共其外之衆白須賀迄一里、遣之了」とあって、荷物関係は一足先に「白須賀」（白菅）に移動していた。伝馬の記載はない。新居を出発した十一日は三河に入り吉田に到着した。その手前で前日に荷物を預けておいた「白菅」において先に上洛していた禁裏仕丁の山国与七が来ており、京の運送業者発行の伝馬一〇疋を内容とする書状を持参していた⑾。十二日に吉田を発って五位里・長沢・山中を経て岡崎に着く。十三日は受戒の師である大林寺の照翁に会い岡崎に逗留した。十四日の岡崎出発に際しては九疋の伝馬が用意された⑿。当時、岡崎城代は引間城主の飯尾乗連が兼務しており飯尾乗連の斡旋による伝馬か、それとも先の京都の業者によるものなのかは不明である。伊勢参宮のため一行は矢作川を下り鷲塚にいたる。「舟着鷲塚　一向宗」と記されており、同地は三河一向一揆の一拠点であるためか、ここからは「自鷲塚一里三分駄チン也」とあって、「役」負担の伝馬ではなく一般の駄賃馬に頼ることとなった。

大浜から渡海して知多半島に上陸するが、当地からは今川領国外の尾張国である。成波《ならわ》の蜷川十郎右兵衛に宿を取るが「蜷川十郎右兵衛宿伝馬無之由申之」とあり、伝馬はかなわなかった。十六日は知多半島を横断し常滑から渡海して北伊勢の長太《ながう》に到着、翌日は「伝馬不調之間逗留了」、十八日は前日に神戸に派遣していた片岡・大澤の両人が伝馬・人夫を連れてきた（「自神戸送両人、伝馬人夫等出之」）。長太からの途次、この伝馬・人夫は上野から神戸に帰している。

このようにつぶさに言継の動向を見てみると、伝馬の利用が確認できるのは、往路では懸川城主朝比奈泰能からのもの②と、金屋からの村田弥太郎の馳走によるもの②がある。一方、復路では言継ではないが同行していた禁裏仕丁山国与七が上洛において今川氏より「伝馬印（手形）」を得ている⑥。また、往路同様に懸川の朝比奈泰能⑦、そして岡崎の飯尾乗連⑫、引馬城主、但し京の業者の可能性もある）から伝馬を得ている。つまり言継は、吉田で伊藤左近、引馬で飯尾乗連、懸川で朝比奈泰能、岡崎で飯尾乗連の各城将に伝馬の依頼をしていたのであるが、城将不在や業者の都合でなかなか予定通りには仕立てられなかったのであった。

なお、言継の往還とは関係ないが、「参河国額田郡深溝本光寺領之事」とある天文二十三年（一五五四）十月十四日付本光寺宛今川義元判物(12)では、「一、寺中并門前諸役・陣僧・飛脚・伝馬以下、領主於令合点者、免許不可有相違事」と記載されている。領主とは当時、今川に属していた深溝松平家の松平好景と思われ、深溝城主の了解のもと伝馬を含む諸役は免除となっており、ここにも支城主と伝馬仕立ての関係が看取できる。

一方、往路の金屋や復路の鷲塚のような宿場の性格もあった。

金屋は弘治三年二月十三日付 蓮華寺宛 今川義元判物に[13]「同金屋年来為不入、判形歴然之処、近年地頭人足以下申懸之条、非分之至也」と書かれており、不入地として保障されていた。したがって今川権力からの伝馬課役は困難であったものと思われ、「駿州へ案内者ニ村田弥太郎被申付云々、対面了」[14]とあるように言継は、いたしかたなく駿河に向けての案内者を雇ったのである。その村田弥太郎については未詳であるが、少なくとも金屋から駿河国に向けての交通手段を有する交通業者と考えられる。

鷲塚は前述の如く一向一揆の拠点と目されるが、宗牧の「東国紀行」(『群書類従』第十八輯)によれば、「(大浜称名寺)住持も馬にて鷲塚までわたりたまへり。(中略)わしづかの寺内一見してわかれたり」とあって、町場が形成されていたものと考えられる。今川権力の及ばない無縁の場であったのであろう。

以上を勘案すると、支城主を窓口とする伝馬使用は認められるが、不在のときは不可であったり、また業者の都合によっても日延べがあったり、不入地や一向宗の町場には賦課できなかったりで、不安定な制度と言わざるをえない。しかし、復路の際に言継はさかんに今川側近衆を通じて今川義元や氏真に伝馬手形の発給を申請しており、そのメリットは少なくなかったのであろう。それは、『言継卿記』に記されているように、朝比奈泰能の掛川、飯尾乗連の岡崎・引馬、伊藤左近の吉田などを拠点とする逓送伝馬役の存在から説明できよう。即ち、今川氏の伝馬制度の特色として、支城主のいる城下町のような町場ごとの地域経済圏の連鎖の上にそれは成立していたと言えよう。

さて、ここで述べておかねばならないのは、京都につながる経済網を構築していたとされる今川氏御用商人の友野氏や松木氏の存在である。有光氏は後掲史料から、「友野座が独自の伝馬を有しており、松木氏もそれにのっかかっていたと思われる。(中略)今川氏の伝馬制も、たとえ基幹道路においてであっても輸送手段を完全に統一しえたものではなかったことをうかがわせる」とした。また、小和田氏は同様の史料から、「伝馬制度そのものを今川氏が直接掌握するのでなく、駿府の豪商である友野氏や松木氏らにゆだねていた点である。有光氏が、京都直送の独自の伝馬といった友野座の伝馬は、友野氏独自の伝馬ではなく、それが今川氏の伝馬だったのではなかろうか」と述べた。

　そこで、問題の今川氏から友野氏・松木氏に与えられた史料の全文を掲出してみる。まず友野氏宛である。

友野座之事

一当府如前々可為商人頭之事、

一諸役免許之事、

一友野之者就他座雖令商買、伝馬之事者可加友野座事、

一木綿役江尻・岡宮・原・沼津如前々可取之事、自当年為馬番料木綿廿五端可進納事、

一友野座江自他座無前々子細、以新儀雖申懸、不可許容事、

右、先判壬子年(天文二十一年)正月廿七日焼失之由、遂訴訟之間、重所出判形也、条々領掌永不可有相違者也、仍如件、

天文廿二年二月十四日

友野二郎兵衛尉[15]

次に松木氏宛である。

(懸紙ウハ書)「松本(木カ)与三左衛門尉」

就年来祝言、度々致京都上下、令奉□(公)之間、蔵役・酒役并諸商買之役、為新給恩所令免許也、次伝馬之事、就自座方商買、各次仁雖申懸之、為各別令免許之上者、不可及其沙汰、京都上下之時者、荷物参駄宛、諸関渡其役所停止之也、永不可有相違之状如件、

永禄四辛酉年

十一月廿八日　（今川氏真）（花押）

松木与三左衛門[16]

商人頭友野二郎兵衛尉は、諸役免除、木綿役の徴収を認められ、一方で馬番料として木綿二五端の納入が命じられた。伝馬については、友野座商人が他の座に属して商売をしたとしても、伝馬業務は友野座内で活動させるとしている。また、京都まで行って様々な奉公を積んだ松木与三左衛門は、蔵役・酒役・諸商売役免除の特権を得た。伝馬役に関しては、座に属して商売しており、各々に負担させるべきであるが、特別に免除すると解釈できる。

なお、永禄十二年六月二十四日付 嶋田甚太夫宛 今川判物写[17]に「於駿州府中四足町四条清四郎居屋敷、任望所出置也、并於分国中諸商売諸役免除了、京都へ伝馬之事、上下共可出之、守此旨相当之奉公可走廻者也」とあって、今川氏の伝馬役が京都への伝馬に支えられていたとも受け取ることができる。嶋田甚太夫については不明であるも、この判物の前半に「於薩埵山昼夜番普請以下走廻候」と記されており、土木・建築・商売・交通に携わる業者としておくが、一方、当該期の今川氏真は、武田氏と徳川氏の侵攻をうけて既に駿府を退き、室早川氏の実家である北条氏に身を寄せていたのであり、この判物のみでは諸役免除、それに対する京上伝馬役負担と言う今川氏の伝馬役の実態を説明することは難しい。

こうしてみると、友野座や松木与三左衛門は伝馬業務をおこない、京都にまで達する商圏を保持していたのであろう。今川氏はそれらを安堵し、諸役免除の特権をも付与していた。これに対して、友野二郎兵衛尉からは「馬番料木綿廿五端」を納入させ、松木与三左衛門においては、京都で政治的活動をおこなわせるなどの奉公を課していたのである。しかし、諸先学の指摘するように、今川氏の伝馬掟や伝馬手形、山科言継の駿府までの往還における伝馬役、そして友野二郎兵衛尉や松木与三左衛門への今川義元や氏真の判物などを検証してみても、今川氏の伝馬役が友野氏や松木氏に委ねられたものであるとする論拠は見当たらない。仮に今川氏の伝馬役が友野氏や松木氏に支えられていたのならば、後掲の弘治三年四月晦日付 米屋弥九郎・奈良次郎左衛門尉宛 今川義元判物のように、「伝馬課役相勤」と明記されて然るべきなのである。友野氏や松木氏に対して伝馬役賦課が明文化されていないと言うことは、今川氏の伝馬制度が、京都にも通じるような大手運送業者に委ねられたのではなく、一疋一里一（一〇）銭という比較的近距離を逓送単位とする地域経済圏を、連鎖的に取り込みながら発展してきたことを物語っているのではなかろうか。

三　伝馬役創出の背景

それでは、こうした後北条氏・武田氏・今川氏に共通する一疋一里一銭の伝馬役[18]は、どのような者たちが負担していたのであろうか。

武田氏に例をとれば、天正四年（一五七六）六月二十八日付 武田家朱印状[19]には「八日市場勤伝馬衆」が三〇人、天正六年五月十一日付 諏訪十日町宛 武田家朱印状[20]には「伝馬役相勤衆」が九五人も記載されているが、その人名の右肩にはいずれも「間中」「半間」「壱間」「壱間半」「弐間」と書かれており、武田氏から伝馬相勤衆に与えられた屋敷の規模を知ることができる。また、武田氏は天正三年・四年に駿東地域の「蒲原三十六間伝馬衆中」「家数二十五間棠沢郷」「家数三十間沼津郷」「家数五十間竹下郷」「家数二十間根原郷」「家数二十五間厚原郷」に宛てて、ほぼ同文の伝馬定書[21]を発しているが、この間数は元亀三年（一五七二）五月十一日付 蒲原衆宛 武田氏朱印状[22]に「伝馬屋敷参拾六間」とあるように、与えられた伝馬屋敷の間数を示している。即ち、武田氏の掌握した宿郷で伝馬役を勤めるならば伝馬屋敷に定住する必要があったのである。これは、次に示す富士川沿いの甲駿往還の重要宿である南部宿に対する穴山氏の政策でも看取することができる。

天正五年十二月二十一日付 穴山信君伝馬法度[23]の冒頭に「一、伝馬不勤者、宿次ニ不可居住之事」とあり、また天正十年十月三日付 南部之宿宛 穴山勝千代朱印状[24]には「勤伝馬族、縦雖為奉公人、伝馬屋敷ニ令居住者、如相定可勤之、畢竟彼宿中之儀、可為伝馬衆仕配」などとする。つまり伝馬役負担者は伝馬屋敷が宛がわれ定住化が推進された。この見返りとしてその私的業務の保障はもちろん、先の武田氏の八日市場では「町役壱間宛御免許」、諏訪十日町では「郷次之御普請役御免許」、蒲原では「棟別以下之諸役御免許」、その他の各郷では「御普請役御免許」と、諸役免許の特権が付与されたのである。また、穴山氏の南部宿にいたっては伝馬衆に自治的な管理が認められた。したがって、ここに掲げた伝馬衆は、友野氏や松木氏の下の「座」に所属していたような業者ではなく、伝馬屋敷居住をメルクマールとし、伝馬役負担と業務保障、諸役免許特権などを引き換えに、大名権力と個々に直結していた形態をとっていたのである。

以上のような形態の構築は、本能寺の変によって一時的に権力の空白域となった富士山西麓を南北に結ぶ中道往還の宿郷に対する、徳川氏の伝馬政策からも検証することができる。

駿州富士上方根原之郷、前々伝馬屋敷無之由言上之間、於駿(州脱カ)大宮之内、屋敷分七貫文、為新給所遣之、不可有相違、弥守此旨、伝馬役無懈怠可相勤之状如件、

天正十一年

十月五日(印)「福徳」井出甚之助奉之

根原

伝馬人等[25]

前記したように、根原郷には「二十間」の伝馬屋敷が武田氏から承認されていた。ここに徳川氏に言上した連中は、伝馬屋敷を持っていない所謂「散在之者」ということができよう。そこで徳川氏は、新たに富士浅間神社の門前町として繁栄した大宮で「屋敷分七貫文」を給与し、伝馬役を勤めさせたのである。更に次の上井出宿・精進村も、ともに中道往還の宿郷である。

駿州富士郡上井出宿中、去年甲州郡内当方江敵対之刻、彼宿中へ夜討入、男女等討捕撃散付而、伝馬之百姓等退転之間、今節各屋敷家数三十間、此内問屋々敷四間、表口八間、奥へ三十間宛、并棟別諸役等、如前々令免許配分之、但右之宿中者、斉藤半兵衛（昌賢）為本知之由言上之間、以北山之内、所宛行不可有相違者、守此旨、伝馬役弐十六疋之分、無懈怠可相勤之状如件、

天正十一年

閏正月十九日(印)「福徳」　倉橋三郎五郎（政範）奉之

上井出宿中

百姓等[26]

上井出宿は甲州郡内勢の侵入を受けて衰退したが、今また三〇間(内問屋四間)が集まった。上井出宿は斉藤昌賢の知行地であったので、やはり中道往還にある北山(現富士宮市)に伝馬屋敷分として伝馬役を負担する百姓に土地を宛がったのであろう。負担分の「伝馬役弐十六疋之分」とは、恐らく集合した三〇間から問屋として差配する四間を除いた二六間が、一疋宛で勤仕することとなっていたためであろう。

甲州精進村退転之間、為新給伝馬屋敷分、於駿州大宮八貫文所遣之、不可有相違、弥守此旨、伝馬役無懈怠可相

勤状如件、

天正十一年

十月五日(印)「福徳」

井出甚之助(正次)奉之

精進村

伝馬人等(27)

精進村も根原郷や上井出宿と同様に新給として伝馬屋敷分が与えられ、新たな伝馬衆が創出されたのである。なお、精進村は前年の七月九日に安全保障を期待して徳川氏より「一、押立伝馬之事」などとある禁制を獲得している。(28)逆に言えば徳川氏は、禁制を発して安堵(保障)の空間を現出したうえで、伝馬役を負担する精進村の再興を図ったのであった。

今川氏の場合、伝馬屋敷の設置を梃子とした明確な宿郷繁栄策は見当たらない。しかし、前掲の永禄三年(一五六〇)四月二十四日付 丸子宿中宛 今川氏伝馬掟で、無賃仕立てを要求するものが頻発した際に、「自余爾相替、依為無余慶地、当宿及怠転之旨」と記され、丸子宿には替るべき余分な土地は無く、このままでは宿の存亡につながると認識された。この裏には、宿を開発して新たに伝馬衆を定住化させようとする今川氏の方針が窺われよう。一方、伝馬衆のように個々に大名権力とつながっているのではなく、宿場の問屋に伝馬役を負担させている場合もある。

(今川義元)
(花押)

遠州見付府問屋・宿屋并屋敷等之事、

右、先規者年貢無之処、去戌年就有訴人、以新儀代官方江五貫五百文令納所上者、重以増分雖申出、不可許容、

殊自先規拘来云、伝馬課役相勤云、雖有競望之輩、不可有相違者也、仍如件、

弘治参年（一五五七）
四月晦日
米屋弥九郎
奈良次郎左衛門尉[29]

見付府は現磐田市であり、遠江国府・守護所が置かれていた古来の交通の拠点である。宛名の両人は、この地の問屋・宿屋、そして屋敷を構えている有力町人として知られる[30]（因みに山科言継は駿河下向時に、奈良次郎左衛門宅に一宿し帯一筋を与え、翌日には乗馬用の馬を仕立てさせている〔『言継卿記』弘治二年九月二十一・二十二日条〕）。内容を見てみると、従来、両名の問屋・宿屋・屋敷は無年貢であったが、ここにきて年貢負担を口実に右の営業権の競望を訴え出る者が現れたので、そこで両名が新たに代官に「五貫五百文」を納入することで、今川氏はこの訴えを退けた。以後、今川氏は増分申請を受け付けず、従来からの営業権や伝馬役負担に対する競望行為を不承認とするとしたことがわかる。

以上のように、見付府問屋米屋弥九郎・奈良次郎左衛門尉は、今川氏に「五貫五百文」及び伝馬役負担をすることでその営業権を保障されたわけで、前述のような伝馬衆が直接に大名権力に結びつき個々に屋敷に定住して伝馬役を勤仕したのではなく、問屋の責任の下、その支配下の馬方たちの勤仕であった。

一方、一二人の升座の構成員を定めた永禄十二年七月日付 見付升取方宛 徳川家康朱印状写[31]には、「一、宿直之伝馬令免許訖、但家康出陣之時者可相立事」とあって、伝馬役が平時には免除、家康出馬時には賦課という規定が、一二人の升取方[32]との間に取り交わされていたことがわかる。先の武田氏の伝馬衆と同様に、徳川氏と直接主従関係を結んだ一二人の升取方が、戦時の伝馬役を補ったのである。

領国を越える伝馬役が指摘されているが、(33)政治状況に加えてシステムが統一されてこそ実現は可能と言える。無論、伝馬手形に後北条氏のように「除一里一銭」が記されたり、武田氏のように朱印が二つ捺されたりする場合は、無賃伝馬を仕立てることとなるが、その基準にある賃銭は後北条も武田も今川も「一疋一里一銭」体制なのである。

次に今川氏伝馬に関して、諸先学が指摘するところの友野氏や松木氏への伝馬委任論は証明できなかった。両氏は京都にも及ぶ商圏や伝馬も有していようが、こと今川氏の伝馬役負担は確認できない。今川氏に対しては、「馬番料木綿廿五端」や京都での様々な交際などで奉公し、多くの特権を保障されていたが、地域経済圏を基盤とした今川伝馬役は免除されていたと推測する。今川氏の伝馬制度は、山科言継の駿河往還に見えるように、今川氏当主の発行する伝馬手形を所持している者に対して、各支城領主を窓口として当該地域の経済圏を支えている問屋などにより仕立てられた制度であり、次の地域経済圏へと連鎖的に逓送されていったのである。(34)

そこで、大名権力と伝馬役負担でつながっていた面々は、いかなる階層の者たちであったのであろうか。一つは、今川氏と御恩・奉公の関係を取り結んだ遠江国見付府問屋米屋弥九郎・奈良次郎左衛門尉のような問屋職所有者に隷属している馬方衆である。従って、今川氏からしてみれば言わば「また者」となろう。今一つは、今川氏では立証できなかったが、大名権力より「伝馬屋敷」を承認され定住して自立的経営を獲得した伝馬衆である。

近世宿駅制度においては、東海道の各宿駅に一〇〇人・一〇〇疋、中山道には五〇人・五〇疋の人馬が常備されていたように、幕府直轄の主要街道に多くの人馬の提供があった。その歴史的前提として、「一疋一里一銭」体制の下、後北条・武田・今川領国では、地域経済圏を基盤としつつ宿場の問屋（具体的にはその支配下の馬方衆）の伝馬役負担のみならず、新たに定住の指標と言える「伝馬屋敷」を認定され、輸送業務の自立化を保障された所謂「伝馬衆」（それまでは問屋に隷属していた者や「散在之者」として個人営業をおこなっていた馬方たちを想起できよう）を加えて伝馬役体系は創り出されていたのであり、数疋から戦時には一〇疋にも及ぶ伝馬役賦課は、前述の近世宿駅制度の萌芽的形態と評価することができるのではあるまいか(35)。

註

（1）大石泰史「今川領国の宿と流通―宿と流通を語る「上」と「下」―」（『馬の博物館研究紀要』一八、二〇一二年）。

（2）有光友學「今川領国における伝馬制」（『歴史公論』一一五、一九八五年、後に『戦国大名今川氏の研究』に補筆所収）、以下、有光氏の論は本論による。

（3）小和田哲男「戦国期東海道周辺の宿と伝馬役」（静岡県地域史研究会編『東海道交通史の研究』一九九六年）。以下、小和田氏の論は本論による。

（4）拙稿「後北条氏の伝馬制度に関する一試論」（『國史學』一二七、一九八五年、本書第一章第三節）、「後北条氏と伝馬役」（『戦国史研究』二八、一九九四年、本書第一章第三節付論）。

（5）「林文書」（『静岡県史　資料編7中世三』九六五頁）。

（6）相田二郎「戦国時代に於ける東国地方の宿・問屋・伝馬」（『中世の関所』一九四三年）。

（7）天正十年十二月九日付　武蔵国奈良梨宛　北条家伝馬掟書「一、万一或常ニ三疋之外、或動之時十疋之外有之者、縦公方荷ニ候共、倩賃《駄賃》を可出間、其賃を従口付前請取、可成儀を者、可弁済事」（「鈴木清氏所蔵文書」『戦国遺文　後北条氏編』第三巻二一三頁)、天正十年閏十二月二十六日付 上野国倉賀野宛 北条家伝馬掟書(「堀口好司氏所蔵文書」同書二一九頁)。

なお、徳川政権下の街道伝馬役も、「御伝馬」と呼ばれる無賃の伝馬役と、「駄賃伝馬」と呼ばれる有賃の伝馬役の二つの体系があり、これは相対賃銭(ここで言う一里一五銭)での稼業としての「駄賃稼」とは別物なのである(安藤正人「近世初期の街道と宿駅」『講座・日本技術の社会史 第八 交通・運輸』一九八五年)。
(8) 「逓信総合博物館所蔵文書」(『静岡県史 資料編7中世三』一〇二六頁)。
(9) 大石泰史「今川氏家臣三浦正俊と三浦一族」(『戦国史研究』二五、一九九三年)。
(10) 拙稿「中世後期の伝馬役—戦国大名伝馬制度の歴史的前提—」(二木謙一編『戦国織豊期の社会と儀礼』二〇〇六年、本書第一章第二節)。なお鎌倉時代においても、幕府が御家人領内に駅家を設置して御家人役の一環として伝馬制度を確立しつつあったが、守護権としての伝馬役は看取できない(拙稿「鎌倉時代の伝馬制度」『豊島岡研修』平成九年度、本書第一章第一節)。
(11) この旅に関しては、今谷明『言継卿記—公家社会と町衆文化の接点—』(一九八〇年)や、『静岡県史 通史編2中世』(村井章介執筆、一九九七年)に詳しい。
(12) 「本光寺文書」(『静岡県史 資料編7中世三』八一三頁)。
(13) 「蓮華寺文書」(『静岡県史 資料編7中世三』九一一頁)。
(14) 大石泰史氏は註(1)論文で「村田弥太郎」を朝比奈泰能の家臣とする。
(15) 「駿河志料 巻七十八 友野文書」(『静岡県史 資料編7中世三』七七六頁)。
(16) 「矢入文書」(『静岡県史 資料編7中世三』一一三二頁)。

(17)「本田氏古文書等一」『静岡県史 資料編8中世四』一四頁)。

(18)後北条氏領は一里一銭、武田氏領も甲斐・信濃・上野で一里一銭、但し今川領であった庵原郡・富士郡では一里六銭、他の今川領では一里一〇銭となるが、これは後北条氏領や武田氏領は六町＝一里＝一銭、庵原郡・富士郡は三六町＝一里＝六銭、他の今川氏は六〇町＝一里＝一〇銭となっているためである(相田二郎『中世の関所』四四八頁、一九八三年復刊)。従って、伝馬役賃銭の違いはなく、後北条・武田・今川領国は同一距離ならば同一の伝馬役賃銭なのである。これを便宜上「一疋一里一銭」体制としておく。

なお、永禄九年三月十四日付 丹那郷地頭大道寺駿河守(資親)百姓中宛 北条家朱印状写(「川口文書」『戦国遺文 後北条氏編』二―一八頁)に「一、伝馬之事、三ヶ年以来者、一里一銭被定、既公方御用迄郷中前引ニ被下處、其御憐愍之志るしもなく、無幾程兎角申事、無是非雖被思召」とあって、後北条氏が大道寺氏の「私領」である丹那郷に無賃伝馬役を賦課する際には、「御憐愍」として、一国平均役(例えば段銭や懸銭)を一疋一里一銭の換算基準で「前引」として差し引いていたことがわかる。

こうして見ると、仮に無賃伝馬役を仕立てるにせよ(今川氏の伝馬手形はすべて有賃であるが)、諸役を免除されることで少なくとも「一疋一里一銭」体制は保障されていたものと考えられる。なお、増田廣實氏は、永禄末年から天正前半の間に、下諏訪から八王子間で一疋一里一銭の伝馬制度が武田氏により創設されていたとする(「戦国期伝馬制と甲州街道の成立」『甲斐の成立と地方的展開』一九八九年)。

(19)「坂田家文書」(『戦国遺文 武田氏編』四―九七頁)。

(20)「大祝諏訪家文書」(『戦国遺文 武田氏編』四―二九〇頁)。

(21)「草ケ谷文書」「芹沢家文書」「沼津駅家旧蔵文書」「鈴木家文書」「根原区有文書」「植松家文書」(『戦国遺文 武田氏

編』四―四〇・五七・五八・六八・六九頁）。

(22)「判物証文写武田二」（『静岡県史　資料編8中世四』一七四頁）。

(23)「朝夷家文書」（『戦国遺文　武田氏編』四―一九一頁）。

(24)「朝夷家文書」（『戦国遺文　武田氏編』六―八三頁）。

(25)「富士根原村文書」（『静岡県史　資料編8中世四』六九六頁）。

(26)「村山浅間神社所蔵文書」（『静岡県史　資料編8中世四』六七六頁）。

(27)「旧精進村三郎左衛門旧蔵文書」（『山梨県史　資料編4中世1県内文書』八〇二頁）。

(28)「渡辺（ひろ江）家文書」（『山梨県史　資料編4中世1県内文書』八〇五頁）。

(29)「成瀬文書」（『静岡県史　資料編7中世三』九二八頁）。

(30) 大石泰史氏は註（1）論文で、米屋を上り問屋、奈良屋を下り問屋とする。

(31)「中村文書」（『静岡県史　資料編8中世四』二六頁）。

(32) 江戸時代、年貢米検査をおこなう際に実際に桝で計量する人物（『国史大辞典』「桝取」渡辺隆喜執筆参照）。当時の見付には有力農民の「升取」がいたものと思われ、助郷役的に伝馬役を補っていたのであろう。

(33) 小和田註（3）論文や、則竹雄一氏の「戦国期の領国間通行と大名権力」（『戦国大名領国の権力構造』所収、二〇〇五年）。

(34) 中島圭一氏は、十五世紀の中世経済の解体を「モノの量産化の進行に伴う地域的流通の成長の陰で、京都や鎌倉へと向かう物資の流れが次第に細くなり、旧来の物流ネットワークが維持できなくなっていたのであろう。中世の求心的な経済構造が崩れて、地域経済の分立が顕在化していったのである」と説明する（「中世経済を俯瞰する」『中世史講義―

院政期から戦国時代まで』一七八頁、ちくま新書、二〇一九年）。この動向は、戦国大名今川氏の伝馬制度が、京都へと向かう領域的物流システムに依存するものではなく、あくまでも地域的経済網を基盤とする制度であったことと符合する。

（35）　池上裕子氏は「伝馬役と新宿」（『戦国史研究』八、一九八四年、後に『戦国時代社会構造の研究』所収）において、「新宿は下からの町立、開発の要求と動きとを上から政策的に組織化し編成したところに成立した」と述べた。本節ではその一動向として「伝馬屋敷」の創設として捉えてみた。

第五節　武田氏の伝馬制度
―天正三・四年伝馬定による宿立て―

はじめに

中世の駅制は貧弱である[1]。しかし、今川・武田・北条の東国戦国大名たちは、その領国内に駅制網を整備していった[2]。従って、伝馬制度は、戦国大名権力の特質の一面を窺うことのできる糸口になろう。

このような伝馬制度に切り込んだのが、池上裕子氏の「伝馬役と新宿」[3]である。池上氏は北条氏の事例から、新宿設立の具体的目的を伝馬役の創設、六斎市の開催、開発拠点の整備（とりわけ新宿の多い武蔵国においては軍事拠点の設立とする）として、経済発展の要に据えようとした。

しかしその後、村町制を念頭とした町の設立という視点から、新宿立ての事例やその主体の解明に論点が向けられるようになったので[4]、前述の新宿と伝馬役との関わりは進展を見ないまま今日に至っている。本節では、制度面では検討されてきたものの、宿の設立との関係では述べられてこなかった武田氏の伝馬制度について、新宿の中核になる「伝馬屋敷」や町人身分としての「伝馬衆」を考察することで、その創設の意義や地域社会への影響を論述するものである[5]。

天正四年（一五七六）（蒲原のみ天正三年）、武田氏は富士山を一周するように伝馬定（以下「伝馬定」とする）を発し制度を確立させた(6)。その宿郷は、富士西麗中道往還の厚原・根原、富士東麗甲駿往還の竹下・棠沢、そして東海道の沼津と蒲原である。「伝馬定」の宛名には「家数二十五間厚原郷惣司」「家数二十間根原之郷」「家数五十間竹下之郷」「家数二十五間棠沢郷」「家数三十間沼津郷」「蒲原三十六間伝馬衆中」と記される。この家数は、元亀三年(一五七二)五月十一日付 蒲原衆宛 武田家過書に(7)「伝馬屋敷参拾六間」とあることから、伝馬屋敷の軒数であることがわかる。

つまり、天正三、四年に武田氏は駿東地域の交通の要地にある六宿郷に伝馬屋敷を造り、そこに二〇人から五〇人(竹下の「五拾」はあまりにも多い。文書の写真を見ると、書き直した可能性がある)に及ぶ伝馬衆を配置するような伝馬制度を確立したと言える。それは、領国経済の中核都市である甲府の八日市場に、天正四年に伝馬衆三〇人の名前が列挙された武田家朱印状が下され(8)、更にその三〇人には全て「壱間　次郎右衛門」のように間数が付されている伝馬屋敷が与えられていることからも、同様の街区の設営が、前記六宿郷にも及んだものと説明できるのであり、それを可能にする背景には、駿東地域の争乱が一つの契機となっていたのであった。

天正三、四年の「伝馬定」の前後で、何がどのように変化したのであろうか。戦国大名による領国化が、地域社会にどのような影響をもたらしたのかを、「伝馬屋敷」「伝馬衆」の創設から検討を試みてみる。

一　根原・厚原(中道往還)

以上のような駅制の整備は、永禄十一年(一五六八)末からの武田氏駿河進攻以降、北条氏との抗争が続いたので着手することは不可能であり、結局、元亀二年(一五七一)十月三日の北条氏康死去による同年末の「甲相一和」の復活から始まったものと考えるべきである。逆に言えば、このような戦乱の約三年間は、甲斐から富士周辺にかけての交通は混乱の時期であり、多くの避難民も出ていたことであろう。例えば、次の武田信玄書状により、厚原・根原に関所を構えていた長井文右衛門尉(9)が、同地を退去したことがわかる（今一人関所を構えていた者に渡邉将監がいるが未詳）。

　当方動之由風聞、就之根原之文左衛門尉退在所之由候哉、不審ニ候、以好可被相理様者、当方之動虚説ニ候、心易存知可被帰之旨計策肝要候、恐々謹言、

　（永禄十二年）十二月二日　　信玄（花押）

一陽斎(10)

「根原之文左衛門尉」は長井文右衛門尉のことと思われる。長井文右衛門尉は前述のように厚原・根原に関所を構え、また富士山本宮浅間大社の東隣の青柳に三貫文の地、及び宮内の加賀屋敷三貫文の地などを所有していた問屋的土豪と言える。(11) 関銭を徴収し得るということは、長井文右衛門尉が路地（富士西麗中道往還）を保障するだけの力を有していたことを物語る証左(12)であるが、この動乱により保障体制は崩壊してしまったのであろう。信玄はその還住を期待している。つまりこうした戦乱が、それまで機能していた保障体制を消滅させ、乱後の新たなフラットな状況から伝馬屋敷を造り、伝馬衆を募集して新宿設立の素地を生み出すことを可能にしたのである。なぜならば、天正壬午の乱（一五八二年）も中道往還において、同様の事態を予想させることができるからである。

　駿州富士上方根原之郷、前々伝馬屋敷無之由言上之間、於駿（「州」脱カ）大宮之内、屋敷分七貫文、為新給所遣之、不可有相違、弥守此旨、伝馬役無懈怠可相勤之状如件、

　（一五八三）天正十一年

　十月五日（印）「福徳」

根原　　井出甚之助（正次）奉之

伝馬人等[13]

天正壬午の乱後、徳川氏は中道往還の回復、宿郷の復活を図った。そのためには交通業者の還住が不可欠であったが、かねてから根原に伝馬屋敷を所有していなくても、富士浅間宮の門前町大宮で伝馬屋敷分七貫文を新給することで伝馬衆を募ったのである。既に前年の八月二十八日には、徳川氏から甲州九一色の問屋的土豪と思われる小林佐渡守に宛てて「根原之郷家数三十間所、他郷候共、諸役免許之上者、可抽奉公之状如件」との朱印状[14]が発せられており、九一色に拠点を持つ小林佐渡守が中心となって、中道往還の駿河側最北の宿郷であった根原復興を目指したのである。その際に注意すべきは、以前より伝馬屋敷を与えられていなかった者でも伝馬衆になれるという現実である。つまり、武田領国下の根原は、天正壬午の乱により解体され、再び誰しもが参加できる新たな根原が生み出されたのだった。この僅か十四、五年の間で、長井文右衛門尉の路地保障は甲駿騒乱で解消され、長井文右衛門尉は根原から姿を消し、甲相一和後、伝馬屋敷・伝馬衆を備えた新たな根原が生まれた（この際の宿立ての中心となったのは、伯父長井文右衛門尉の所持した「根原郷并関　参貫文」を与えられた小林七郎左衛門尉の可能性がある[15]）。しかしそれも束の間、武田氏滅亡の混乱の中で解体し、再びフラットな環境から徳川氏の宿立てが始まるのである。

一方の厚原は富士山本宮浅間大社の門前町大宮の南にあり、吉原と蒲原に分岐する要地である。甲相一和が正に成立した時期に、次の穴山信君判物写が伝えられている。

厚原郷松井喜兵衛分、植松甚左衛門分、小泉分并石黒屋敷等之事、右可随開作之間、縦雖為請取之内、至于不作者、直可加別人、然則不可及名主之沙汰者也、仍如件、

元亀二年

十二月廿七日　（穴山信君）（花押影）

佐野新八組
十三人中[16]

駿河支配を担当していた穴山信君が、厚原郷内の開作を命じたのであるが、命じられた佐野新八は、年未詳四月八日付 穴山信君備馬日記[17]の「長陣之事候条、右之衆荷物運送、可為祝着候」の「右之衆」の一人であり、運送業者と考えられる。その佐野新八を中心とする一三人が、馬を利用しての開発を請け負ったのであろう。厚原内の「松井喜兵衛分、植松甚左衛門分、小泉分并石黒屋敷」は不明であるが、開発がなされることから、武田氏の駿河進攻により不作地となっていた所領であり、ここに新たな厚原は、池上氏が述べたように、開発拠点として復興に向かったのである。そして、ここで着目しなければならないことは、「不可及名主之沙汰」としている点である。つまり、開発をしても名編成をすることなく名主としての得分は期待できないこととなる。武田氏の侵入、それにともなう混乱は、厚原に不作地を生みだし、種々の権利関係を崩壊させた。前述した根原同様、フラットな状況が厚原にも出現したのである。そこで、開発能力のある交通業者を集住させ、開発拠点や伝馬屋敷を構えた宿郷に向けて新たな厚原はスタートを切った。なお、厚原の開発は更に続き、天正十五年二月二十日には徳川家康から鍬下年季が定められる[18]など、農村としての役割を色濃くしてゆく。

二　竹下・棠沢（甲駿往還）

足柄峠に向かう相駿国境の駿河側の宿郷である竹下は、甲駿相、東海と関東の接点という地理的特色から、権力の空白区域になったのであろうか、「伝馬定」以前の中世竹下の支配状況を確実な史料で詳しく追うことは、ほとんど困難である。そのような中でも、過書銭納入を命じた永禄十年（一五六七）八月十七日付 葛山氏元朱印状[19]の宛名には、竹下の商人問屋とみられる鈴木若狭守等が登場する。また、前欠ではあるが元亀元年（一五七〇）と見られる三月十七日付 北条家朱印状の宛名は「竹下村」である。

（前欠）後之事ニ候間、一切諸役有間敷候、自然横合非分有之者可申上者也、仍如件、

午（虎朱印）

三月十七日

竹下村[20]

同年月日付で同文と思われる近隣の菅沼村宛 北条家朱印状[21]には、前欠に相当する部分に「当郷無相違可令帰住、乱」と書かれてあり、永禄十一年末以来の駿河進攻で、武田・北条により蹂躙された当該地域では多くの避難民が発生していたことから、北条氏が還住を促しているのである。翌年には甲相一和が成り、駿東地域にも武田氏の支配が広がり、その完成形として五年後の「伝馬定」を見ることになるが、同年に比定される竹下郷宛 武田家朱印状が左である。

定

自今以後、伝馬之御印判無帯来者、何人寡権威及催促候共、一切不可致許容、縦又御印判雖持参候、具遂披見、不違御印判之文、可出伝馬、若余分相勤者、郷中之貴賤可有御成敗之由、被仰出者也、仍如件、

七月十日（竜朱印）　浄円奉之

竹下郷[22]

竹下に「伝馬定」が出されたのが天正四年（一五七六）二月十四日であるので、その約五か月後に「伝馬定」の厳重

な遵守を命じたものである。ここで新たに加わった一文は、「若余分相勤者、郷中之貴賤可有御成敗之由」である。「伝馬定」では一日四疋の負担であったが、それ以上に負担して伝馬衆になろうとする駄賃稼ぎの者がいた場合、郷中として自治的に取り締まってよろしいとしたのである。色々な特権付与を掲げて伝馬役を創出した背景には、このような「競望《けいもう》の論理」[23]が推測されるが、制度が確立して伝馬衆が決定すれば、逆に競望をシャットアウトして伝馬衆を保護、安堵することが大名権力には求められたのである。

以下、竹下をめぐって「伝馬定」前後の状況をまとめてみる。武田氏の軍事介入が始まる以前には、竹下の商人問屋鈴木若狭守らが、甲駿往還の関所を管理して関銭を徴収し、同時に路地を保障する体制が取られていた。その後の駿州錯乱下、駿東地域の住民は戦乱を逃れて欠落してしまう。平和がもどった甲相一和後、武田氏は開発・交易の拠点として、特権付与(普請役免除など)[24]を掲げて伝馬衆を募りその集住を図った。そこには、武田氏から輸送業務の保障を求めた駄賃稼ぎの姿があったことが想像される。なお、新たな竹下の建設の中心には、天正八年五月七日付 武田家朱印状[25]の宛名に「鈴木若狭守、同和泉守、湯山豊後守」[26]と連記されることから、右の三人が取りまとめ役となっていたのであろう。既に、竹下は鈴木若狭守のみを権力との接点とする時期から、三人に分散して互いに監視させつつ、支配を浸透させる体制に変化したことになる。加えて、天正四年の段階で「伝馬定」に背く業者に対しては、伝馬宿内の自検断的対応が認められていたのであった[27]。

竹下の南西に位置する棠沢ついては、竹下同様に鎌倉・室町期の支配関係は不明な点が多い。しかし、沼津より北上して須走口から籠坂峠に向かう甲駿往還に位置するので、御師や富士参詣道者など多くの往来があったものと思われる。棠沢に初めて支配の手が確認されるのが[28]、諸役免除を承認し伝馬負担を命じた天文二十二年(一五五三)十一月二十六日付 芹沢玄蕃尉宛 葛山氏元判物である。芹沢氏[29]は須走関所の管理などをおこなっている棠沢の問屋商人である。永禄十年八月十七日付 葛山氏元朱印状(30)の宛名には、竹下の鈴木若狭守と神山代官の武藤新左衛門尉と芹沢玄蕃尉が連記されており、協力して甲駿往還の路地保障にあたっていたものとみられる。そのような中で、芹沢玄蕃の伝馬役負担に関して、葛山氏元からの指令が下っていた。

御厨之内くミさわ宿中給衆、何れ之為被官云共、入駄賃者之儀者、不残伝馬之事可申付、并問屋之儀、可為如前々者也、仍如件、

（永禄二年）未

「萬歳」
（印）十一月七日

芹沢玄半（蕃）助殿(31)

ここでは、棠沢に居住（屋敷）を認められている交通業者で、駄賃（駄賃の一部）を問屋（ここでは芹沢玄蕃）に納入している者は、伝馬役を勤仕しなければならないとする。つまり、葛山氏元は芹沢玄蕃の問屋業務を認める一方、芹沢玄蕃を介して駄賃稼ぎの交通業者に伝馬役を賦課しているのである。

永禄十一年以降の「甲駿両国之通路不自由」(32)を経て、甲相一和から武田氏の「伝馬定」が発せられ、今川氏や葛山氏は駿河から姿を消し、駿東郡にも新たな支配秩序が構築されていった。それを示すものが、次の書状である。

猶以葛山殿御一札歴然ニ候間、如此候、今度御伝馬之御印判、持参可申付之由御下知候条、乍斟酌一札進之候、以上、

棠沢宿中御伝馬并駄賃以下之儀、如前々可有馳走候、葛山殿御一札令披見候間、乍斟酌如此候、恐々謹言、

（天正四年）
三月十六日　　御宿監物

友綱（花押）

芹沢玄蕃殿

同名将監殿(33)

御宿友綱は武田氏家臣で葛山一族と言う。(34)「今度御伝馬之御印判」を「伝馬定」とみて、天正四年に推定できる。既に栄沢における今川―葛山の体制はなく、武田―御宿に変化している。そのもとに従来からの葛山氏との関係を酌みとって(「午斟酌」)、芹沢玄蕃らに伝馬役や駄賃の差配を命じ、問屋業務を保障したのである。一見、葛山時代の芹沢玄蕃の様態とは変わっていないように思われるが、最早、栄沢には「伝馬定」が発せられ、二五間の伝馬屋敷が与えられ、普請役を免除された伝馬衆が確定しており、前述したような葛山氏が芹沢玄蕃を介して、駄賃稼ぎを行う交通業者に対して伝馬役を賦課した体制ではなく、武田氏が直接交通業者を把握し、特権を与え町人身分として編成した体制となっているのである。その現地支配の末端に芹沢玄蕃は位置付けられたことになる。逆に言えば、芹沢玄蕃以上の適任者がいれば、芹沢玄蕃は交替となることも想定されたのであり(従って実際に玄蕃と将監の競合体制となっている)、葛山氏が芹沢玄蕃に交通業者の支配を認めてきたことを示す「葛山殿御一札」があってこその、「斟酌」の結果なのであった。

三　沼津・蒲原(東海道)

沼津は相模・甲斐へのルート分岐点に位置し、その市域は駿河と伊豆にまたがっている交通の要衝であり、戦国期には今川・武田・北条が覇権を競い合った。この地に武田氏の支配が構築されてゆくのは、戦乱後の元亀二年(一五七一)末の甲相同盟成立以降のことであるが、その国分は、駿河は武田領、伊豆は北条領であった。従って、甲相同盟の安定の時期に、駿東地域での人々の還住や復興が進み、その象徴の一つとして、「伝馬定」を位置付けなければならないのである。

さて、沼津は狩野川河口右岸の津であるが、この地域を支えてきたのが大岡荘で、今川氏と同荘の関係の初見が、大岡荘上下之商人問屋職を被官山中源三郎に安堵した上で「縦雖有競望之輩、不可有許容」と記載のある、天文三年（一五三四）七月三日付今川氏輝判物(35)であった。加えて、その三十四年後の永禄十一年（一五六八）九月にも「大岡庄上下商人・道者・問屋并従諸湊以船出入之商人等之事」と記され、問屋職や商人・道者の差配を認められている判物が、今川氏真から下されている(36)。以上から、山中源三郎は車返宿を中心とする沼津に経済力を有する問屋商人であったことがわかる(37)。しかし、同年末の武田進攻から甲相一和の戦乱期に、今川の形成した秩序は解体され、次いで新宿をともなう新たな沼津が造られ始めるのにともない山中源三郎(38)の姿は消え、代わって高田能登守が武田「御印判衆」就任となって登場する。

大岡之庄問屋之事、従前々被拘来候、因茲改て　御印判被仰御申候、則披露候之処ニ、御取紛故、御印判遅々候、帰府之刻必可被下置候、彼問屋之儀、無御印判共、無異儀可被申付之旨御下知候、為其一筆進之候、恐々謹言、

（元亀三年）
壬申

八月廿一日　　　　　　土屋

昌続（花押）

高田能登守殿

御宿所(39)

新たに武田氏と結んだ大岡荘問屋が高田能登守(40)であった。高田能登守は、大岡荘問屋としての立場が認められた証として武田氏の印判を求めているが、これは所謂「御印判衆」身分の保障を要求したものと推測できる。「御印判衆」とは、平山優氏(41)によれば「伝馬役の徴発を請け負い実現する役目を負っていたと推定される」者であるから、沼津新

宿立ての内容の一つには、高田能登守の差配のもとに、フラットな状況から特権付与を掲げて交通業者を広く募集し、武田伝馬衆として伝馬屋敷に住まわせて町人身分を生みだす政策があったのである。

蒲原は、富士川河口に程近い古代東海道の宿駅である。その北方、現JR新蒲原駅の北西の通称「城山」には蒲原城が築かれ、天文六年以来の河東一乱では、今川氏の対北条最前線拠点となり、その後も今川氏の支城として整備された[42]。戦略上の拠点であるので絶えず戦乱の渦中にあったのであろう。戦国期の蒲原宿の経済的な役割を明らかにすることは難しいが、天文二十三年九月十日付 今川義元判物[43]には、「立物之事、西者蒲原東者阿野境迄、諸役等如前々令免許」とあり、吉原問屋の矢部孫三郎が、「立物」(大切なもの、ここでは海産物であろうか)について、蒲原から阿野までの役負担を免除されている。吉原を本拠地とした矢部孫三郎の持つ商圏の西端が蒲原にまで及んでいたものと思われる。また、永禄十一年六月八日付 今川氏真朱印状[44]では、静岡浅間神社社家榊太夫に「蒲原船関」が免除されていることから、津料のかかる港湾設備も整えられていたのである。

いずれにせよ今川や北条の時期は、城から南方向に根小屋、更に南へ東海道・駿河湾に向かって、港をともなう町場が広がっていたのであろう。甲駿騒乱で蒲原城には北条氏信が配置され武田氏と対峙することになったが、同城は永禄十二年十二月六日に落城した。この時の武田信玄書状[45]には、「今六日蒲原之根小屋放火之事」「当城宿放火候キ」などとあって、城砦や城兵の居住区域、それを支える町場などが壊滅したことがわかる。戦乱により様々な権利関係を内在させていた蒲原宿はなくなり、新たな武田領国としての蒲原宿が再生してゆくこととなった。そして三年後、信玄西上を五か月後にひかえた元亀三年五月の時点で、蒲原衆に対して「伝馬屋敷参拾六間」規模の伝馬役負担が打ち出されたのである。

定(竜朱印)

伝馬屋敷参拾六間、如前々棟別已下之諸役御免許候之条、伝馬無異儀可相勤者也、仍如件、
元亀三年壬申　　山県三郎兵衛尉奉之
五月十一日
蒲原衆(46)

『蒲原城跡総合調査報告書』(47)で、前田利久氏は武田氏が「駿河一国を領有したあとは軍事的な役割をひとまず終えた城」(一七三頁)とし、山下孝司氏は「武田氏による蒲原城奪取から武田氏の滅亡までの時期が、蒲原城の最終段階であろう」(一〇〇頁)とする。蒲原は軍事的な拠点ではなくなり、武田氏伝馬役を負担する新宿として生まれ変わったのである。また、伊藤裕久氏は同書(一二六頁、第九一図)で「伝馬屋敷三十六間」の復原を試みている。それによれば、間口規模六〜八間、奥行四〇間の短冊形地割として、旧東海道の山居沢と長坂沢間の両側に三六間分(片側一八間)の伝馬屋敷を含む町並みが想定できるとする。その完成形が「伝馬定」であるが、他の五宿郷(根原・厚原・竹下・棠沢・沼津)に比べて蒲原の制度的な完成度は約一年早い。

長篠合戦後の天正四年(一五七六)、武田氏は甲府八日市場を中心とした甲駿間の駅制の完備を試みたが、良好な関係であった北条との繋がりで機能したのが竹下・棠沢・沼津であり、一方、富士山本宮浅間大社や大宮城のある中道往還の伝馬宿として機能したのが根原・厚原だった。これに対して蒲原宿は、天正八年十二月三日付穴山信君伝馬手形写(48)の宿駅に「江尻・興津・由比・蒲原・岩本(富士川左岸)」と記されていることからも、富士川の渡河点を東にひかえて、駿東地域と駿府方面をつなぐ宿駅の性格を有していた。従って、武田氏にとって西方の対徳川という意味で、情報収集や物資輸送網の構築は急務となっていたのではないだろうか。こうした理由から蒲原の新宿立ては迅速に進める必要があり、他の宿郷とは若干異なる意味合いがある。

むすび

本節では、伝馬制度と新宿立てを梃子として、当時の大名権力・中間層・駄賃稼ぎの者を包括的に捉えて、その社会の一動向を切り取ってみることをめざした。

多くの避難民を生み出した甲駿争乱を経て、駿東地域は広域的な復興の時期をむかえた。大名権力は人々の還住を図り特権付与を掲げて新たな宿郷の建設にのりだしたのである。それまで問屋商人の配下となっていたり、拠点を持たずに散在の者として営業していたりした駄賃稼ぎの馬方は、営業の保障、安定化を求めて宿に集まり、伝馬衆として大名権力に掌握された。

一方、争乱以前の権力とつながり、駄賃稼ぎを雇用して運送業や路地保障などを生業としていた問屋商人は、駄賃稼ぎの馬方たちが大名権力に直結する中、自己の生業を維持、発展させるためには、大名権力による新しい宿郷立の先導役として率先して復興に取り組まねばならなかった。逆に大名権力からすれば、人々の還住を促し開発や運送や商業などの拠点をつくることのできる有能な有徳人を競合あるいは相互監視させて、御印判衆として支配の末端に位置付ける好機となったのである。

その結果、問屋商人たちは、根原では長井文右衛門尉・渡邉将監→小林七郎左衛門尉→小林佐渡守、厚原では長井文右衛門尉・渡邉将監→佐野新八、竹下では鈴木若狭守→鈴木若狭守・鈴木和泉守・湯山豊後守、棠沢では芹沢玄蕃→芹沢玄蕃・芹沢将監、沼津では山中源三郎→高田能登守→山中新三郎、蒲原では矢部孫三郎→(不明)、というように変化しており、特権を得た問屋商人たちも、新たな伝馬宿の建設・管理・運営のためには旧態依然としてはいられなかったのである。

各問屋商人たちの地域的な路地保障体制を私的なレベルのものとするならば、伝馬屋敷や伝馬衆を備えた伝馬宿の設置をともなう領域的な街道の保障体制は、大名権力による公的な流通構造の再編成を意味している。かくして武田氏は、甲府八日市場を頂点とした領域的公的な路地保障体制を着実に拡張させていった権力と言える。そして、中道往還や蒲原の事例で明らかなように、それは徳川氏の伝馬制度に確実に連続しており、全国に広がる近世駅制への萌芽であったことは間違いない。

註

(1) 新城常三『鎌倉時代の交通』(一九六七年)、拙稿「鎌倉時代の伝馬制度」(『豊島岡研修』平成九年度、本書第一章第一節)、「中世後期の伝馬役—戦国大名伝馬制度の歴史的前提—」(二木謙一編『戦国織豊期の社会と儀礼』二〇〇六年、本書第一章第二節)。

(2) 拙稿「後北条氏の伝馬制度に関する一試論」(『國史學』一二七、一九八五年、本書第一章第三節)、「今川氏の伝馬制度に関する一試論」(『國史學』二一二、二〇一四年、本書第一章第四節)。

(3) 池上裕子「伝馬役と新宿」(『戦国史研究』八、一九八四年、後に『戦国時代社会構造の研究』一九九九年所収)。

(4) 最近では、山下智也「後北条領国における新宿立て」(『日本歴史』八〇五、二〇一五年)がある。

(5) 制度的には、柴辻俊六氏が天正三、四年の伝馬定を含めて研究を発表している(『戦国大名領の研究』一九八一年)。

(6) 「伝馬定」は、ほぼ同文である。ここでは棠沢郷宛の定をあげておく(「芹沢家文書」『戦国遺文 武田氏編』〔以後『戦武』とする〕四—五七頁)。

定(竜朱印)

一、自今以後、公用之御伝馬御印判者、御朱印二あるへし、為私用申請御印判者、御朱印壱たるへき事、

一、御伝馬惣而一日ニ四疋宛可出之、此外一切被停止之事、付、無拠火急之公用にをひてハ、至于其時、可被加御
下知之事、

一、為私用申請伝馬、自今以後、一里一銭之口付銭可請取之事、

一、於口付銭有難渋之族者、宿中之貴賤令一統、不撰人不肖不可出伝馬之事、

(紙継目朱印、印文「伝馬」)

一、伝馬不相勤輩、以密々駄賃をつくる事、一円被禁之事、

一、伝馬勤仕之輩、御普請役御免許事、

一、自小田原伝馬、無異儀可出之事、

右条々、向後努力(々)不可有御相違之旨、被仰出者也、仍如件、

天正四年丙子　　　釣閑斎
二月十四日　　　　　奉之

家数廿五間
棠沢郷

(7)「草谷家文書」(『戦武』三―一四五頁)。

(8)天正四年六月二十八日付 八日市場宛 武田家伝馬定書、同年月日付 武田家伝馬役割付(「坂田家文書」『戦武』四―九六・九七頁)なお、戦国期の甲府に関しては、飯沼賢司氏の「戦国期の都市甲府」(『甲府市史研究』二、一九八五年)が

詳しい。また、永禄九年に推定される九月二十三日付 宗威軒宛 穴山信君判物（「朝夷家文書」『戦武』一―九二頁）では、「伝馬仕候者ニ屋敷之義可出置候」と記され、甲駿をつなぐ河内路の南部宿にも伝馬屋敷が設定されている。更に、天正六年五月十一日付 諏方十日町宛 武田家朱印状（「大祝諏訪家文書」『戦武』四―二九〇頁）には、八七人の伝馬衆と八人の御印判衆が見え、「則闕所之屋敷分、各相談可補之」とあることから伝馬屋敷の存在がわかる。加えて二通の天正九年二月七日付 武田家朱印状（「大草家文書」「諸州古文書」『戦武』五―二二〇・一頁）によれば、信濃国小県郡長門町の大門郷に「与五郎」等合計三〇人の「伝馬勤仕衆」及び、「信養寺沙弥」等合計一一人の「御印判衆」の集住が命じられている。恐らく、伝馬屋敷三〇軒の宿立てがおこなわれたのであろう（『望月町誌 第三巻原始・古代・中世編』五三九頁参照）。

一方、北条氏関連でも「致伝馬候裏屋敷六間」（弘治元年十二月二十三日付 藤澤大鋸町同木工助宛 北条家朱印状「森文書」『戦国遺文 後北条氏編』〔以後『戦北』とする〕一―一七二頁）、「自屋敷出候伝馬」（元亀四年四月五日付 本郷町人岩崎與三郎宛 上田長則朱印状写「新編武蔵国風土記稿」『戦北』二―二三三頁）、「伝馬屋敷銭」（年未詳七月三日付 佐藤源左衛門宛 北条氏邦判物写「雑録追加」『戦北』五―一一六頁）などから、伝馬屋敷の存在が窺われる。

（9）永禄四年八月二十五日付 今川氏真朱印状（「井出文書」『戦国遺文 今川氏編』〔以後『戦今』とする〕三―四〇頁）。

（10）「諸州古文書」（『戦武』二―三〇七頁）。

（11）永禄十二年七月十一日付 小林七郎左衛門尉宛 武田家朱印状（「根原家文書」『戦武』二―二九二頁）。

（12）鍛代敏雄氏は、関所の特質の一つとして、関銭徴収を路地保障体制に求めている（『中世後期の寺社と経済』三一六頁、一九九九年）。

（13）「富士根原村文書」（『静岡県史 資料編8中世四』〔以後『静岡』とする〕六九六頁）。

(14)「富士根原村文書」(『静岡』六四九頁)。
(15) 註(11)には、「根原郷并関三貫」など四か所を「自最前属味方令奉公条、神妙ニ被思召候、因茲伯父文左衛門尉拘之地被下置候」とある。
(16)「楓軒文書纂」(『戦武』三—一〇六頁)。
(17)「楓軒文書纂」(『戦武』三—三〇頁)。
(18) 百姓二十二人中宛 徳川家康朱印状(「植松文書」『静岡』七八六頁)。
(19)「芹沢豊氏所蔵文書」(『小山町史 第一巻 原始古代中世資料編』〔以後『小山』とする〕四八五頁)。
(20)「鈴木光明氏所蔵文書」(『小山』四九八頁)。
(21)「岩田貞行氏所蔵文書」(『小山』四九七頁)。
(22)「湯山孝氏所蔵文書」(『小山』五一二頁)。
(23) 駿東郡神山宿での永禄二年から五年にかけての「伝馬屋敷相拘之者」と「散在之者」や、相模国当麻宿で天正十四年に起こった関山氏と落合氏の相論のように、問屋職や伝馬衆の地位をめぐっての争いが看取できる。
(24) 註(6)の伝馬定では、「伝馬勤仕之輩、御普請役御免許事」とあるが、その前に「伝馬不相勤輩、以密々駄賃をつくる事、一円被禁之事」と記される。つまり、駄賃に関しては伝馬衆の間で取り決めがなされていたのであり、伝馬役を負担していない者がそれに反して秘密裏に駄賃を設定してはならないと言うのである。所謂、大名の承認した協定駄賃(役負担でないため、一疋一里一銭よりも高額になるはずである。なお、今川氏の場合は約三割増であった。拙稿註(2))が設定されているのだが、逆に言えば伝馬宿に居住できず、伝馬役も負担していない駄賃稼ぎの者が、自由に駄賃を設定して営業をしていた可能性も指摘できる。

(25)「鈴木光明氏所蔵文書」(『小山』五一八頁)。
(26)湯山豊後守は、『小山』五一八頁の頭注では初見とする。
(27)註(22)の「郷中之貴賤可有御成敗之由」の部分。
(28)「芹沢豊氏所蔵文書」(『小山』四六六頁)。
(29)芹沢氏に関しては、小佐野浅子「土豪の生業と地域社会―駿河国駿東郡芹沢氏を事例に―」(『戦国史研究』六七、二〇一四年)が詳しい。
(30)註(19)。
(31)「芹沢豊氏所蔵文書」(『小山』四六九頁)。
(32)永禄十一年十一月三日付 武田家朱印状(「寿徳寺所蔵文書」『戦武』一二四九頁)。
(33)「芹沢豊氏所蔵文書」(『小山』五一三頁)。なお、宛名の芹沢将監はこの書状が初見である。これについて小佐野氏は註(29)論文で、玄蕃と将監を別系統の人間とし、武田氏が「玄蕃允家を牽制する目的で、将監家を取り立てたと予想される。(中略)玄蕃允家と将監家との間に全面的な勢力交代はなかったと考えられるが、同業者間競争を内在していた」とする。

武田領国化後に芹沢氏の須走での活動が見られなくなったことについては、須走の役割が軍事面から宗教面に変化したためとし、また豊臣政権下では芹沢将監が当該地域を統括したと述べた。こうした事例は、武田領国化前の芹沢玄蕃の地位や権限が制限される傾向を示している例証と受けとめられるであろう。棠沢の問屋であるので葛山との関係があり、「葛山殿御一札」が決め手となって、武田氏の伝馬役を取りまとめる新たな棠沢宿問屋に就任したわけで、そこには最早、須走関を管理し甲駿往還を安全に通交させるような広域的な路地保障体制を保持する芹沢玄蕃の姿はなくなっており、竹下郷の複数問屋体制のように、玄蕃と将監による相互監視下での差配が採られていたのであろう。

(34)『小山町史　第六巻　原始古代中世通史編』七六八頁。

(35)「沼津駅家文書」(『沼津市史　史料編古代・中世』〔以後は『沼津』とする〕一八八頁)。

(36)「沼津駅家文書」(『沼津』三六八頁)。

(37)『沼津市史　通史編　原始・古代・中世』五四四頁。「車返」の所在地は、沼津市三芳町蓮光寺東側の坂が由来とされる(『静岡県の地名〈日本歴史地名大系22〉』三三八頁)。

(38)武田氏滅亡後の天正十年三月二十五日に、山中新三郎が酒井忠次より「大岡之庄上下問屋」を安堵されている(「沼津駅家所蔵文書」『静岡』六二九頁)。この山中新三郎は山中源三郎の一族であろう。

(39)「沼津駅家文書」(『沼津』四二八頁)。

(40)一方で高田能登守は、永禄十一年以降、武田方に与したことから、小山町大胡田、御殿場市萩原、沼津市椎地で計二三〇貫文の地を与えられている(元亀三年五月二日付　武田信玄判物「高田稔氏所蔵文書」『小山』四九九頁)。その三年後の天正三年二月二十八日付で、能登守の子の高田加賀守に対して「父能登守拘来候領知幷名田被官屋敷等、対其方令与奪上者、(中略)武具之嗜軍役之奉公、不可致疎略候」とある武田勝頼判物写(「高田家文書」『戦武』四―一三頁)が残っている。

こうしたことから、高田能登守は従来、山中源三郎と同様に大岡庄商人問屋を営んでいたが、甲駿擾乱以降は武田方に属したので大胡田以下の領地を与えられた軍役衆になった。その相続にあたって、子の加賀守は、父の得た右の大胡田以下の二三〇貫文の地のみを与奪することとなり、当然にその分の軍役奉公をおこなわねばならなかったのである。従って、父の高田能登守は、沼津で伝馬衆を整えて武田氏に伝馬役を負担する問屋業を専業とした町人身分の道を選択したのである。

(41) 平山優『戦国大名領国の基礎構造』(二五五頁、一九九九年)。

(42) 既に、永禄四年九月三日付 佐竹雅樂助宛 今川氏真判物写(「成瀬文書」『戦今』三―四一頁)により、今川氏の蒲原根小屋構築が確認できる。また、その場所に関しては、伊藤裕久氏が城山の南の長栄寺から東の高台地区に比定している(『蒲原城跡総合調査報告書』静岡市教育委員会、二〇〇七年、一三〇頁)。

(43) 「矢部文書」(『戦今』二―一六八頁)。

(44) 「旧駿府浅間神社々家大井文書」(『戦今』三―二一〇頁)。

(45) 永禄十二年十二月六日付 真田幸綱宛 武田信玄書状写(「真田家文書」『戦武』二―三〇七頁)と、永禄十二年十二月十日付 徳秀斎宛 武田信玄書状(「信玄公宝物館所蔵文書」『戦武』二―三〇八頁)。

(46) 前掲註(7)。なお、天正十一年十月五日には「駿州蒲原伝馬屋敷三十六間、棟別以下之諸役等免許之事」とある蒲原伝馬人等宛徳川家康朱印状が発せられている(「草谷文書」『静岡』六九七頁)。

(47) 『蒲原城跡総合調査報告書』(静岡市教育委員会、二〇〇七年)。

(48) 「内閣文庫所蔵判物証文写」(『戦武』五―二〇七頁)。

第二章　戦国期の負担体系

第一節　加地子試論
―増分論争止揚への試み―

はじめに

戦国大名権力の本質に迫る増分論争は、有光友學氏(1)が今川検地を名主加地子に対する挑戦として以来、勝俣鎮夫氏(2)と安良城盛昭氏(3)を中心に展開してきた。その内容は勝俣氏が増分を加地子得分と理解し、戦国大名が名主得分の否定を目指していたとするのに対し、安良城氏は増分を隠田とし、戦国大名検地と太閤検地との断絶を再確認したのである。即ち、勝俣氏の「検地増分＝名田ノ内徳＝加地子得分」に対して、安良城氏は「検地増分＝名田ノ内徳＝隠田」となる。両者の決定的相違は右に示すように加地子得分と隠田の理解に集約される。

従来、加地子得分は土地売却などによって成立する加地子名主職として説明されるが、その原初形態は鎌倉時代後期以降の土地生産力の増大による剰余分とみなされてきた(4)。一方、今一つの形態として、既に中世成立期から荘園公領制に捕捉しきれない非公田部分などの地に加地子得分が潜在するという見解も提示されている(5)。

本節では後者の形態を明らかにするために、鎌倉期の抜地売券・寄進状(6)により加地子得分の存在形態を追究し、更には抜地売却・寄進の形式にも迫ってみたい。次いで、室町・戦国期の抜地売券・寄進状からも同様の考察を試み、そして最終的には増分論争の重要史料の一つである「大福寺文書」及び「恵林寺領検地帳」の解釈について検討し、新見解を提示する。

一　鎌倉期の抜地

まず、鎌倉期の抜地売券・寄進状から抜地の実態を明らかにし、その売却・寄進にあたって、諸負担をともなわない場合と、ほぼ段当一斗以下の諸負担が設定される場合のあることを述べ、更には広範囲に成立する抜地に加地子得分が潜在的に内包されていることを検証する。

大山喬平氏[7]は後掲する美濃国龍徳寺の中世後期を中心とした土地売券・寄進状の分析で、荘園年貢負担義務付売却と名抜（荘園年貢無負担）地売却を明らかにした。大山氏は後者について、売却の際に荘園年貢負担を名内親地（本名）に留め置いた本役負担なしの地とし、荘園制解体過程における土地売却の一形式と位置付けた。しかし、鎌倉期の抜地売却・寄進・譲与を表化した付表5に示す如く、十三世紀前半から既に抜地売却は確認できる。左の売券②はその典型である。

②（端裏書）「山下」

僧永範謹辞　　四段（花押）

奉沽渡字山下田并倉原内一段事

（四至略）

右、件於経田者、雖相伝所領也、依有要用直物、限永年、相禅房所奉沽渡実也、但於万雑公事本役臨時雑役者、

併本名留了、仍為後日沙汰、証文状如件、

寛喜三年（一二三一）十一月十七日　僧（花押）（当売券前出花押ト同）

「於万雑公事本役臨時雑役者、併本名留了」は抜地を示す典型的文言であり、この例が抜地売券であることは確実といえる。また、付表5により鎌倉期の抜地の全体的特徴を捉えてみると、本役・公事などを本名が負担することで成立する抜地は、前掲した抜地売券のように十三世紀前半より確認され、またその地積は一段から一町に及ぶ規模であり、地域的には摂津⑥・大和⑩の畿内をはじめとして、北は陸奥⑧から南は薩摩⑫まで存在する。以上のことから、中世前期には荘園年貢負担なしという意味で荘園公領制に捕捉しきれない抜地が、全国的に散在していたものと推測される。(8)

　さて、付表5の「諸負担・得分」の欄に注目すると、抜地であるために荘園年貢は原則として負担なしであるが、左の抜地売券④のように、その売却にあたって低額の諸負担が課されている場合がみられる。

④沙弥西願謹辞
　奉沽渡水田重富名内宮富名太迫田六段事
（四至略）
右、件水田者、西願之先祖相伝之私領也、雖然、依有要用直物、限永年、理性御房奉沽却事実也、但段別四舛宛御佃米并守護所御方垸飯用途銭段別二拾文宛者、付田畢、毎年役也、此外、所当并本役万雑公事者、留本名畢、雖可相副本券、依為類券、不相副之、仍立新券、奉沽渡処也、仍為後日、沽券之状如件、
宝治二年（一二四八）閏十二月九日　嫡子僧（花押）
沙弥西願（花押）

「所当并本役万雑公事者、留本名畢」とあり、沙弥西願の売却した六段田は明らかに抜地である。しかし、毎年の

諸負担・得分	斗代	備考	典拠
本やく、ゝ志みやくにの所当、りん志かやくにおいては、本名ニととめをわん			台明寺文書(2908)
但於万雑公事本役、臨時雑役者、併本名留了			台明寺文書(4246)
本役、万雑公事、臨時課役、本課役等者、本名留了	0.04石	1段より御佃米舛合1斗6舛あり	台明寺文書(4723)
所当并本役万雑公事者、留本名畢、但段別4舛、御佃米、守護所御方垸飯用途銭、段別200文	0.06石		台明寺文書(7030)
自昔聊モ公事無所当者也			大徳寺文書(8887)
於田者奉免除所当公事了、至畠者地子麦1斗1舛、此外於細々公事者奉免除	0.055石		京都大学所蔵 東大寺文書(9327)
本役等少々相残、併留本名奉寄之			台明寺文書(9567)
所たう御くう事をとゝめ候て、をやこのちきりをなしまひらせ候			新渡戸文書(10319)
御公事分、御佃米2斗、府御領物4疋使、入部之時者黒米6斗、御公事配分如此、社国并関東御方臨時課役雑公事者、一向留于本名畢			池端文書(12179)
御年貢以下まんさう公事にいたるまて、ゆめゆめかけたてまつるましく候ほんミやうニつけてさたし候へく候			大東家文書(12351)
無本所当公事地也、……内加地子6斗御供米舛定可致弁	0.6石	萱野郷牧内字野副田	勝尾寺文書(14171)
而於万雑公事、并薗地利物者、除傍例之譲状、尤可為本名沙汰也			延時文書(14705)
かの水田ニいたてハちとうこないけんにつきて、1段へつに5舛まいはかりをわきまへをいたされ候へし	0.05石	所当万雑公事臨時課役等、いかうほ名ニ留候	有馬家文書(17488)
稲荷中社御灯油料用途百文出之外者無他公事	0.1貫		九条家文書(19312)

付表5　鎌倉期の抜地売却寄進譲与一覧

No	年月日	西暦	地積/地目	売価	売却・寄進者	買得・被寄進者
①	承久3. 12月日	1221	6段/田	不明	藤原篤吉	ちやうりはう
②	寛喜 3. 11. 17	1231	4段/田	不明	僧永範	
③	文暦 2. 正. 19	1235	4段/田	不明	仮名重久	仮名吉祥丸
④	宝治2. 閏12. 9	1248	6段/田	不明	沙弥西願	理性御房
⑤	弘長 2. 11. 9	1262	8段/田	150貫	藤原光弘	下野法眼御房
⑥	文永 2. 8. 10	1265	2段/田畠	寄進	沙弥道蓮	信善谷本堂
⑦	文永 3. 9. 15	1266	5段/田	寄進	僧覚意	衆集院
⑧	文永 5. 10. 19	1268	屋敷1所/ 田1丁1段	譲	大江光清	二宮の女房
⑨	建治元. 12. 22	1275	薗5ヶ所/ 田8段	譲	建部清綱	庶子厩房丸
⑩	建治2. 5月日	1276	2段/田	譲	めいし女代官 ほうれん	うれしのまへ
⑪	弘安 3. 11. 8	1280	1段/田	寄進	比丘尼明心	勝尾寺
⑫	弘安5. 9月日	1282	不明/薗	譲	親父	枝名女子
⑬	正応 3. 11. 23	1290	田1町/薗1所	25貫	紀正行	
⑭	永仁 5. 3. 16	1297	1段/田	20貫	観心	比丘尼教阿弥陀 仏

所当以下万雑公事無之			善応寺文書(21230)
於公家関東御公事府方御米以下、充□万雑公事者止本名久安			鍋島家本東妙寺文書(21381)
りやうけへの所たうハちとうのさたとして、ねんらいわきまう□うへハ、この田ニ所たうくしこれなし			施無畏寺文書(22094)
たゝしくうしにをきてハ、御しよにんのときさうしのれうに、よねますハまぬとく5舛、ほんミやうにわきまへられ候へし、このほかのくうしハ、ほんミやうにとゝめをきをはぬ			市来政香氏所蔵文書(22139)
りんしくわやくハ、ほんミやうにとゝめおハぬ			弥寝文書(22233)
くうしにをきてハ、御しよにんのときさうしのれうによね5舛まんとくおもて、ほんミやうにわきまへられ候へく候、このほかのくうしハほんミやうニとゝめおはぬ			市来氏所蔵文書(22273)
領家御年貢、関東細々万雑公事為免田上者可為本名沙汰			寛元寺文書(23172)

役として「段別四舛宛御佃米并守護所御方垸飯用途銭段別二拾文宛者、付田畢」とあり、当該田からの負担が明記されている。そして、これと同種の事例としては「御佃米」（段当四舛、付表5③）、「地子麦」⑥、「府御領物」⑨、「ちとうこないけん《地頭御内検》につきて、一段へつに五舛まいはかりを、わきまへをいたされ候へし」⑬、「稲荷中社御灯油料用途百文」⑭などがあり、ほぼ段当一斗以下の負担が課されている。この諸負担の納入先については、付表5⑱に「たゝしくうし《公事》にをきてハ、御しょにん《初任》のとき、さうしのれうに、よねますハまぬとく五舛、ほんミやう《本名》にわきまへられ候へし」とみえ、抜地に課されていた「公事」が「本名」に納入されていたことがわかる。[9] このよ

⑮	正安4. 8月日	1302	3段/田	譲	花阿弥陀仏僧信智	伊与
⑯	乾元 2. 3. 2	1303	1町/田	20石	比丘尼戒善	実円法橋長海
⑰	嘉元 3. 2. 5	1305	2段/田	寄進	ちしやう	
⑱	嘉元 3. 3.18	1305	水田/山野	17貫	沙弥志やうい	ねしめの九郎
⑲	嘉元 3. 6. 8	1305	山野	13貫500文	沙弥さいれん	ねしめの九郎
⑳	嘉元 3. 7.11	1305	水田/在家/山野	28貫	沙弥しやうい	ねしめの九郎
㉑	徳治 3. 2.10	1308	田3町/屋敷2ヵ所	寄進	沙弥浄西	

「典拠」欄の(　)内は『鎌倉遺文』の文書番号を示す。
斗代は確認できる諸負担・得分の合計を段当表示したもの。以後の表も同じ。

うに荘園年貢負担なしの抜地でも、その売却や寄進に際しては、比較的低額の諸負担が種々の入用免などを名目として本名のもとに納入されていた場合があった。

以上のような抜地売却、寄進の対象となっているものは、史料上には加地子得分と明記しない場合が多いが、左の抜地寄進状(付表5⑪)は加地子得分の寄進を明示している。

⑪(端裏書略)

寄進　萱野郷牧内字野副田事

合一段者但無本所当公事地也

(四至略)

右件田、元者比丘尼明心相伝私領也、而依奉憑衆病疾患除之願、為除病延命、後生善処、勝尾寺ノ薬師如来仁、永所奉寄進之実也、於作人職者、明心一期之間、耕作之、毎年内加地子六斗御供米舛定可致弁、有損亡年者、申下寺家御使、可随彼計也、於証文者、依有類地、不能副進、以此新券文、為代々証文、可令領知給者也、仍為後日之状如件、

弘安三年(一二八〇)歳次庚辰十一月八日　　比丘尼明心(花押)

この一段田には「但無本所当公事地也」と注記されており、荘園年貢負担なしの抜地と推定される。これを比丘尼明心は勝尾寺薬師如来に寄進したのであるが、その寄進分が「毎年内加地子六斗」(10)と表現されている。従って当該地には寄進以前に抜地加地子が成立しており、この寄進により勝尾寺の得る加地子得分として顕在化したのである。

さて近年、西谷地晴美氏(11)は「私領主分としての「加地子」は、十二世紀を中心とした諸権門への全国的な私領寄進とそれに基づく寄進地系荘園の成立に伴い、基本的に荘園年貢の中に組み込まれた」と述べるが、このような荘園年貢化した加地子は、以下のように十三世紀の売券・寄進状にも看取することができる。天福二年(一二三四)四月十四日付 僧定兼田地売券(12)は、一段田を浄蓮房に売却したものだが、「所当者八幡宮加地子一斗、毎年無懈怠可令弁済」と記され、当該地には荘園年貢化した加地子得分の負担があったと思われる。また、正嘉三年(一二五九)正月晦日付 経朝田地寄進状(13)にも、勝尾寺薬師堂に寄進した灯油田一段半の注記に「所当者、地主得分之内、加地子計也」とみえ、加地子の荘園年貢化が窺われる。更に、文永八年(一二七一)十二月十六日付 源康綱畠田寄進状(14)の「穂積庄助恒名御加地子之外、以内加地子米三斗六舛、永奉寄進于当寺仏掌(聖)料実也」が注目される。摂津国豊島郡穂積庄は大和春日社領が広がるが(15)、当該一段地から助恒名を通して荘園年貢が、ここでは「御加地子」と表記されているものと推測される。そして、寄進者の源康綱の手元に残った「内加地子米」が寄進対象となったのである。またこのことは前掲の天福二年、正嘉三年の売券・寄進状においても、史料上には記されていないが、荘園年貢化した加地子を差し引いた加地子が、実質的には売却・寄進の対象となっていることを示唆している。

そこでこれらの荘園年貢化した、あるいは売却・寄進時に成立した加地子得分は、当然のこととしてそれ以前の段階ですでに当該地に潜在していたはずである。したがって以上の諸負担体系を成立させていった耕地は、元来は加地子得分のみを潜在させていた抜地と推測される。即ち、抜地加地子が荘園年貢、あるいは売却・寄進分の加地子得分として顕在化した例と考えられる。

このように抜地売却・寄進の対象となっていたものは加地子得分であったが、ひとまずその形式を整理しておく。少なくとも十三世紀以来、荘園年貢負担を本名に任せた抜地は、大量の抜地加地子を内包しながら全国的規模で存立していた。そしてその売却・寄進に際しては諸負担なしのままの形式（付表5⑪など）、荘園年貢負担をともなう形式（前掲天福二年売券など）、本名への諸負担をともなう形式（⑱など）、以上三形式が確認されたのである。

二　室町・戦国期の抜地

鎌倉期の抜地の実態、その売却、寄進形式・内容を踏まえて室町・戦国期の若狭国、美濃国、三河国の抜地売券、寄進状に分析を加え、さらに抜地に成立する諸負担について検討する。

1　若狭国

若狭国の売券・寄進状の分析は、藤井譲治氏(16)・水藤真氏(17)によっておこなわれており、また近年では河村昭一氏(18)が若狭武田氏の買地安堵は加地子の安堵であるとした。このように諸先学により土地売券・寄進状の考察は試みられているが、本項では特に注目されたことのなかった抜地売券・寄進状について検討する。

付表6は若狭国の抜地売券・寄進状を表化したものであるが、鎌倉時代のそれと同様に、諸負担をともなうものと、一切の負担をともなわないものが認められる。左の寄進状（付表6④）は抜地に新たに段銭が賦課された例である。

④「（端裏書）御屋形様元光御披見
　　正空寄進状　酉十月二日也」
永代奉寄進松永金松名抜地之事
合一段者在所者、松永倉谷之前、分米一石五斗者「（異筆）并段銭二百文在之、判舛四斗四舛斗也」
右件抜地者、松永領家分金松名之内、永代雖買徳（得）仕候、為明通寺三ヶ夜之仏名料、売券相副末代寄進申所実正也、然間、段銭諸公事除買徳（得）仕上者、万一号本名主、又者他之妨在之者、為公方堅御成敗肝要候、仍永代寄進申状如件、
大永元年（一五二一）三月八日　　正空（花押）
明通寺
　衆徒御中

付表6④には「分米一石五斗」とあり、正空から明通寺に対する寄進分と思われる。正空は買得地を明通寺に寄進したのであるが、その買得に際しては「段銭諸公事除買徳仕上者」と記され、当該地が抜地であることから、段銭や諸公事は本名に留めての売買であったことを推測させる。一方で新たに「段銭二百文」と異筆で記されており、また同一地と思われる売券が「明通寺文書」に残存する（付表6③）。

③（裏打紙裏書略）
永代売渡申下地之事
合一段者金松名内、在所倉谷之前

右下地者、雖為我ら重代相伝、要用あるに仍、諸公事をのそき、為ぬき地と、代銭七貫二百文ニ売渡申処実正也、
万一於此下地、とかく申事出来候ハヽ、為公方堅可有御罪科者也、但於後日、本名として出銭くわやく(課役)等之事申
候共、此燈(証)文之旨にまかせ承引有間敷候、仍為後日永代売けん状如件、
永正四年(一五〇七)丁卯三月廿二日　　能世又三郎
助次(19)(花押)

これは付表6④の十四年前の売券である。能世又三郎助次が誰に売却したのかは不明であるも、在り所は両通ともに金松名内倉谷前抜地一段田で、加えて④に「売券相副末代寄進申」とあってこの売券が右の売券を指すものと考えられるので、当下地の所有権は、能世又三郎助次→(売却)→正空→(寄進)→明通寺となろう。売券にはやはり「諸公事をのそき、為ぬき地と」と記され、前述のように諸公事を本名に任せての無負担状態での売却であったことが明確である。しかし、十四年後の寄進状において、「段銭二百文」が登場した。このことは端裏書との関連を考えざるをえない。つまり、武田元光はこの正空寄進状を披見し安堵を加えた。その代わりに新たに段銭二〇〇文の負担を課したのである。いずれにせよ、鎌倉期から見られた抜地に新たに負担体系が創設されるケースが、戦国期の若狭国にも存在したことが明らかになった。今後、こうしたケースをA形式とする。

①(裏打紙端裏書略)
(端裏書)「永代　しんほう村　しミつ」
永代売渡申田之事
合壱段小者　代十貫文也、
右件田地者、依有要用、売渡申処実正也、在所ハ宮川中寺堂田内ぬき地なり、田つほハ青のおひとりの下くちな

諸負担・得分	斗代	備考	典拠
斗代2石にて候	2.0石	在所ハ宮川中寺田内ぬき地也	明-643
燈明田分米3石也	1.5石	号抜地	明-654
諸公事をのそき為ぬき地と		金松名之内、在所倉谷之前（④と同一地）	明-658
分米1石5斗、段銭200文、段銭諸公事除買徳仕	1.7石	金松名抜地在所松永倉谷之前（③と同一地）	明-660
除段銭諸公事等売渡申		今富安行四郎丸散田抜地	明-660
諸役并臨時等之儀、一切不可在之		則俊名之内為抜地	明-661
不可有諸役諸公事等		福堂名之内抜地ナリ	西-150
分米1石5斗、段銭諸公事一切不可有之	1.5石	東郷四郎丸名抜地	明-663
		中島名之内ぬき地	龍-856
		今富安行四郎丸散田抜地、粟屋光若の寄進安堵状	明-665
分米5石、為抜地無諸公事等	約1.43石	三方郡之内知行分、黒田村道隆分之内下地	西-158
毎年御年貢米3石可有進納	約0.82石	富田郷柄在家名抜地	妙-760

数字は『小浜市史 社寺文書編』の頁数を示す。

わ田なり、但斗代弐石にて候、若自然
天下一同の徳政行候共、全一言之子細
申ましく候、本けんを相添候上者、聊
煩申ましく候、其ためニ永代売渡処実
正也、仍而為後日状如件、

文明六年（一四七四）甲午十一月三日

新保村
秀司大夫（花押）

付表6①の売券を右に掲示した。現福井県小浜市新保村の宮川中寺堂田内の抜地一段小を新保村秀司大夫が一〇貫文で売却したのであるが、その得分は約二石六斗六舛六合（斗代二石、地積一段小で計算）となり、この他の負担体系は確認できないので、鎌倉期からの抜地形式の売却例で表現すれば諸負担なしの形式となる。加えて、⑥の「諸役并臨時等之儀、一切不可在之」、⑦の「不可有諸役諸公事等」、⑧の「段銭諸公事

付表６　若狭国の抜地売却寄進

No	年月日	西暦	地積/地目	売価	売却・寄進者	買得・被寄進者
①	文明 6.11. 3	1474	1段小/田	10貫	新保村秀司大夫	
②	明応 4.10.15	1495	2段/田	寄進	中坊実祐	明通寺
③	永正 4. 3.22	1507	1段/下地	7貫200文	能世又三郎助次	
④	大永元. 3. 8	1521	1段/下地	寄進	正空	明通寺
⑤	大永 6.11.21	1526	2段/田	14貫	芝田	弓削与一
⑥	大永 7.12.23	1527	不明/田	寄進	平城与一信基	明通寺
⑦	大永 8. 3.28	1528	1段2歩/田	寄進	山東豊前守家忠	西福寺
⑧	享禄 4.10.29	1531	1段/田	寄進	粟屋左京亮元行	明通寺
⑨	享禄 4.11. 1	1531	小/田	宛行	粟屋元行	林五郎左衛門尉
⑩	天文 8. 2.27	1539	2段/田	寄進	富田孫右衛門尉	明通寺
⑪	天文11. 4月日	1542	3段半/田	寄進	吉田四郎兵衛尉光慶	西福寺
⑫	天文12. 2. 3	1543	3段大/下地	寄進	山県千世鶴	西蔵坊

「典拠」欄の略称は以下の通り。明＝明通寺文書、西＝西福寺文書、龍＝龍泉寺文書、妙＝妙楽寺文書

一切不可有之」、⑪の「為抜地無諸公事等」も他に負担体系のないことから同例であり、これをＢ形式とする。なお、新保とは宮川保内の新保を示しており、文永二年（一二六五）の若狭国惣田数帳写では新保の「定田」を「九町三段八十歩」としている。[20]

さて、以上のように二形式に大別される抜地売却・寄進行為の対象となったものは、やはり加地子得分と考えることができる。若狭国の場合、明確な抜地売券・寄進状には見られないが、土地売却・寄進に際しては、名内の様々な形態の留保分である「内徳」がその対象となっている。この「内徳」に関しては、筆者は江北地域の売券・寄進状を分析した別稿（本書第二章第二節）により、抜地加地子の意味があることを検証した。また既に三浦圭一氏ら[21]により加地了得分とされてもいる。したがって若狭国

の場合、否定量的に名内に内在していた内徳が、抜地売却、寄進形式により加地子得分として定量的に顕在化したものと思われる。

2　美濃国

高牧実氏や大山喬平氏[22]が名抜地売却の形式を指摘した美濃国揖斐郡池田町本郷の龍徳寺、及び須磨千穎氏[23]が整理し売寄進の事例を明白にした岐阜市西荘の立政寺の土地売券・寄進状のうち、「公田」「抜地」と思われるものを表化し（付表7）、その売却・寄進形式などを考察する。左は⑨③である。

⑨永代売渡申立政寺祠堂江寄進ぬき地之事
　合一段半者、有坪、きつねつか、
右件下地ハ、依有要用、代銭三貫文ニ、永代売寄進申処実正也、但一段半ニ公方御年貢四百文、段銭五十文宛候、両度ニ合百文也、此外諸役等御座なく候、子々孫々ニおき違乱申輩出来候ハヽ、公方して盗賊之御成敗可有候、
　仍永代売券証状如件、
　　享禄三年庚刁二月十八日（一五三〇）
　　　　　　　　　　左近兵衛《やふた》（略押）
　　　　　　　　　　同子次郎（略押）
　　　　　　　　口入中嶋ノ與三左衛門（花押）

③（端裏書）「定心名」
　永代売渡申田事
　　合一段者、在坪、東本庄藤松荒野、西定心名内一段

右件田者、山上之依難弁御年貢、代銭五貫文ニ、永代売渡申処実正也、但此田者、定心名之ぬき地之事候間、山上之御油御年貢其外万雑公事不可有候、於若此地、子孫而違乱煩申者候者、山上候而盗人之罪科可有候、縦又天下一同御徳政雖行、於此下地、是非不可申候、仍為後日証文状如件、

永享十一（一四三九）年十二月七日　　売主石原弾正善林（花押）(24)

付表7⑨の抜地売寄進状には「但一段半ニ公方御年貢四百文、段銭五十文宛候、両度ニ合百文也」とあり、一段半で年間計五〇〇文、段別約三三三文の公方年貢と段銭が賦課されている。また、これと同例と思われるのが⑧⑩であり、何れも公方年貢、段銭の合計段当額は四〇〇文以下のA形式となる。

一方、付表7③の抜地売券の「山上之御油御年貢」とは、龍徳寺が山門領平野荘内にあるので、高牧氏や大山氏によれば山門への荘園年貢のことであるという。つまりこの売却された一段田は抜地であるから、右の荘園年貢や万雑公事の負担がないのである。また、その他の負担も記されていないことから、B形式の抜地売券と考えられる。更には⑤⑥⑦⑪のいずれの抜地売券・寄進状にも諸負担はないので、やはりB形式とする。

したがって中世後期の美濃国においても、抜地売却・寄進にはA・B二形式が確認できるのである。

さて、龍徳寺文書の中には、付表7①②④にあるように「公田」売却の事例があり、売券には当該地の負担する公方年貢額が記入されている。次の売券は②である。

②永代うりわたし申下地之事

合一段六十歩者、ほりの内名内、ありつほ、東本庄いけた、

右件田ハ、山上御年貢難弁により候て、代銭八貫文ニ、永代うり申処実正也、但此下地ハ、公方の御年貢六百文代公田也、其外ハまんさうくうし不可有候、但段銭ハかかい主御さたあるへく候、若、子々孫々とかうし候て、い

諸負担・得分	斗代	備考	典拠
公方御年貢1貫100文(公田分御年貢900文装束200文)、可弁済之	0.825貫	公田辰大夫名之内	龍-368
公方の御年貢600文代公田也、其外万雑公事不可有候、段銭ハ買主沙汰	0.514貫	ほりの内名内	龍-371
定心名之ぬき地之事候間、山上之御油御年貢其外、万雑公事不可有候	(1石2斗)	西定心名内	龍-372
公方年貢2月265文、10月300文、合565文御納所	0.565貫	くつ井中村之北神護庵殿内、公田1段之内也	龍-376
ぬき地として売渡年貢段銭、諸公事不可有候		彼下地之年貢段銭、諸役公事等をハ、親地可仕候	立-170
ぬき地として売渡年貢段銭、諸公事不可有候		彼下地之年貢段銭、諸役公事等をハ親地可仕候	立-171
名田内ぬき地候間、年貢諸役等1銭にて候へ申ある間敷候	0.8石	斗代8斗成興寺給被下	龍-407
公方年貢357文、両度ニ段銭40文御納所	0.397貫	羽田方抜地	立-152
公方御年貢400文、段銭50文宛候、両度ニ合100文也	0.333貫	きつねつかぬき地	立-153
公方年貢段銭共500文、3月より50文、10ヵ月ニ御納所候て、永代御ひかえ可有	0.375貫	あらい前此下地ハぬき地にて候間、諸役ハをや名有	立-154
斗代1俵公方年貢段銭、をや地より納所候間、1銭も有間敷候	1俵	とうせい	立-155

中世1」の頁数を示す。

らんわつらい申候とも、おやにて候物、ふちまつのたうゑんよりゆつり状候て、うり申候上ハ、山上地下の御さたとして、御さいくわあるへく候、若又天下一同の御徳政ゆき候とも、此下地におき候てハ、さおいあるましく候、仍為後日証文状如件、

永享十一年己未十月廿一日　うりぬし平野東本庄

いたや四郎(花押)

「いたや四郎」は「山上御年貢難弁」を理由に公田一段六〇歩を売却したが、その負担分は「公方の御年貢六百文代」とある。また、その他にも当該地に

付表７　美濃国龍徳寺文書・立政寺文書の公田・抜地売却寄進

No	年月日	西暦	地積/地目	売価	売却・寄進者	買得・被寄進者
①	観応 2. 5.22	1351	1段小/田	4貫	安次五郎太郎	
②	永享11.10.21	1439	1段60歩/田	8貫	いたや四郎	
③	永享11.12. 7	1439	1段/田	5貫	石原弾正善林	
④	文明14.11.26	1482	1段/下地	4貫	左衛門四郎	龍徳寺
⑤	延徳 2.11.26	1490	1段/田畠	4貫	ヒウチノ五郎	和田八郎敘吉
⑥	延徳 2.11.26	1490	1段/田畠	4貫	爪ノ新左衛門	和田八郎敘吉
⑦	明応 8.12.28	1499	大/田	4貫	真富六郎右衛門尉	
⑧	大永元.12.17	1521	1段/田	3貫	やふた左近兵衛	立政寺
⑨	享禄 3. 2.18	1530	1段半/下地	3貫	やふた左近兵衛	立政寺
⑩	享禄 3. 2.21	1530	1段小/下地	3貫300文	朝野彦二郎吉光	立政寺
⑪	天文 9.卯. 2	1540	半/下地	寄進	浄松庵慶順	立政寺

「典拠」欄の略称は以下の通り。龍＝龍徳寺文書、立＝立政寺文書。数字は『岐阜県史 史料編古代・

は段銭が課されているが、それは買主の負担となっており、その額は不明であるから、仮に公方年貢のみで段当額を計算すると約五一四文となる。また、付表7①の公田負担分は「公方御年貢一貫百文＝公田分御年貢九百文と装束二百文」という割合になり、段別八二五文で②④よりも高斗代である。④の公田一段には公方年貢が二月に二六五文、十月に三〇〇文と分割納入の形になっており、合計段当五六五文の納入が義務付けられている。このように荘園公領制における課税の基本耕地といえる公田に成立する公方年貢は、いずれも段当五〇〇文以上の高額

表1　売券・寄進状の公方年貢

段当公方年貢	件数	典拠
～100文	3	龍375、397、立161
～150	2	龍396、立156
～200	0	
～250	3	龍370、374、421
～300	2	立161
～350	0	
～400	1	龍374
～450	0	
500	4	龍401、403、423、立151
合計	15	

龍＝龍徳寺文書、立＝立政寺文書、数字は『岐阜県史 史料編古代・中世１』頁数。

となっている。(25)

以上、抜地売却A形式の場合、段当公方年貢は付表7⑧が三五七文、⑨が約二六六文、⑩が三七五文（段銭を含む）となり、全て四〇〇文以下であるのに対し、公田売却の場合は前述のように五〇〇文以上となっている。そこで龍徳寺文書、立政寺文書の土地売券・寄進状のうち、公田とも抜地とも書かれていないものから段当公方年貢を算出すると、上掲表1の一五例(26)を掲出することができる。これによれば全て五〇〇文以下であり、最低額は文明六年（一四七四）四月七日付 左衛門三郎畠地一段の売券(27)に記されている「公方之御年貢七十二文」となるが、田地の場合は元亀三年（一五七二）三月二十八日付 法成院貞讃田地一段寄進状(28)の「公方年貢百文」である。また、抜地売却A形式の段当公方年貢額が四〇〇文以下と述べたが、表1においても一一例を数え、A形式の存在を推測させる(29)。

かつて大山喬平氏(30)は龍徳寺文書の売券・寄進状を分析し、荘園年貢負担義務付きと名抜の二つの売却方式を検証した。しかし以上の考察により、抜地売却にも公田と比較すると低額ながらも公方年貢負担をともなう形式のあることが明らかとなった。

3　三河国

西三河において多くの売券・寄進状を含む妙源寺文書・大樹寺文書から、抜地売却・寄進形式の二形式があること、及び売却・寄進された対象が「名内之徳分」、即ち「内徳分」「加地子得分」であることを明らかにする。

付表8は抜地売券・寄進状を一覧にしたものである。これをみても売却・寄進において、諸負担のともなうA形式と、諸負担のないB形式に分類することができる。左の売券（②④）は各々の典型である。

②永代売渡申下地之事

合一段者、五百五十文め、さいしよ（在所）ハたかまわり

右彼下地、名之内之徳分をもつて、永代五貫五百文ニ平岩弥太郎方へ売渡申候処実正也、此内より年貢五十文宛、毎年本名へなつ所あるへく候、諸公事已下ハ本名より可仕候上ハ、彼下地おきてハ諸やく有間敷候、其上ハ親流（類）・同名・時之地とう（頭）まん所殿、一言之違乱煩有間敷候、仍而為後日之状如件、

永正十三年（一五一六）ひのとの牛（子）十二月日　東端神屋　藤左衛門（花押）

同　源六（略押）

④永代売渡申田地之事

合一段者、四百五十文め、在所見間

右彼田地者、桑子殿へ可有御寄進由承候間、以名内之徳分代四貫五百文、永代荒河小太郎殿へ売渡申処実也、但於彼下地者、年貢諸公事等自本名沙汰可仕候間、不可有諸役等候、然者子孫・親類・郷内同名并時之地頭政所殿、少違乱煩有間敷者也、仍為後日証状如件、

諸負担・得分	斗代	備考	典拠
400目名之内の徳分年貢諸公事、以下本名より可致納所候	0.4貫	在所ミま	妙-915
550文目名之内之徳分、此内より年貢50文宛、毎年本名へなつ所あるへく候、諸公事以下ハ本名より可仕候	0.6貫	在所たかまわり	妙-917
500文目公方年貢、年中100文可有納所候	0.6貫	親名同百姓等其外違乱有間敷候在所あかまつミそ東下かち	大-760
450文目名内之徳分、年貢諸公事等、自本名沙汰可仕候間、不可有諸役等候	0.45貫	在所見間	妙-920
毎年公役として料足20文充、親名へ納所可有者也			妙-921
1貫800文名内之徳分年貢諸公事之儀者、従本名可致沙汰候色成し年貢200文、毎年本名へ可有御納所	1貫	在所桑子之北宮石名之内	妙-924
1貫800文名之内之徳分年貢諸公事之儀者、従本名可致沙汰候色成し之年貢200文、毎年本名へ納所	1貫	在所桑子之北宮石名之内	妙-925
2貫950文名内之徳分年貢諸公事之儀者、従本名可致沙汰候色成し年貢300文、毎年本名へ納所	約1.08貫	在所桑子之北宮石名之内	妙-925
800文目名内以徳分諸御公事之儀者、本名より可致沙汰色成し年貢100文、毎年可有御納所	0.9貫	在所たんこはた	妙-926
代8貫文、1段ニ20文宛色成し之年貢、本名へ可有御納所	約0.961貫	在所桑子之北宮石名之内従平岩名字中被成買得(⑬にあり)	妙-929
石米8斗目年貢諸御公事者、自本名致沙汰候間、毎年色なしの年貢100文之外、諸役不可有	石米8斗、色成100文	在所かうなき(⑬にあり)	妙-929
5斗目、桑子明眼寺名職之内也、然者為色成明眼寺江50文宛、毎年可有納所候		在所別郷之下より田と申候	妙-938
畠8段5ツ代8貫め	約0.941貫	桑子北宮石之内(⑩にあり)	妙-939
4段畠、2段まこも屋敷、2段此内田400目、以上3貫200文	0.8貫	在所宮石	
畠8段、5段年貢3貫100目、3段年貢1貫900文	0.625貫	桑子北桑子南	
田2段1石目	0.5石	とミなか前	
田1段石米8斗目	0.8石	かうなき(⑪にあり)	
畠1段年貢800目	0.8貫	桑子南真嶋ノ東	
色成之儀致新寄進之上者、縦向後何様之儀申出者候共、不可有許容候			

付表８　西三河地域の抜地売却寄進

No	年月日	西暦	地積/地目	売価	売却・寄進者	買得・被寄進者
①	永正 8.11.21	1511	1段/田	4貫200文	大か藤左衛門外2名	明眼寺
②	永正13.12月日	1516	1段/田	5貫500文	東端神屋藤左衛門・同源六	平岩弥太郎
③	永正15. 5.16	1518	1段/田	3貫500文	安城左馬助長家	
④	享禄 2. 6.28	1529	1段/田	4貫500文	善四郎	荒河小太郎(宗忠)
⑤	享禄 3. 2.吉	1530	1所/畠	3貫500文	春日部弥十郎長明	桑子明眼寺
⑥	天文 4.10.14	1535	2段/畠	8貫	平岩信重外3名	桑子明眼寺
⑦	天文 4.10.14	1535	2段/畠	8貫	平岩浄椿外3名	桑子明眼寺
⑧	天文 4.10.14	1535	3段/畠	13貫250文	平岩了玄外4名	桑子明眼寺
⑨	天文 4.12.29	1535	1段/畠	3貫500文	平岩光吉・親基	桑子明眼寺
⑩	天文 7. 3. 5	1538	8段5ツ/畠	寄進	松平甚六郎康忠	桑子明眼寺
⑪	天文 7. 3.22	1538	1段/田	7貫	平岩九郎衛門張元	明眼寺
⑫	永禄元.霜.13	1558	不明/田	3貫	草下甚三重次	鉄屋兵衛三郎
⑬	天正 6. 9.28	1578	田畠	寄進	松平家忠・忠次	明眼寺

「典拠」欄の略称は以下の通り。妙＝妙源寺文書、大＝大樹寺文書。数字は『新編岡崎市史 史料古代中世』の頁数を示す。

享禄二年（一五二九）己丑六月廿八日　　善四郎（花押）
荒河小太郎（宗忠）殿まいる

付表8②の一段田の売券には「此内より年貢五十文宛、毎年本名へなつ所あるへく候」とあって、抜地売却A形式といえる。一方、④の荒河小太郎に売却した一段田には、本名などへの負担は認められないので、諸負担の設定されていないB形式と考えられる。したがって西三河地域においても抜地売却の二形式を確認することができる。

また、付表8②④ともに売却対象は「名内之徳分」と記されているが、他にも①⑥⑦⑧⑨をあげることができる。この「名内之徳分」は「内徳分」と同意と思われ、前述したように加地子とも称される[31]。故にこれらの抜地売券は、内徳が売却されて加地子得分として顕在化した事例を示すものである。

以上、若狭国・美濃国・三河国の抜地売券・寄進状の分析から、その売却・寄進にあたっては、諸負担のともなうA形式と、諸負担のともなわないB形式に大別できることがわかった。また、その対象になったものは、抜地形式による内徳が得分権として顕在化した加地子得分であった[32]。さて次には、抜地売却A形式における諸負担の性格と成立の背景を、公方年貢・色成年貢を中心に考察する。

4　諸負担成立の背景

抜地売却A形式にみられる諸負担に関して、その性格及び成立理由を考えてみたい。まず、三河国の色成年貢から検討する。

付表8⑥⑦⑧⑨⑩⑪⑫には、A形式の諸負担として「色成年貢」がみられ、その段当額はいずれも一〇〇文以下となっている。左にその典型を掲げてみる。

⑥
（端裏書）
「平岩殿　平田」
永代売渡申下地之事
合畠二段、在所桑子之北宮石名之内
年貢二貫文目
一貫八百文
右件之下地者、名内之徳分以、桑子明眼寺へ代八貫文ニ、永代売渡申処実正也、年貢諸御公事之儀者、従本名可致沙汰候、此内色成し年貢二百文、毎年本名へ可有御納所者也、然者、為先祖寄進申候間、於子々孫々、別之違乱煩之儀有間敷候、仍証状如件、
天文四年（一五三五）乙未十月十四日
平岩六郎左衛門尉
信重（花押）
同与三郎
信光（花押）
同五郎左衛門
了玄（花押）
同勘左衛門入道
浄珍（花押）
桑子明源寺殿参

これは松平氏に仕えた平岩一族の抜地売券である。この本名に納入される色成年貢に関しては、重松明久氏(33)・新行

紀一氏[34]・本多隆成氏[35]の所論があるが、その性格については未だ一定の結論には至っていない。例えば、重松氏が名主層の公事徴収権の一環として色成年貢を名主得分としたのを初めに、新行氏は「放出者が公方年貢相当額を買主に転課するのが色成」と解した。また本多氏は「年貢・諸公事などを本名＝名職所持者が従来どうりに納めることを条件に、買主・被寄進者が本名に納入するのが色成年貢」と述べる。

以上の如くに諸先学の見解は、いずれも色成年貢が本名に納入されたことでその性格を論じているが、それを成立させる背景に抜地形式があったという観点が欠落している。つまり右の色成年貢は、前述してきた抜地売却・寄進に際して、買手や被寄進者が本名に納入する諸負担の一形態として理解すべき性格のものなのである。

次に美濃国にみられたA形式における「公方年貢」負担を考えてみる。近年の公方年貢の研究状況をみると、三浦圭一氏[36]以来、勝俣鎮夫氏[37]・大山喬平氏[38]・藤木久志氏[39]などにより、公方年貢は基本的には荘園制下の本年貢とされてきた。それは付表7①②④においても公田に荘園年貢とみられる公方年貢が成立していたことにより妥当であろう。しかし、付表7⑧⑨⑩、付表8③（三河の例）のように、抜地に設定される低額な公方年貢を、単に荘園年貢とするのは説明不足であろう。つまり抜地は元来、親地（本名）からの荘園年貢納入を前提にした内徳分を生み出す名内留保地であった。その意味では安良城氏[40]の言う加地子のみで本年貢のない土地となる。

したがって抜地から成立した公方年貢や色成年貢は、名内の得分（内徳）が年貢化したものに他ならないのである。即ち、成立順序からすれば、内徳が潜在している土地が、抜地形式での売却・寄進となった際、売却・寄進の対象となった内徳の一部を定量的に年貢化した負担体系が成立したとすべきであろう。それでは何ゆえにこれらの負担が生じたのであろうか。

抜地に成立した公方年貢や色成年貢の成立理由を考えるにあたって、抜地を買得した側（諸負担納入者）の立場から検討する。多くの売券には「子孫」「親類」「親名」「本名主」「地頭」などに対する違乱停止文言が示されている。[41]例えば前掲した付表8④の抜地売券には、「然者子孫・親類・郷内同名并時之地頭政所殿、少違乱煩有間敷者也」とあるが、これは当抜地にこうした違乱行為が想定されるために記載されたのである。そこで買主は抜地所有の不安定性を打開すべく、公方年貢や色成年貢納入と引き換えに荘園領主、大名・地頭らの在地勢力、本名主などに保障（安堵）を求めたものと推察される。

次いで、この事態を抜地売券・寄進状に記される罪科文言から検証する。罪科文言に「公方」が確認できる事例は、付表6③④⑤・付表7⑨があり、「為公方堅可有御罪科者也」（付表6③）などとされる。そして上の四例全ては「諸公事」「段銭諸公事」「公方御年貢」負担のあるA形式である。このことから、諸負担の代償として荘園領主、大名・地頭などの在地権力は、売却された抜地に対して罪科文言の如く保障を加える意思があったことがわかる。

同様に、本名に納入される色成年貢の場合も、本名主からの保障を代償としていたものと推測される。かつて三浦圭一氏[42]は惣村の機能の一つに加地子保障体制をあげたが、三河国の場合、本多隆成氏[43]も広範な在地留保、長期の加地子得分売買の維持から、「本年貢納入やとりわけ加地子得分の売買に際して、在地の有力農民が支証人となったいわば保証体制が、たとえ不十分ではあれ形成されていた」と述べる。従って抜地の色成年貢は、本名主層に対する抜地買得者からの加地子得分保障要求の上に成立した負担体系と言えるのではなかろうか。そしてこの本名主による確実な保障が期待できなくなった時に、色成年貢は大名権力の「新寄進」行為により否定の方向に向かい、買得された抜地は新たに大名権力の保障体制に編入されていったように思われる。

付表8⑬は、明眼寺に対する松平氏の寄進状である。この寄進地のうち「合畠八段五ッ」「合田一段」の二か所は、⑩⑪と同一地である。表示したように天文七年に明眼寺に集積された⑩⑪の抜地田畠には、各々に段別二〇文・一〇〇文の色成年貢の負担が明らかであった。そして、その四十年後の松平氏寄進状⑬には、「色成之儀致新寄進之上者、縦向後何様之儀申出者候共、不可有許容候」と記され、色成年貢は松平氏により明眼寺に新寄進されることで消滅した。即ち松平氏はこの「新寄進」により、明眼寺がA形式で集積した抜地に創設された負担体系を、明眼寺領として一元化したのであった。

三　増分問題

勝俣氏と安良城氏を中心とした増分論争は、「はじめに」で述べたように加地子の存在形態が大きな問題点であった。本節ではこれに対して、中世前期以来、諸負担なしの意味で荘園公領制に把握されてこなかった内徳が、大別してA・B二形式の抜地方式で売買・寄進の対象となって加地子得分として顕在化するとした。そして、この新たな加地子の存在形態に対する理解は、増分論争での重要史料の一つである大福寺文書や恵林寺領検地帳においても適合するものと思われる。

1　大福寺文書の検討

大福寺文書は、大山喬平氏(44)・勝俣鎮夫氏(45)・安良城盛昭氏(46)・本多隆成氏(47)などにより、五点現存する所領関係文書を中心に分析が試みられてきた。ここではその検討にあたり、まず売券・寄進状から大福寺の抜地集積を明らかにする。

大山氏(48)の分析によれば、大福寺文書の売券・寄進状に名本が明記されているのは、元亨二年（一三二二）卯月八日(49)から永正七年（一五一〇）極月十六日（付表9⑥）の間の一二例がある。そのなかでも名本への諸負担納入を示す例は付表

9の六例であるが、次の売券②はその一例である。

② （端裏書）「方りやう（涼）うりけん　惣公文」

（異筆）「わたし申候、ひゝさハ（比々沢）与一兵衛門（花押）」

永うりわたし申方りやう之田之事

合一段者、代銭三貫文、在所ふせうつ北ヨリ二番目

右此方りやうハ、ほうし丸方りやうたりといゑ共、ようようある二よつて、永うりわたし申ところ実正也、但年貢ハ百文、せちれう（節料）の白米五合、うさき（兎）の銭五文、毎年名本へさたあるへし、此はか者、いかなる天下いつとうの御とくせい入候とも、この下地ニをき候てハ、いらんわつらいあるましく候、まして地人（他）のさまたけあるましく候、仍せう文状如件、

文安六年（一四四九）三月廿七日　　　うりぬし

はまなの惣公文永りん（花押）

この売券では、年貢一〇〇文、節料白米五合、兎銭五文の計一一一・二五文＝八舛九合（一合＝一・二五文として算出、以後同）が名本に納入されることになっている。これらの諸負担は後述するように伊勢本年貢と称されるが、段別八舛九合という低額負担が名本に納められることから、この売券はA形式の抜地売却と思われる。従って付表9にあげた売券・寄進状は不明の⑥と後述⑤の一丈分を除いて全てが低斗代の諸負担を名本へ納入することから、いずれもA形式の抜地売却・寄進例と推測され、大福寺が内徳を加地子得分として集積していた事実が窺われる。但し、⑤の「公田」一丈分（七二歩）は例外である。「公田」なので荘園年貢段当額は五斗三舛四合という高斗代となっている。つまり当例は「公田」からの荘園年貢を差し引いた部分の売却であり、内徳が抜地化して成立した加地子得分に対し

諸負担・得分	斗代	備考	典拠
所当者名田得田４支分米３斗６合、并別厨布綿等者、以代物名本友永之許送給	0.34石布綿節料	岡本郷字広田節料米者、可有御沙汰也	静−1024
年貢ハ100文、節料の白米５合、うさきの銭５文、毎年名本へさたあるへし	111.25文（0.089石）	在所ふせうつ	静−1050
年貢付田布２年に１度沙汰申、名本成物節料莵５合５文、名本司藍名	布11.25文	在所糯田	静−1035
年貢ハ名本九郎左衛門方へ毎年200文宛	250文（0.2石）	在所大屋平松	静−1051
１段坊領100文	100文	田所名之内在所くろそい	静−1051
１丈公田現米９舛６合、節料莵銭６合６文、毎年名本江可有沙汰候	0.534石		
相当之年貢ニ名本耕作可被候、此外名本への諸役御無沙汰有間敷候		岡本之郷又の光近名之内西広	静−1038

て、公田の余剰部分から成立した加地子得分が売却の対象となったのである。

さて、前掲した付表9②の「在所ふせうつ」は大福寺の所領関係文書にも記載されている。付表10は天文十三年（一五四四）霜月十八日付の大福寺寺領目録[50]（以下「寺領目録」）と、年月日未詳の大福寺永地注文[51]（以下「永地注文」）を一筆ごとに対照した表である。まず大山氏の研究以来、明らかになった両史料の基本的関係から述べる。「寺領目録」の各名の最末に記されている「本年貢」は、「永地注文」の年貢合計（筆者の試算）と同一の負担を記したものと考えられ、両史料の年貢額や一筆ごとの地積の相違などは、両史料の作成年代の隔たりに起因するものと解釈されている。従って諸先学の指摘の如く、「寺領目録」にみえる名編成された多くの耕地には、段当二二六文を最高とする低額の「方涼」「節料」などの伊勢神宮への本年貢[52]が賦課されていたものと思われる。

そこでこの低額な伊勢本年貢は各名に納入されるのであろうが[53]、その低額性からして、これらの耕地が公田より成

付表9　大福寺文書中の名本への諸負担納入を示す売券・寄進状

No	年月日	西暦	地積/地目	売価	売却・寄進者	買得・被寄進者
①	元徳 3. 2. 8	1331	1段/田	寄進	僧良範	大福寺
②	文安 6. 3.27	1449	1段/田	3貫	浜名惣公文永りん	
③	康正 3.10.20	1457	1段/田	寄進	直海	大福寺
④	応仁 2. 3. 1	1468	4丈/田	1貫300文	惣公文兵衛三郎景久	摩訶耶寺花蔵坊
⑤	文明7. 4月日	1475	1段1丈/田	2貫500文	仏光坊尊意	大福寺
⑥	永正 7.極.16	1510	不明/畠	寄進	岡本新三郎信久	大福寺

「典拠」欄の「静」は『静岡県史料第5輯』を、数字は頁数を示す。

立していたとは到底考えられない。つまり「寺領目録」や「永地注文」[54]は、大福寺がA形式で買得した抜地を目録化したものなのであろう。そして以上のことは、A形式の抜地売却例とした前掲の付表9②の「在所ふせうつ」が、次のように「寺領目録」と「永地注文」の両方に記されていることからも推測できよう。

〔寺領目録1〕

　　公文名之分

一段一丈　代六百文　　ふせう津塩入

〔永地注文〕

　　公文名

一段三丈　方涼百六十六文節料八合八文　　ふせう津

各々、地積・伊勢本年貢の若干の相違はあるが、三者(付表9②、右の「寺領目録」と「永地注文」の一筆)は同一地あるいは類地の史料であると言えよう。

また、次の「寺領目録」の一筆と、大福寺宛 安方源左衛門尉信久寄進状にある「上田之内和田」も、同一地である。

大福寺永地注文		
負担	地積	斗代
○刀禰名		
付田１段、節料５合５文	１段	(11文)
木綿１巻代100文、節料５合５文、副物77文	１段	(188文)
春成220文、生絹節料５合５文	１段１丈	(193文)
来納156文、布代56文、節料免５合５文	１段	(223文)
塩入	４丈	
方涼１巻代100文、５合５文節料	１段	(111文)
来納156文、布代56文、節料５合５文	１段	(223文)
方涼100文、節料５合５文	１段	(111文)

付表10　大福寺寺領目録、永地注文対照表

在所	大福寺寺領目録		
	地積	代	斗代
◎大福寺領本寄進之事			
つつ木田	2段	800文	(400文)
石はし	3丈	200文	(333文)
福延	3丈	200文	(333文)
山カウシ	2丈	200文	(333文)
老僧田松下	4丈	400文	(500文)
九日神田上田	4丈	400文	(500文)
同御影供田和田	4丈	400文	(500文)
御影供田上田東又	3丈	300文	(500文)
大日田井尻山田	2丈	200文	(500文)
川成神下	1丈	100文	(500文)
成潔茶湯田大はし	1段	500文	(500文)
たゝ木ホソ田	1丈	150文	(500文)
贄代若宮前	1段	塩入	
大鳥居	1段	失申候	
計	1町2丈	(3850文)	高除之分
◎十方旦那寄進之事			
○岡本刀禰名之分			
朝拝田西足代	1段	500文	(500文)
たゝ木山田	3丈	300文	(500文)
木綿一巻上田ヨコ枕	3丈	300文	(500文)
年行事田東足代	1段1丈	600文	(500文)
八日講田尻辺田	4丈	400文	(500文)
そふえ塩ニ入	1丈	100文	(500文)
河崎正御影供田	1段	500文	(500文)
涅槃講田神下	4丈	400文	(500文)
河原田	1段	皆川成	
廿五三昧神下	4丈	400文川成	(500文)
大田此内名本へ米足500文成	3段	1貫文川成	(333文)
上田ヨコマクラ	2丈	200文	(500文)
計	1町1段2丈	(4700文)	本年貢1貫30文
つりはし			

来納23文、節料１合１文	１丈	(126文)
(1125文) １合＝1.25文以下同	(８段１丈)	
○司藍名		
方涼１巻代100文、節料４合４文	４丈	(136文)
春成72文、節料３合３文	３丈	(131文)
方涼１巻代100文、節料５合５文	１段	(111文)
(299文)	２段２丈	
○六郎丸		
春成200文、方涼200文(高宇田・かま田)	２段３丈	(153文)
(400文)	(２段３丈)	
○公文名		
方涼166文、節料８合８文	１段３丈	(115文)
方涼64文、節料３合３文	３丈	(117文)
方涼40文、節料２合２文	２丈	(111文)
方涼40文、節料２合２文	２丈	(111文)
方涼100文、節料５合５文	１段	(111文)
方涼164文、節料８合８文	１段３丈	(113文)
方涼100文、節料５合５文	１段	(111文)
方涼100文、節料５合５文	１段	(111文)
(859.5文)	(７段３丈)	
○目代名		
来納156文、布代56文、節料５合５文１段川成ヵ	２段	(111文)

河崎			
計			
○司藍名之分			
上田くす原	3丈	300文	(500文)
付田1段もち田	1段	300文	(300文)
付田1段同	1段	300文	(300文)
付田1段同	1段	300文	(300文)
付田1段同	1段	300文	(300文)
仏名田梅詣川成	2丈	200文	(500文)
明神講田くらミ	3丈	200文	(333文)
西座ふさく	3丈	200文	(333文)
れうたい田	2丈	200文	(500文)
河崎ほつ田	1丈	100文	(500文)
八日講田大はし川成	1段	300文	(300文)
計	7段4丈	(2700文)	本年貢400文
○六郎丸之分			
夏籠田高宇田	2段	800文	(400文)
西足代川成	2丈	200文	(500文)
計	2段2丈	(1000文)	本年貢400文
○公文名之分			
祇園田中島塩入	1段2丈	600文	(428文)
ふせう津塩入	1段1丈	600文	(500文)
舎利会田御くり	2丈	200文	(500文)
せかき田コモ田	2丈	200文	(500文)
同上田山本	2丈	200文	(500文)
せんほう田宮ノ前	1段1丈	500文	(416文)
かたの前	1段	400文	(400文)
同	3丈	200文	(333文)
ヒカン経田井尻	3丈	300文	(500文)
開山仏性田みくり	4丈	300文	(375文)
計	8段	(3500文)	本年貢920文
いちはの下			
計			
○目代名之分			
向田	2段	皆川成	

来納32文、布代11文、節料１合１文	１丈	（226文）
芝原来納156文、布代56文、節料５合５文（にし芝原不動田）	１段１丈	（186文）
東芝原来納156文、布代56文、節料５合５文（東不動田）	１段	（223文）
来納96文、布代32文、節料３合３文	３丈	（224文）
（849.75文）	（５段）	
○宗枝名		
130文	１段	
総計（3663.25文）	（２町６段４丈）	

文、布代56文、節料５合５文」の地を「大福寺寺領目録」の「目代名之分」の「不動田」と「同東不動田」と同一地としたのは、「大福寺領田地注文」（大福寺寺領目録の案文ヵ、無年号『静岡県史料』第５輯1083頁）に「にし芝原不動田」「東不動田」と記載されていることによる。

河崎夏籠田塩増代	2丈	200文	(500文)
川成たゝ木まるとふか	1段	300文	(300文)
不動田	2段	1貫文	(500文)
同東不動田	1段	500文	(500文)
山カウし	2丈	100文	(250文)
計	6段4丈	(2100文)	本年貢800文
河原田			
計			
○貞宗名之分			
岩井帳紙代	2丈	100文	(250文)
計	(2丈)	(100文)	
○宗枝名之分			
ヒカン経田松下	1段	400文	(400文)
松下川成	1丈	100文	(500文)
計	1段3丈(貞宗名含む)	(500文)	本年貢200文
惣以上4町8段180歩 惣以上代18貫450文 此内より本年貢以上3貫750文納所申候 　門田開発田5段3支 　此外少有六畠畑			
◎盛繁御寄進田地之事			
元三神田上田	1段		
神下ほつ田共ニ	1段2丈		
すな田	2丈		
東しははら同畠2段	1支	是ハ月宗茶湯田	
上田ヨコ枕	2支		
西座のんへ	3丈		
はんの木原	2丈		
いちはの下	1段1丈		
計	(5段4丈)		
以上此分者去年より御城へ御取上被成候是ハ何時成候共御はひ事可申上候 右此内より若余分も候ハヽ御被紀可預御寄進候為後日如件 天文十三年甲辰霜月十八日　　　衆儀			

斗代の(　　)内は、筆者の試算。

「丈」「支」については、有光有學「「丈」と「支」―古文書研究の一検討材料として―」(『日本史研究』162、1976年)と、本多隆成「遠州大福寺領の「支」」(『日本史研究』256、1983年)を参照した。

「大福寺永地注文」の「目代名」の「芝原来納156文、布代56文、節科5合5文」と「東芝原来納156

〔寺領目録2〕

　大福寺領本寄進之事

四丈　代四百文　十二月同御影供田和田

〔安方信久寄進状〕

　永代寄進申田地之事

　合一段者、在所上田之内和田

右田地の年貢ハ、布代五十六文、来納百五十六文、節料米五合、兎銭五文、毎年目代方へ可有御沙汰候、又永代寄進申田地之事、

　合一段者、在所上田之内ミそそひ

右此田地の年貢ハ、六月うはなしにて候、ほんもつくり也、此二段の田地の私徳をもつて、毎年毎月廿一日みゑくう《御影供》田ニ寄進申候、毎月無懈怠りやうく《霊供》をそなへ、御とふらいニあつかるへき者也、縦天下一同徳政入候とも、又子々孫々ニおき候ても、違乱わつらひあるましきもの也、仍寄進状如件、

　永正十六年十二月六日　安方源左衛門尉

　大福寺まいる[55]　信久（花押）

後者の寄進状にある「上田之内和田」一段には、目代に納付される約二二三文の低額な伊勢本年貢の負担があり、これがA形式の抜地寄進例と推測される。また同地は寄進状中に「此二段の田地の私徳をもつて、毎年毎月廿一日みゑくう《御影供》田ニ寄進申」とあり、大福寺御影供田に寄進されており、一丈の地積の相違はあるが、「寺領目録」にも「同《上田》御影供田和田」とあることから、両史料の「和田」は同一地としてよい。

さて、ここで注目すべき点は、「和田」が伊勢本年貢を割り付けた「永地注文」に記載されていないことと、「寺領目録」では「高除之分」とする「大福寺領本寄進之事」に編入されていることである。即ち、寄進状の永正十六年（一五一九）段階では、伊勢本年貢が明記されているにもかかわらず、少なくとも「寺領目録」が作成された天文十三年には、伊勢本年貢負担は認められないのである。この事実は、先の三河国明眼寺領内の「色成年貢」が松平氏の「新寄進」により同寺に寄進され消滅したことと同様に、以下のように解釈することが可能であろう。

つまり、永正十六年に寄進された「私徳」分に加えて、大福寺に伊勢本年貢分が新たに寄進されたことで、当該地の年貢負担体系は大福寺領として一元化されたことになる。したがって、その他の「高除之分」として「大福寺領本寄進之事」に編成された耕地も、伊勢本年貢分の新寄進をうけて今川氏から安堵を得た耕地であり、ここに大福寺領として一元的に確定したことを意味していよう[56]。

かくして「寺領目録」や「永地注文」にみられる「大福寺領本寄進之事」にある耕地や、各名に編成された耕地の多くは、低額の伊勢本年貢負担をともなうA形式の抜地買得・寄進によって大福寺に集積されたものであったことが推測されるのである[57]。

2　恵林寺領検地帳の検討

勝俣・安良城間の増分論争において、やはり重要史料の一つにあげられるのが、恵林寺領検地帳の「恵林寺之内黒沢分　勤軍役衆」の項目に記される左の一筆(イ)である。なお、比較検討するために同項目の一般的記載例を(ロ)、同帳の惣百姓の記載例を(ハ)として併記する。

(イ)一、六百三十文　後ふミ出御免 名田ノ内徳ニ候間無本年貢　荻原弥左衛門尉

(ロ)一、四百文　本成方　　網野又七郎
　　四百二十文　ふミ出　　御免
(ハ)一、壱貫六百弐十文（本五百文）　検地　　與三郎（徳輪ノ）
　　　　此内六百四十八文引
　　残而可納分九百七十仁文(58)

勝俣氏(59)は(イ)の「名田ノ内徳ニ候間無本年貢」を、「この六三〇文の地が荻原弥左衛門尉の買得による本年貢負担なしの「名抜地」であったためと推定され、その特例の故にたまたま注記が付されたものと考えられる。それ故この記載と併記されているこの「検地帳」の踏出分はすべて同性格のものであって、ここに記載されている名請人は検地以前は荘園制下の名主として存在し、この検地で「名田ノ内徳」＝名主加地子得分が「踏出」として把握されたのではないかという疑いが濃厚になったと思われる」と説明した。これに対し安良城氏(60)は、「「名田ノ内徳ニ候間無本年貢」の地は、この六三〇文の耕地の保有者である荻原弥左衛門尉が軍役衆である必然的結果として「隠田」は赦免されるが、その「名田ノ内徳」の地は、「隠田」であるが故にもともと「本年貢」が存在しない、というのが、この註記の真に意味するところである」とする。したがって、両説の決定的な相違点は、この六三〇文の耕地を名抜地とするか隠田とするかにある。

そこで最初に黒沢分物百姓記載例(ハ)を見ると、検地を受けた結果、一貫六二〇文が打ち出され、この内六四八文が引分(四割免、與三郎分)となり、恵林寺には九七二文の納入となった。但し当該地には「本五百文」があった。ここで不思議なことは、一筆ごとに「本」記載があるが、その額はいずれも打ちだし分の方が大きく凌駕している点であり、これは前記の抜地売却A形式を彷彿させるものである。つまり、抜地売却において現れた至極低斗代の諸負担とこの「本」は同性格の負担体系ではないかと言う疑念である。抜地は売却時に本名に荘園年貢負担を任せて無負担状態で売却されるB形式と、低斗代の諸負担を本名主（本主）などに買得者が納付する形のA形式があるとしたが、これはあくまでも売却・寄進時に顕在化するのであって、それ以前から抜地に割り付けられていたとしても不自然ではない。

いずれにせよ黒沢分惣百姓の所持地は、比較的高斗代の荘園制下の「公田」などではなく、在地に留保されていた免田で低額の「本」[61]を割り付けられていた耕地とすべきである。但し、ここから生み出される得分を「内徳」とすべきかについては疑問が残る。それは恵林寺領に名編成が見られないためである。「内徳」は名内の得分の意であって、名以外の散田的な領主直営地の在地得分を意味しないからである。

次に黒沢分軍役衆の(ロ)を解釈する。黒沢分軍役衆の八筆中（黒沢分軍役衆は計九筆あるがその内の一筆は(イ)である）六筆は「ふみ出」額が「本成方」以上である。また、その六筆中の「本成方」は四〇〇文が二筆、一〇〇文・二〇〇文・三〇〇文・六〇〇文が各一筆であり比較的低額である。以上から、基本的には先の黒沢分惣百姓地と同性格の耕地と考えられる。但し、ここで惣百姓地と違って「検地」と記されていないことから、軍役衆は「ふみ出」分を指出して免除を得たことがわかる。つまり勝俣氏の言う「検地施行原則」（「軍役衆は、彼等が所有する名田に関しては検地を免除する」）ことになろうが、前述したように「名田」とは即断できない。そして、「四百文　本成方」こそ軍役奉公に対する武田氏の給恩分となっていた。即ち、網野又七郎は検地以前に軍役衆となっていたので、この検地に際しては踏出分を報告して免除を得たのである。

さて、問題の(イ)は検地帳内唯一の特異な文言となっている。それは「名田ノ内徳ニ候間無木年貢」であり、これを勝俣氏は「この六三〇文の地が荻原弥左衛門尉の買得による本年貢負担なしの「名抜地」であったためと推定され、その特例の故にたまたま注記が付されているものと考えられる」とした。誠に卓見と言えよう。荻原弥左衛門尉は、この検地で「本」「本成方」「本年貢」のような諸負担のともなわない抜地売却B形式で手に入れた当該地を、給恩分として武田氏の知行地とすることで軍役衆に位置付けられたのである。

勝俣氏はその後「それ故この記載と併記されているこの「検地帳」の踏出分はすべて同性格のものであって、ここに記載されている名請人は検地以前は荘園制下の名主として存在し、この検地で「名田ノ内徳」＝名主加地子得分が「踏出」として把握されたのではないかという疑いが濃厚になったと思われる」と続けるが、恵林寺領には名編成が確認できないので特異な一筆を他の全てに敷衍することができるであろうか。

実際に「恵林寺領検地帳」には「名」「名主」の記載はなく、「内徳」は(イ)のみ、「名田」は(イ)の他に唯一、左の一筆がある。

一、拾間　　名田之替地　　荻原《河ハらノ》豊前守
　　　　　　　　　　　　　網野藤右衛門尉
　　　　　　　　　　　　　同名弥衛門尉

検地帳の「御屋敷修造免」の一筆であるが、名田の替地として十間分が免除となっているが、屋敷造営地として名田を提供したのかもしれない。何れにせよ、右の三人は名主の可能性があるので検地帳を探ると次のように「勤軍役御家人衆」などの部分で確認できる。

〔勤軍役御家人衆〕
一、弐百文　　本成方　　網野弥右衛門尉
　　三百文　　ふみ出　　御免

（中略）

一、壱貫文　本成方　荻原豊前守

壱貫六百文　ふみ出　御免

一、七十文　林　本成方　網野藤右衛門尉

弐百三十文　ふみ出　御免

〔郷分之屋敷勤軍役御家人衆〕

一、壱間　年貢百文　同名（網野）弥右衛門尉

（中略）

一、壱間　年貢百文　同名（網野）藤右衛門

（中略）

一、壱間　公事免四十八束木納　四分ノ一同名弥右衛門

代物ニ百文　四分ノ一二殿甚衛門半間

（中略）

一、壱間　年貢四百文石原屋敷内仁百文荒間　網野藤衛門

〔恵林寺之内両町屋勤軍役衆〕

一、百文是ハ荒間也　本成方　網野弥右衛門尉

百四十文　ふみ出　御免

（中略）

一、三百文　　本成方　　荻原豊前守
　　四百文　　ふみ出　　　　御免

御家人衆の網野弥(右)衛門(尉)は、「両町屋」分を含めて本成方二貫一〇〇文を給恩分とする軍役衆で、今回の検地で「両町屋」分を含めて四四〇文を「ふみ出」として報告し免除を受けた。加えて、「郷分之屋敷」に「二間」の屋敷を所持している。御家人衆の網野藤(右)衛門(尉)は、本成方七〇文(林)給恩分とする軍役衆で、今回の検地で二貫三〇文を「ふみ出」として報告し免除を受けた。加えて、「郷分之屋敷」に「二間」の屋敷を所持している。御家人衆荻原豊前守(62)は、「両町屋」分を含めて本成方一貫三〇〇文を給恩分とする軍役衆で、今回の検地で二貫文を「ふみ出」として報告し免除を受けた。三人ともに他の軍役衆や惣百姓と所有地は大差がない。但し、「御家人衆」であること、網野弥右衛門尉・網野藤右衛門尉は屋敷を所有していることから、有力百姓層とみてよい。結局、右の三人が名主であると言う確証はなく、まして他の軍役衆や惣百姓が名主であるという証跡はない。

したがって、(イ)はやはり異質なために注記したのであって、その他の部分は「名田ノ内徳」ではない耕地とするのが自然である。それではどんな土地なのか。中世荘園制において名田に対して名田に結ばれない領主直属地を散田(63)とすることは夙に知られている。多くの加地子史料が全て名主加地子かと言うと否であることは疑えない。例えば大量の加地子売券で知られる和泉国熊取庄の「中家文書(64)」を見ると、八五〇通に及ぶ売券の中で名田の売却は一〇通、「内徳」の記載は管見できない。

以上を勘案すれば、前述のように、恵林寺領内の惣百姓の所持地や軍役衆の給恩地は、荘園制下の地方寺院直属地に低額の負担を割り付けて、村落維持や相互扶助のための在地留保地として存立していた可能性がある土地といえる。

むすび

少なくとも鎌倉期以来、荘園制的収取体系に捉えられない名内得分地は、大量の内徳を内包しながら全国的規模で存在していた。それは抜地形式の売却・寄進において顕在化するが、その際には、抜地自体に比較的低額の負担をともなうA形式と、荘園年貢負担を本名に任せ抜地には諸負担をともなわないままのB形式が確認できる。

以上のような中世の抜地売却・寄進状況を前提に、大福寺寺領目録、及び恵林寺領検地帳を検討すると、今川氏は名体制下の在地に内徳を留保している抜地からの加地子、武田氏は領主直属地内の「百姓地」(65)に内在する加地子をそれぞれ貫高に統一して大名権力の役負担体系に捕捉したと考えられる。無論、今川氏と武田氏の捉えた加地子の性格が異なっていたわけではなく、あくまでも大福寺寺領目録・恵林寺領検地帳に限定してのことである。両大名が、従来の生産力の向上からの余剰分として説明される加地子のみならず、新たに本節で明示した、元来、荘園制下の在地に留保、潜在化していた加地子をその知行制に捕捉していたことは明らかである。そしてこのことは、大名権力の強圧のもとに一方的に推進されたものではなく、加地子保障を希求した諸役負担者側からの大名権力への接近を前提としてこそ、正しく理解できるのである。

本節は中世社会における加地子得分という視座から、大福寺の所領関係文書や恵林寺領検地帳に新解釈を加えたに過ぎず、他の増分関係史料を分析していないので、以下は展望として述べておく。増分論争の問題点は、加地子得分に対する理解の不十分さと、在地矛盾を明確にしてそれを解決しようとする戦国社会の中で、在地剰余分＝増分が大名権力に包摂されてゆくという視覚が少なかったことが一因となっている。在地の留保分・剰余分として様々な形態で認められてきた得分が、売買や寄進、戦乱、時には検地などを契機に加地子得分として顕在化し、その所有権が不安定になる状況下、地域社会の安定性を確保する一装置として戦国大名権力は生まれたのである。そこには、荘園制にしがみつくような中世的権力とは大きく性格を異にする部分があったのである。

註

（1）有光友學「戦国大名今川氏の歴史的性格―とくに「公事検地」と小領主支配について―」（『今川氏の研究〈戦国大名論集11〉』一九八四年）。

（2）勝俣鎮夫ａ「遠州浜名神戸大福寺領注進状案について―戦国大名今川氏検地の一事例―」（『戦国法成立史論』一九七九年）、ｂ「戦国大名検地に関する一考察―恵林寺領「検地帳」の分析―」（『戦国法成立史論』）、ｃ「戦国大名検地について―安良城盛昭氏の批判に答える―」（『史学雑誌』九二―二、一九八三年）。

（3）安良城盛昭「戦国大名検地と「名主加地子得分」・「名田ノ内徳」―勝俣鎮夫『戦国法成立史論』によせて―」（『日本封建社会成立史論』上、一九八四年）、「戦国大名検地の分析方法とその具体化―大山喬平・勝俣鎮夫氏の大福寺領分析の再検討と勝俣「反論」についての再批判もあわせて行なう―」（一九八三年六月十一日、歴史学研究会中世史部会報告）。

（4）永原慶二「荘園解体期における農民層の分解と農民闘争の形態」（『日本封建制成立過程の研究』一九六一年）、上島有『京郊庄園村落の研究』（一九七〇年）などがある。

（5）永原慶二「加地子について」（『日本中世社会構造の研究』一九七三年）、「中世の社会構造と封建制」（『講座日本歴史4〈中世2〉』一九八五年）、西谷地晴美「中世成立期における「加地子」の性格」（『日本史研究』二七五、一九八五年）。

（6）抜地については、高牧実「中世末美濃の土豪覚書」（『徳川林政史研究所紀要』一九六九年）、大山喬平「公方年貢について—美濃国龍徳寺の売券—」（『人文研究』二二—四、一九七一年）などを参照。
（7）大山註（6）論文。
（8）その他、処分帳や大間帳にも広大な抜地の存在が推定される。例えば正安元年十二月二十三日付 願心所領処分帳案（「紀伊隅田家文書」『鎌倉遺文』〔以後『鎌』とする〕二〇三四三文書番号、以下同）や、正安四年二月日付 源続所領大間帳（「筑前中村文書」『鎌』二〇九九四）が挙げられる。
（9）既に重松明久氏は、「名主層の封建支配に関する試論—色成年貢・公方年貢をとおして—」（『名古屋大学文学部研究論集』一四 史学五、一九五六年）、「在地封建制の構造—色成年貢・公方年貢再論—」（同一七 史学六、一九五七年）で、名主層の公事徴収権を証明している。
（10）峰岸純夫氏は、この寄進状の「内加地子」を「おそらく、直接耕作者が納入する点で「内加地子」と称したのであろう」とする（「年貢・公事と有徳銭」『日本の社会史』第四巻〈負担と贈与〉一九八六年）。
（11）西谷地註（5）論文。
（12）「勧修寺文書」（『鎌』四六五〇）。
（13）「勝尾寺文書」（『鎌』八三四三）。
（14）「勝尾寺文書」（『箕面市史』史料編1、一八五頁）。
（15）『角川日本地名大辞典27大阪府』一一〇一頁参照。
（16）藤井譲治「戦国時代の加地子得分」（『赤松俊秀教授退官記念国史論集』一九七二年）。
（17）水藤真「武田氏の若狭支配—武田氏関係文書・売券の検討から—」（『国立歴史民俗博物館研究報告』二、一九八三年）。

(18) 河村昭一「戦国大名の買地安堵について―若狭武田氏を中心に―」（『兵庫教育大学研究紀要』五、一九八五年）。

(19) 「明通寺文書」（『小浜市史 社寺文書編』六五八頁、『福井県史 資料編9中・近世七』六一八頁）。

(20) 『福井県の地名〈日本歴史地名大系18〉』「宮川保・宮川庄」六四六頁。

(21) 三浦圭一「惣村の起源とその役割」（『中世民衆生活史の研究』一九八一年）。この他にも藤井註(16)論文や、河村昭一「戦国大名朝倉氏の領国支配と名体制」、神田千里「越前朝倉氏の在地支配の特質」（河村論文とともに『中部大名の研究〈戦国大名論集4〉』一九八三年）も内徳＝加地子得分と理解している。また、河村氏は同論文で、越前の土地売買の分析において、「名抜き形式が一般的傾向である」と述べている。

(22) 高牧・大山註(6)論文。

(23) 須磨千穎「美濃立政寺文書について―田畠寄進状等の整理と「売寄進」管見―」（『史学雑誌』七八―六、一九六九年、のち同『荘園の在地構造と経営』二〇〇五年所収）。

(24) この売券を示す付表7③の斗代一石二斗は、後欠の龍徳寺領平野田地目録（「龍徳寺文書」『岐阜県史 史料編 古代中世1』（以下『岐阜』とする）三八六頁）に同地が「一石二斗代」と記されていることに依った。なお、表中の斗代は、勝俣鎮夫「六角式目における所務立法の考察」（『戦国法成立史論』一九七九年）の指摘に基づき、売券・寄進状に記載されている諸負担、諸得分合計を段当表示したものとする。

(25) 三河国額田郡山中郷には、室町幕府御料所時代の永和三年九月日付 公田等名寄帳案（南方は「宮内庁書陵部所蔵文書」、北方は「東寺百合文書」、ともに『新編岡崎市史 史料古代中世』一二二五頁、一二三〇頁）がある。これによると南方の「米分公田」の斗代は、最高が「円城名」の約一石五斗七舛、最低は「大別当」の約四斗四舛（五五〇文）となり、平均では約九斗五舛六合となる。一方の北方の「米分公田」の斗代は、最高が「道場友貞名」の約一石四斗一舛、最低は「安友名」の約五斗四舛五合、平均では約九斗五舛八合となる。このように山中郷における公田の段当分米も、平均が約一石に近い高斗代である。

(26) 但し、龍徳寺文書にある「公方御年貢御油」の三例は、貫文値との換算率が不分明なので除外した。
(27) 「龍徳寺文書」(『岐阜』三七五頁)。
(28) 「立政寺文書」(『岐阜』一六一頁)。
(29) 新行紀一氏は、『一向一揆の基礎構造』(一九七五年、八九頁)で、三河 尾張・美濃の段当公方年貢額の比較をするが、尾張の場合、五四例中四九例が四〇〇文以下であり、抜地売却A形式の盛行を予想させる。
(30) 大山註(6)論文。
(31) 永禄四年六月十一日付 焼津神社神主次郎左衛門宛 今川氏真判物には、「百姓相拘神田就加地子□□《有之》、以彼内徳分、今度之造作各致談合」とあり(「焼津神社文書」『静岡県史料』三―八〇四頁)、加地子と内徳の同一性を窺わせる。
(32) 中口久夫氏は、「内得」と「加地子」の関係に関して「「内得」が「加地子」の上位概念である」と指摘している(中口「「内得」の意味と歴史的性格」『太閤検地と徴租法』二〇一二年、二二〇頁)。
(33) 重松註(9)論文。
(34) 新行註(29)著書九〇頁。
(35) 本多隆成『近世初期社会の基礎構造』(一九八九年、九六頁)。
(36) 三浦註(21)論文。
(37) 勝俣註(24)論文。

(38) 大山註(6)論文。
(39) 藤木久志『戦国社会史論』(総論第一章、一九七四年)。
(40) 安良城註(3)報告要旨№13。
(41) もちろん、公田売券にも違乱停止文言はみられる。これは公田売却が原則的には禁止されていたことにより(網野善彦「荘園公領制の形成と構造」『土地制度史Ⅰ〈体系日本史叢書6〉』一九七三年)、その買得者の所有権が不安定であったことに起因するものと思われる。
(42) 三浦註(21)論文。
(43) 本多註(35)著書。
(44) 大山喬平「戦国大名領下の荘園所領—遠江国浜名大福寺—」(『小葉田淳教授退官記念国史論集』一九七〇年)。
(45) 勝俣註(2)a論文。
(46) 安良城註(3)論文、及び報告。
(47) 本多註(35)著書、第一章の四・五。
(48) 大山註(44)論文中第六表。
(49) 僧覚堯等連署寄進状(「大福寺文書」『静岡県史料』第五輯〔以後『静岡』〕とする一〇二三頁)。
(50) 「大福寺文書」(『静岡』一〇三九頁)。なお、安良城氏は註(3)報告で『静岡県史料』が付した「大福寺領注進状案」という文書名を批判し、「伊勢本年貢名別割付等大福寺衆儀状」とする。本節では以上の点を踏まえて、本多隆成氏が註(35)著書で使用した「大福寺寺領目録」を便宜上用いることにする。
(51) 「大福寺文書」(『静岡』一〇九〇頁)。

(52) 天文十七年八月吉日付 大福寺領田地注文(「大福寺文書」『静岡』一〇八五頁)には、寺領目録の「本年貢」三貫七五〇文が「惣以上之内伊勢大神宮江本年貢三貫七百五十三文御城《(鵜津山城)》へ納所申候」とある。

(53) 「十方旦那寄進」分は、各々、名編成されているので、一筆毎の伊勢本年貢は各名本が徴納していたと思われる。ここで問題となるのは、伊勢本年貢の最終的納入先である。勝俣氏は註(2)a c論文で、この本年貢は今川氏により大福寺へ寄進されていたとするが、後述するように大福寺に寄進された伊勢本年貢分は、寺領目録の「大福寺領本寄進」分の本年貢である。従って、大山氏・安良城氏・本多氏が説く如く、この伊勢本年貢は註(52)の大福寺領田地注文の「御城へ納所申候」から、今川氏の鵜津山城に納入され、今川氏は寺領目録の「十方旦那寄進」分を安堵したと考えられる。但し、この三貫七五〇文の伊勢本年貢は、今川氏が収納する「公方年貢」となっていたものと思われ、更に伊勢神宮に上納したかは、今川氏の伊勢神宮に対する信仰の問題となろう。

(54) 「永地」とは永代にわたり所有権を有する地で、例えば永代買得地・永代寄進地を指すものと思われる(「長宗我部氏掟書」四五条「買地之事」『中世法制史料集』第三巻武家法Ⅰ、二九三頁)。したがって永地注文は、大福寺が伊勢本年貢負担地をともなう永代買得、寄進により集積した耕地の注文と言える。

(55) 「大福寺文書」(『静岡』一〇三八頁)。

(56) 「大福寺領本寄進之事」の最後に記されている「高除之分」とは、大山氏の指摘の如く今川氏への伊勢本年貢負担免除を意味しよう。

(57) 但し、延徳二年六月二十三日付 大福寺光寿院宛 岡本昌光公田売券(「大福寺文書」『静岡』一〇五二頁)により、寺領目録中の「宗枝名」は「公田」の可能性がある。

(58) 「恵林寺領検地日記」(『新編甲州古文書』三―二三五頁)。なお、後の「恵林寺領検地日記」は『新編甲州古文書』と

『山梨県史　資料編4中世1県内文書』を参照した。

(59) 勝俣註(2)b論文。

(60) 安良城註(3)論文。

(61) 一筆ごとに記されている「本」「本年貢」は、次の一筆から恵林寺に納入されることが明らかである。

　一、六百文《本六百文》　検地　瑞春
　　無踏出
　残而可納分六百文　本年貢之儘也

これにより「本」（本年貢）は、恵林寺に納入されることがわかる。おそらくは他の惣百姓の負担する「本」「本年貢」も恵林寺に納めるのであろう。従って、惣百姓地は恵林寺の直属地ということになる。

(62) 永禄元年の段階で同心二人を抱えている。また、永禄六年の恵林寺領検地後は、永禄十二年の駿河出兵時に奔走したり、天正九年には都留郡岩殿城に入ったりしている。「武田信玄陣立書」には長柄鑓隊を率いる一人になっており、武田氏家臣としての活躍がうかがわれる（『武田氏家臣団人名事典』一七八頁）。

(63) 付表6⑤⑩には「今富安行四郎丸散田抜地」とあって、散田にも抜地形式の売却、寄進例のあったことがわかる。

(64) 『熊取町史　史料編Ⅰ』（一九九〇年）。

(65) 中口久夫氏は、武田領の「「百姓地」とは、「名田」以外の「年貢地」たるすべての土地をいう」（傍点、引用者）と結論付けている（中口「武田氏の御家人制」註(32)著書一七九頁）。

第二節　戦国期の買地安堵
―江北地域の売券・寄進状の分析―

はじめに

戦国大名権力を分析する視点として、勝俣鎮夫氏[1]・安良城盛昭氏[2]を中心とした増分論争があったが、本節では、検地を受ける在地での矛盾を明確化し、それを解消しようとする在地社会の動きの中で、在地剰余分＝増分が大名権力に包摂されてゆくと言った視野から考察する。

買地安堵に関する先行論文は頗る多いが、その中で安堵の内容を明確に「加地子」としたのは河村昭一氏[3]であった。本節は河村氏の論文に啓発されて、江北地域（近江国伊香・浅井・坂田郡）の買地安堵状況、在地矛盾となるその背景を考察し、更には買地安堵の意義についても検討する。

さて、その前提として江北地域の合計三五〇通に近い土地売券・寄進状に分析を加え、売買・寄進の実態、斗代・売価に関して新事実を提示する。更には売買・寄進の対象となった得分について、その存在形態を明確にし、従来の「加地子」に対する理解に再認識を迫ってみた。

以上のような前提を踏まえて、買地安堵という視点から戦国大名権力の一角を照らしてみる。

一　土地売券・寄進状の分析

江北地域の土地売券・寄進状から、その売却・寄進者、買得・被寄進者について考察し、更には斗代・売価の問題に迫ってみる。分析対象は、『東浅井郡志』巻四（一九二七年）、『改訂近江国坂田郡志』第六・七巻（一九四五年）、『近江伊香郡志』上巻（一九五二年）と、「朽木文書」「上丹生神社文書」「下丹生神社文書」「菅浦文書」「上丹生区有文書」「大徳寺黄梅院文書」（いずれも東京大学史料編纂所写真帳）中の「加地子」「内徳」「地徳」「得分」記載のある史料で、永仁四年（一二九六）から慶長二年（一五九七）に及ぶ計三四八通（売券二三〇、寄進状一一六、譲状二）であり、江北地域のこの種の史料の基本的性格を十分に把握できる対象と言えよう。

1　土地売買・寄進の実態

最初に全体的特徴を捉えるために、売却・寄進当事者の階層を分類表化してみた（表2・3）。但しここでは、「在地領主」とは姓名から判断して国人、土豪層と思われる者、[4]「寺院」は多くの「寺庵」を抱える大原観音寺・総持寺・成菩提院・竹生島に限定し、「寺庵」は「庵」「院」「坊」を称した「寺院」の塔頭クラスを考え、その僧侶も含むものとする。また「百姓」は、原則として無姓者としたが、名前に「夫馬ノ」などと地名が付してある場合も「百姓」とした。

こうして合計二三〇通の売買当事者を表化したのが表2である。売券には買得者を示さない場合も多く、六五通が不明となってはいる（「寺院」の買得例が多い）が、以下の点を特色として指摘できよう。まず、百姓層が八〇通に達する売券を発しているが、同様に「在地領主」「寺庵」も各々六七通、七三通の売却者となる一方、七四通、六八通の買得者にもなっている点が注目される。それに比べ広大な寺域を抱え多くの「寺庵」を内包していたと思われる「寺院」は、売却例が一〇通と少ない。即ち、土地売却の多くは「百姓」「寺庵」「在地領主」によりおこなわれていたと言える。

これは少しく予想に反する結果だが、それでは「寺院」はこの他に土地集積にどのような形態で参加していたのだろうか。それは、一一六通の寄進状の当事者を表化した表3に示されている。これによると「寺庵」から「寺院」への寄進状が七四通（全体の約六三％）あることがわかる。このことから、「寺庵」は、表2で得られた「百姓」他の「寺庵」「在地領主」よりの買得地を、「寺院」に寄進する傾向が多いと推測できる。

そして、この状況を更に付表11によって確かめてみる。付表11は、同一地または隣接地と思われる耕地の売却・寄進状況を表化したものであり、表中の②③④⑥⑨⑬⑰⑱、⑲—Ⓒ、Ⓓ、及び㉑㉕㉖㉝の各例から、同一地が一回から数回の売買行為を経て買得した耕地が、

表2　江北地域の階層別土地売買件数表

売却者＼買得者	在地領主	寺院	寺庵	百姓	不明	計
在地領主	27	3	18	1	18	67
寺院	0	0	3	1	6	10
寺庵	22	7	17	4	23	73
百姓	25	2	30	5	18	80
計	74	12	68	11	65	230

表3　江北地域の階層別土地寄進件数表

寄進者＼被寄進者	寺院	寺庵	百姓	不明	計
在地領主	19	2	3	1	25
寺院	0	0	0	0	0
寺庵	74	4	5	0	83
百姓	5	2	1	0	8
計	98	8	9	1	116

諸負担・得分	斗代	在所	典拠
加地子１石５斗	1.5石	伏地也八幡庄内６－９－１東縄本於４段次１段	八幡神社文書（坂６-264、265）
年貢公事無是得分１石５斗		現屋也八幡庄内６－９－１東縄本於２段次１段	
公方年貢３斗得分１石５斗	1.35石	夫馬郷中谷前深田	観音寺文書（坂６-416、445）
公方共ニ買加地子１石５斗	（1.35石）		
本所当１斗加地子得分１石	1.1石	夫馬郷一色之道円カ南ノ名ノ内西ノハミ北ヲサ	観音寺文書（坂６-418、465）
公方年貢１斗ヲハ藤庄司コケノ尼同御燈米ニ寄進申也、得分３斗５舛			
加地子公方白大豆５舛、得分５斗「此内２斗ハ免ス」（後筆）	1.65石	夫馬郷殿奥小ホリノ上下三所ニアリ、同此内ニ田アリ	観音寺文書（坂６-427、445）
公方小白大豆５舛、加地子５斗、此内２斗ハ免		字殿奥小ホリノ上下二所ニアリ、此内ニ田モアリ	
内徳分６石４斗	1.6石	保司給之下地速水南郷内字六段田北縄本より３段目まて、又北より６段目１段	黄梅院文書（浅４-457、458、459）
公方年貢４斗、春成100文、内徳分１石	1.4石	速水南郷内字六段田北縄本１段ナリ	
春成100文、得分１石２斗代、一円下地也	1.2石	速水南郷内六段田北より２段目１段	
公方８斗、加地子７斗	1.5石	夫馬郷妙性名内念仏田	観音寺文書（坂６-431、445）
公方６斗、得分１石	1.333…石	中島弥助名内橋本南石橋ツメ	観音寺文書（坂６-436、464）
公方６斗、加地子１石		夫馬郷橋本中島前弥助名内橋本南石橋ツメ	
得分４斗５舛	1.5石	法勝寺15条郷内字ナカレ	中村文書（坂６-286）
			井戸村文書（坂７-23）

付表11　同一・隣接地の売買、寄進一覧

No		年月日	西暦	地積/地目	売価	売却・寄進者	買得・被寄進者
①	Ⓐ	応永 7.12.12	1400	1段/田	10.0石	良達	比丘尼円御房
	Ⓑ	応永18.12.25	1411		9.0石	沙弥道性	寺田性阿
②	Ⓐ	永享 4.12.19	1432	1段小/田	10.0石	夫馬郷一色右馬次郎	慶海御坊
	Ⓑ	康正 2. 6.25	1456	1段小/(田)	寄進	観音寺実乗慶海	観音寺
③	Ⓐ	永享 6.12.11	1434	1段田	5.3石	夫馬郷一色道円	慶円
	Ⓑ	応仁 3. 7.12	1469		寄進	慶円	観音寺
④	Ⓐ	永享10.12. 2	1438	小/畠	3.2石	夫馬郷中島ノ孝道	
	Ⓑ	康正 2. 6.25	1456	(不明)	寄進	観音寺実乗慶海	観音寺
⑤	Ⓐ	永享11.12.10	1439	4段/田	45.2石	弓削稲葉堀忠清	稲葉南殿
	Ⓑ	永正元.11.28	1504	1段/田	4.8貫	高田仲五郎左近(請人)	(本状は請状)
	Ⓒ	永正 6.12.吉	1509		8.2石	弓削源次郎清秀	河内浜治部三郎
⑥	Ⓐ	永享11.12.15	1439	1段/田	5.2石	夫馬郷橋本又五郎	慶海
	Ⓑ	康正 2. 6.25	1456	1段/(田)	寄進	観音寺実乗慶海	観音寺
⑦	Ⓐ	宝徳元.11.27	1449	1段/田 2畝/畠	5.0石	夫馬郷中島弥助	夫馬郷衛門
	Ⓑ	応仁 3.卯.28	1469			観音寺弁公	聖尊
⑧	Ⓐ	長禄 4.12. 3	1460	3畝/田	1.25石	浜四郎衛門嫡女イノコ	井戸村弾正(遠富)
	Ⓑ	長禄 4.12.20	1460		寄進	井戸村弾正忠遠富	

公方黒大豆１段ニ１斗宛、内徳ハ米１段ニ１斗宛	0.2石	夫馬郷畠中藤次郎名之内横道ノ上下	観音寺文書(坂６－463、470)
公方黒大豆２斗、加地子２斗米也		夫馬郷畠中藤庄司名内	
公事銭春秋ニ60文、内徳７斗４舛	1.48石	ミタラウ谷	菅浦文書５、12(東史写)
公方５斗(別筆)、得分１石３斗	1.8石	山室保内石田字中コメ	観音寺文書(坂６－481、602)
公方５斗、得分１石３斗、此内１斗ぶちん			
公方年貢１石、加地子５斗	1.5石	夫馬郷下西山池之尻	観音寺文書(坂６－482、504)
公方年貢５斗、カテフ５舛22文、作人弁得分１石	1.55石	細江郷12町保内４－11－17下坂田南縄本１段次１段	総持寺文書(坂７－75、81、106、107)
公方年貢４斗５舛、カテフ５舛、夫銭36文、得分１石、公方年貢作人弁也	1.5石		
公方年貢４斗５舛、カテフ５舛、夫銭36文、作人弁也、定得分１石			
公方一円也得分９斗	1.8石	福能部庄内字南５段田半半折東半	観音寺文書(坂６－487、492、559)
４畝御給分伊賀田		地子原中村	朽木文書17(東史写)
１畝、定得分２斗本田	0.4石		
半２斗買得	0.4石	地子原在之本田也	
(その他２ヵ所)			
公方４斗、内徳分１石１斗	1.5石	速水南郷内字平井北自２段目次１段	大徳寺黄梅院文書１(東史写)
		速水南郷内字ヒライ北ヨリ於１段次１段	黄梅院文書(浅４－458)

⑨	Ⓐ	応仁 2.12.29	1468	2段/畠	1.0石	大馬郷畠中藤庄司後家ら	観音寺密厳坊源慶
	Ⓑ	文明 9.12. 7	1477		寄進	密厳坊源慶	観音寺
⑩	Ⓐ	文明 7.11.24	1475	半/田	6.0貫	菅浦妙喜	柳野蓮光寺
	Ⓑ	文明14. 4.12	1482			柳野蓮光寺	菅浦ノ藤次郎
⑪	Ⓐ	文明14.卯. 3	1482	1段/田	8.0貫	春運	
	Ⓑ	永禄 7.12.28	1564		2.9貫	井関八郎兵衛尉親房	
⑫	Ⓐ	文明15.正.18	1483	1段/田	寄進	西山阿浄実運	観音寺
	Ⓑ	永正 2. 6.21	1505		1.7貫	観音寺	
⑬	Ⓐ	文明15.12月日	1483	1段/田	8.0貫	西浜妙加	金智坊
	Ⓑ	延徳 3. 3.13	1491		6.0貫	西浜金智坊	
	Ⓒ	永正13.12.20	1516		6.7貫	出口な、なふ	法輪院
	Ⓓ	永正15.12.21	1518		寄進	ホソエ南光坊弘秀	総持寺
⑭	Ⓐ	長享元.12.23	1487	半/田	10.0石	大聖春運	観音寺
	Ⓑ	延徳 3. 3.29	1491		8.0貫	観音寺	
	Ⓒ	天文10.12. 8	1541		4.5石	侍従	
⑮	Ⓐ	延徳 4.卯.26	1492	半/田	1.32貫	地子原谷藤三良	古川修理進
	Ⓑ	大永5.12月日	1525	2段小/田	11.4375貫	古川修理進守国	殿様
⑯	Ⓐ	明応4.10月日	1495	1段/田	8.4石	杉堂大郎衛門	杉堂次郎兵衛
	Ⓑ	明応 8.12.23	1499		6.0貫	杉堂次郎兵衛	神照寺立円坊
	Ⓒ	永正 2.12.24	1505		5.8貫	神照寺立円坊永賢	

公方３斗６舛、公事米８舛、定得分５斗６舛	1.0石	平方上郷内６－６－23北縄本於４段次１段	総持寺文書(坂７－84、99)
得分１石	1.0石	福能部庄内七条字マトハ	観音寺文書(坂６－494、532、551、554、557)
地搦条里公方之儀、委旨者可有本文、得分１石		七条之庄内垣内村ノ東的庭也	
得分１石		福能部庄内七条字マトハ	
		福能部庄内七条字マトハ本証文４通相副寄進	
１石３斗５舛代、公方年貢段銭無也、然共於以後公方段銭為諸公事内斗３斗５舛残置者也、定得分１石	1.35石	平方上郷内６－７－６南縄本於３段次１段	総持寺文書(坂７－87、88、93、97、123)
		平方上郷内６－７－６南縄本於２段次１段	
		平方上郷内６－７－６南縄本於１段次１段	
内斗６斗７舛５合代、此内１斗７舛５合為諸公事之小堀道済へ入也、定得分５斗		平方上郷内６－７－６南縄本於１段次１之内上半	
公方年貢、此内斗定能米３斗５舛に仕候て売申也、此下地従主方毎年無煩可被召者也、御本所御免除自名之田数内也	0.35石	平方上郷内６－７－６南縄本於３段次１段	
１畝畠、加地子２斗３舛３合３夕		七条庄内字御瀧前	観音寺文書(坂６－496、540、565)
田得分１斗		石田代字エミナ堂	
得分１斗５舛	1.5石	字御瀧前	
得分１石８斗５舛７合５夕一円ナリ	1.8575石	山室保内字赤坂	観音寺文書(坂６－499、500、511)
得分６斗一円也	1.8石		
一円也得分２石４斗			

⑰	Ⓐ	明応 5. 8. 8	1496	1段/田	2.8貫	田付与一	円実坊
	Ⓑ	永正元. 4. 8	1504		寄進	弘秀	惣持寺
⑱	Ⓐ	明応 7. 9. 6	1498	1段/田	寄進	名通子息僧祖分	観音寺
	Ⓑ	享禄元. 12. 5	1528		8.0貫	観音寺	
	Ⓒ	天文 8. 2. 19	1539		5.0貫	観音寺惣持坊源慶	
	Ⓓ	天文 8. 11. 18	1539			宝泉坊聖翁	宝泉坊
	Ⓔ	天文 9. 3. 22	1540		寄進	観学坊慶秀	観音寺
⑲	Ⓐ	明応 8. 卯. 2	1499	1段/田	4.2貫	小堀入道道済	
	Ⓑ	明応8. 12月日	1499			小堀直隆道済	
	Ⓒ	文亀元. 6. 12	1501		4.3貫	小堀道済	弘秀
	Ⓓ	文亀元. 10. 27	1501	半/田	寄進	弘秀	惣持寺
	Ⓔ	天文20. 3月日	1551	1段/田	1.1石	惣持寺普賢坊実勝	
⑳	Ⓐ	明応 9. 2. 4	1500	田畠	寄進	明通房子息祖父	観音寺
	Ⓑ	天文元. 11. 1	1532	1畝/畠	0.75石	観音寺	
	Ⓒ	天文16. 極. 13	1547		不明	一乗坊定円	
㉑	Ⓐ	文亀 2. 11. 10	1502	1段/田	16.88石	石田式部丞	祖文
	Ⓑ			小/田	5.63石	石田北俊久	
	Ⓒ	永正 6. 12. 13	1509	1段小/田	寄進	祖文	観音寺

公方5斗、2斗公事米引、定米4斗得分	1.1石	在所不明	観音寺文書(坂6-501、513)
公方年貢5斗、内徳分6斗、2斗公事米引、定加地子4斗		大原庄内夫馬郷畠中名□(治)部アミ也字よし原	
但現屋也得分1石4斗	1.4石	八幡庄内7-6-3北縄本於3段次1段	総持寺文書(坂7-98、111、120)
現屋也、定得分1石6斗5舛、万雑公事なし	1.65石		
定得分1石6斗5舛			
公方5斗得分6斗	1.1石	田川庄河毛郷内字上足洗西縄本ヨリ於3段次1段下半折	黄梅院文書(浅4-458、461、462、464)
公方5斗3舛4合、得分6斗	1.134石		
公方5斗内徳分6斗	1.1石		
公方6斗得分6斗	1.2石	河毛郷内字上足アラヰ西縄本ヨリ於3段次4、5ノ下ニ付テ半折	
公方上8斗8舛5合、得分1石	1.885石	七条庄内字名地常畝南縄本於1段次1段	観音寺文書(坂6-507、552、609)
得分1石	1.0石	七条庄内2里17坪字名チシャウ畝南縄本於1段次1段	
		七条庄内字名地常畝也	
公方中得分1石		七条庄内2里17坪字地常畝南縄本於1段次1段	
得分2石	2.0石	大原庄内観音寺前惣之大師講田ナリ	観音寺文書(坂6-508、511)
		観音寺前也是ハ御本尊ヨリ買得之下地也	
8斗代、内公方年貢2斗5舛8合也、残得分5斗4舛2合	0.8石	平方上郷内6-7-10南縄本ヨリ6段目1段	総持寺文書(坂7-102、103)
8斗代、内公方年貢5舛8合(2斗脱ヵ)、残得分5斗4舛2合		平方上郷内6-7-10北縄本1段	
公方年貢入而残得分4斗	(1.0石)	田川庄河毛郷内汲田	黄梅院文書(浅4-460、462)
公方年貢6斗河毛殿入、内徳分4斗	1.0石	河毛郷内字くみ田東縄本半折1段	

㉒	Ⓐ	文亀 2.12.11	1502	1段/田	不明	観音寺実相坊聖舜	
	Ⓑ	永正 8.卯.12	1511		2.0石	観音寺浄教	太平寺行満坊
㉓	Ⓐ	文亀 3. 6.□6	1503	1段/田	13.0貫	口分田岩童子	菊乗坊
	Ⓑ	大永 8.極. 7	1528		15.0貫	東福寺菊乗坊	
	Ⓒ	天文16. 7.21	1547		8.0貫	惣持寺如意光坊実教	
㉔	Ⓐ	永正元.卯.28	1504	1段/田	3.0石	河毛次郎左衛門尉清数	小谷梅本坊
	Ⓑ	天文 3.11.27	1534		5.2石	小谷寺蓮花坊慶永	河毛田中村彦次郎
	Ⓒ	天文 5.正.27	1536		3.4石	河毛田中村太郎庄司	丁野猿岩
	Ⓓ	天文11. 5.22	1542		2.5石	丁野猿岩与五郎	
㉕	Ⓐ	永正 3. 5.13	1506	1段/田	7.5石	石田北俊久	
	Ⓑ	天文 8.卯.11	1539		4.3貫	長珊	
	Ⓒ	天文23.12.28	1554		3.0貫	徳丸	
	Ⓓ	永禄11.7月日	1568		寄進	慶舜	観音寺
㉖	Ⓐ	永正 3.12.13	1506	(1段)/田	10.0貫	観音寺	祖文
	Ⓑ	永正 6.12.13	1509	1段/田	寄進	祖文	観音寺
㉗	Ⓐ	永正 8. 8.16	1511	1段/田	寄進	楞厳院左兵衛尉長忠	惣持寺
	Ⓑ						
㉘	Ⓐ	永正 8.12.10	1511	1段/田	2･0石	つるいし	藤原慶松女
	Ⓑ	天文 9. 5. 3	1540		0.64石	藤原慶松女	浅井新三郎殿御内様

公方年貢４斗２舛６合６夕公田也、内徳分３斗６舛	0.94392石	田川庄河毛郷内字ヤマワキ前西縄本２段目也	黄梅院文書(浅4-460、463)
公方年貢１斗、内徳分１石１斗９舛	1.29石	河毛郷内字カネカサキ	黄梅院文書(浅4-460、464)
得分３俵、此内１斗公方也（１俵＝４斗３舛入となる）		田川庄河毛郷内字カネカサキ	
公方１石２舛６合、得分４斗２舛	約1.6石	福能部庄内八条郷４里５坪字ホウチャウ東縄本於２段次９畝	観音寺文書(坂6-530、560)
		地からミハ本書文ニあるへし	
公事米７斗定得分８斗	1.5石	夫馬郷内一色彦右衛門名内尻屋ノ西大溝ノ東ニ大溝ノ西ニ小	観音寺文書(坂6-538、555)
得分２石斗	1.0石（２畝で算出）	村居田大力鼻２畝	観音寺文書(坂6-544)
定得分２斗		村居田小鳥之内大力鼻小之所	
公方領家之懸１斗８舛、内徳２斗２舛	1.333…石	富田庄内所ハ藤之木村１段７畝之内中ニ付而３畝	阿部文書(浅4-6、9)

「寺庵」より「寺院」に寄進されている事実が判明するのである。

一方、右のような「寺庵」は、新田畠の開発も同時に推進していたものと思われる。例えば、大原観音寺に寄進した文和三年(一三五四)十二月十三日付 沙弥教道寄進状[5]には、「右件田地元者雖為往古之荒野、故浄仏令開発新開之内、今者沙弥教道之相伝之田地也」とあり、この一二〇歩の田地は浄仏の開発地と説明されている。また、文亀元年(一五〇一)八月十三日付 総持寺宛 米泉寺祐泉庵昌円寄進状[6]でも、一段の田地を「在者江州坂田郡箕浦庄之内米泉寺前開発」などと記す。

このように「寺庵」は買得や開発などにより土地を集積し[7]、それらを「寺院」に寄進していた。この関係は「寺院」側から見れば、「寺庵」はその経済を支えている重要な機能を果たしており、「寺庵」側としては、名目

㉙	Ⓐ	永正 9. 3. 9	1512	300歩/田	3.3石	今井八郎左衛門尉盛秀	千代石女
	Ⓑ	天文 9. 5. 3	1540		0.684石	今井甚七郎親秀	浅井新三郎殿御内様
㉚	Ⓐ	永正17. 2.10	1520	1段/田	11.0貫	中野平衛門	
	Ⓑ	天文11. 6.12	1542		4.0石	高田ノたまる	浅井新三郎殿御内様
㉛	Ⓐ	大永 7.12.28	1527	9畝/田	3.0貫	町田三郎左衛門尉家治	
	Ⓑ	天文11.11.23	1542		2・5石	八條藤次郎	
㉜	Ⓐ	享禄 5. 4. 3	1532	1段/田	3.55貫	夫馬郷一色彦右衛門	
	Ⓑ	天文 8.12.11	1539			観音寺坂口惣助	
㉝	Ⓐ	天文 3. 2.□4	1534	小/田	1.0貫	観音寺	池之坊
	Ⓑ	天文 3. 2.15	1534		寄進	池ノ坊乗慶	観音寺
㉞	Ⓐ	天文 6.11.28	1537	3畝/屋敷	1.5貫	富田源左エ	
	Ⓑ	天文 9.12.19	1540			大聖寺行一坊	

「典拠」欄の略称は以下の通り。坂＝『改訂近江国坂田郡志』、浅＝『東浅井郡志』、東史写＝「東京大学史料編纂所写真帳」。数字は巻-頁を示す。
「在所」欄の「八幡庄内6－9－1」とは「6条9里1坪」。

的に祖先の忌日料などを理由としつつ(8)、その実質は買得地・開発地を寄進することで寺領の一部となし、その保障を享受し、所有権を安定化させる意図があったものと推測される。
例えば、次の永正六年（一五〇九）十二月十三日付 祖文寄進状(9)がある。

奉寄進　下地之事
合一段者在坪江州坂田北郡□（福カ）野部庄内八条
之内字八段田也、東ハ河ヲ境南ハ
道ヨリ二段〆西ハ川也、徳分一石、
右件田地者雖為祖文相伝之私領、為慶運
律師忌日観音寺御本尊江永代奉寄進者也、
雖然付沽却者他寺江可寄進者也、然上者
此下地競望之仁躰更以不可有之故、雖経
後々末代子々孫々違乱煩不可有他之妨也、
仍為後日証文之状如件、
永正六年己巳十二月十三日　祖文在判

この寄進状によると、表面的には慶運律師

忌日料を目的とするが、「雖然付沽却者他寺江可寄進者也」とあって、大原観音寺がこの寄進分一石を転売したならば、祖文はこの寄進を取りやめて他寺に寄進するとある。つまり、寄進分一石を転売されて当該地が大原観音寺領でなくなると寄進の意味が消失してしまうのである。このことには、寄進によって当該地の所有権を安定化させる寄進主祖文の意図があったことを示唆しており、それは寄進により競望がおこなわれなくなるとあることからも説明できる。また、後掲の大永八年（一五二八）三月二十八日付 覚阿上人宛 武田元光袖判下知状中の「寄進之上者、無他競望可令知行」も同様のことを意味している。[10]

2　斗代

次に斗代について検討する。斗代は一般的には一段当たりの年貢収納高を意味するが、近江国の場合、公方年貢の他にも、加地子得分や段銭、万雑公事も年貢の概念に含まれることが勝俣鎮夫氏[11]により明らかにされている。本節の斗代もこれに従い、売券・寄進状に記載されている諸負担・諸得分合計を段当表示するが、その合計は必ずしも当該地の負担、得分の全額を表出しているとは限らないことを付言しておく。例えば次の文明十四年（一四八二）卯月八日付円隆坊源純売券[12]は、「名年貢」の記載はあるがその額は不明である。

永代売渡申田地之事

合一段者在七条二里十四坪字花木町自南四段目御供田名年貢外定徳分五斗

（下略）

この場合、斗代五斗とすると、後掲する平均斗代の半分以下となる。つまり売券・寄進状の諸負担、諸得分の合計は、すぐさま当該地の全斗代を表現しない例である。しかし、これらを例外として、多数の売券・寄進状を分析していくと、二、三の突出した件数の斗代が浮かび上がってくる。分析対象の三四八通の中には、一通で複数の耕地の斗代を算出できるものや、地積不明のために段当斗代計算が不可能なものもあり、これを加減すると三七二例となる。表4はこのうち斗代が七斗から二石までの三二二例を表化したものである。これによると一石五斗丁度が最多の六七例、次いで一石丁度が四八例、一石二斗丁度が二五例と続く。また全体的にも一石から一石五斗台までが二三一例に達し、全体の三七二例の約六二％にのぼる。更に平均斗代は売却が二四〇例で約一石二斗六舛一合、寄進が一三二例（譲状二通を含む）で約一石一斗三舛八合となる。

表4　売券・寄進状の斗代

斗代	件数
0.7石丁度	3
〜	8
0.8石丁度	14
〜	5
0.9石丁度	8
〜	5
1.0石丁度	48
〜	3
1.1石丁度	14
〜	11
1.2石丁度	25
〜	12
1.3石丁度	11
〜	18
1.4石丁度	5
〜	7
1.5石丁度	67
〜	10
1.6石丁度	2
〜	10
1.7石丁度	1
〜	4
1.8石丁度	15
〜	5
1.9石丁度	1
〜	1
2.0石丁度	9
計	322

以上、江北地域の場合、一石や一石五斗丁度の斗代売券・寄進状が多く、平均化すると一石二斗前後の斗代となる。かつて宮川満氏(13)は、越前国今立郡大滝寺領及び丹生郡剣大明神領織田荘の斗代分析を行った。それによると前者を「段当り一石―一石五斗」、後者を「段当り一石前後から二石前後、平均約一石五斗」と算出し、この斗代額を本年貢と本役公事、更には加地子を加えたものと指摘したが、本節の斗代も宮川氏の分析にほぼ等しい結果となったと言える。

1.1～	1.2～	1.3～	1.4～	1.5～	1.6～	1.7～	1.8～	1.9～	2.0～	2.1～	2.2～	2.3～	計
													18
													37
		1											25
													25
1												1	16
2				1									20
2	1	1											15
1	1												7
3	1	1		2	1								15
				1									1
				2	1		1		2	1		1	9
1						1							2
					1							1	2
			1	1									2
													0
					1		1						2
												1	1
													0
							1					7	8
10	3	3	1	7	4	1	3	0	2	1	0	11	205

表５　売券の諸得分と売価の関係

売価＼得分	0.0石〜	0.1〜	0.2〜	0.3〜	0.4〜	0.5〜	0.6〜	0.7〜	0.8〜	0.9〜	1.0〜
0.0石〜	1	13	1	1	2						
1.0〜	1	3	16	9	2	5	1				
2.0〜			2	3	9	6	4				
3.0〜				2	3	5	6	1	3	1	4
4.0〜				1	1	3	1	1		2	5
5.0〜				1			2	6	1		7
6.0〜							2	2		1	6
7.0〜									4		1
8.0〜								2		1	4
9.0〜											
10.0〜										1	
11.0〜											
12.0〜											
13.0〜											
14.0〜											
15.0〜											
16.0〜											
17.0〜											
20〜											
計	2	16	19	17	17	19	16	12	8	6	27

3　売価

続いて売価について検討する。二三〇通の売券中、売価の不分明なものを除くと二〇五通となる。これを対象として売価と諸得分（加地子・内徳・地徳・得分・定得分）の関係を考察してみる。但し、売価を貫高表示した例が六六通あるので、本項では便宜上、近江国堅田近辺に散在していた大徳寺祥瑞庵領の明応四年（一四九五）七月日付 年貢米納下帳[14]にある一石＝一貫を基準[15]とし概況を把握する。

前頁の表5は得分と売価の関係を示したものだが、前述の売価の貫高表示や地価の変動[16]などの諸問題があり、その間には相当のばらつきがみられるが、全体的には、当然のこととして売価と諸得分は比例関係にあるといえる。即ち、諸得分が売価の対象となったのである[17]。

さて、「朽木文書一七」には一五通に及ぶ文明十一年（一四七九）八月十七日付の一連の売券が所収されている。これによると売価はすべて「地徳」の六倍となっている。また、「朽木文書一七」の文明十三年五月十三日付 あちゃ女売券、文明十四年卯月八日付 円隆坊源純売券も各々[18]売価が「定徳分」の六倍である。その他、永正九年（一五一二）二月十一日付 行弥売券は「内徳」一石に対して売価六石、享禄四年（一五三一）十一月三日付 中林寺二郎衛門売券では「加地子」一五〇文で売価九〇〇文（各々「上丹生区有文書」）、天文五年（一五三六）十一月七日付 西谷ノおかめ売券には「加地子」一五〇文でやはり売価九〇〇文（「上丹生神社文書」）の例がある。一方、大原観音寺領が広がる坂田郡大原荘夫馬郷には付表11⑦―Ⓐ、Ⓑ、⑨―Ⓐのように得分（「得分」「加地子」「内徳」）の五倍とする場合も見られる。

そこで、二〇五通の売券の諸得分と売価の倍率を表化したものが表6である。これによると相当のばらつきがあるが、前掲の五倍丁度以上六倍以下の例が七七あり、全体の約三八％となる。また、全体平均もやはり約六倍になる。以上のことから江北地域の場合、売価は諸得分の五～六倍が中心となって変動していたのである。

表6 売券の諸得分と売価の倍率

倍率	件数
〜	4
2倍丁度	1
〜	7
3倍丁度	5
〜	10
4倍丁度	4
〜	19
5倍丁度	33
〜	20
6倍丁度	24
〜	21
7倍丁度	2
〜	16
8倍丁度	6
〜	13
9倍丁度	1
〜	7
10倍丁度	2
〜	10
計	205

これに対して、上島有氏[19]は七〜一〇倍が「京都およびその周辺の地域に共通する」と述べる。また水藤真氏[20]は若狭国の場合、明応期(一四九二〜一五〇二)以前は五倍、大永期(一五二一〜二八)以降は三・五〜四・五倍とする。一方でその間に位置する江北地域において、右のように売価と得分の倍率が中間の五〜六倍となっていることは、より詳細な分析を必要とするものの、畿内から遠方に向けての地価の格差があったことを示すのではないだろうか。

二 抜地と内徳

売買・寄進の対象となった「加地子」「内徳」「地徳」「得分」に関して、荘園本年貢負担記載のない売券・寄進状に特に着目してその存在形態を考えてみる。従来の加地子に対する理解は、鎌倉時代後期以降の土地生産力の上昇とともに、その余剰分が加地子名主職として成立するといったものであった[21]。従って加地子は、荘園公領制の基本的な徴税単位となる「定田」[22](公田)でない荘園本年貢負担なしの地、売却や寄進時に顕在化する所謂「抜地」との関連では考察されてこなかったように思う。そこで初めに江北地域の抜地の実態、その売却・寄進行為を明らかにする。

1　抜地

大山喬平氏（23）は名抜地とは売却の際、公方年貢負担を名内親地に留め置いた本役負担なしの地とし、また土地売却方式としては、右のような名抜き方式と、荘園年貢負担義務付きの通例方式が併存すると言う。そこでまずは「公方年貢段銭無也」と明記され抜地売券と思われる前掲付表11⑲―ⒶⒷⒸについて検討する。

Ⓐ売渡進　私領田地新券文之事

　合一段者在江州坂田北郡平方上郷之内六条七里六之坪、南縄本於三段次一段也、内斗一石三斗五舛代、公方年貢段銭無也、然共於以後公方段銭為諸公事、内斗三斗五舛残置者也、定得分一石也、

右件田地、元者小堀道済先祖相伝之私領也、雖然依有直要用能銭四貫二百文、限永代売渡申処実正也、雖可本証文相副依在地類、本証文裏ハリ（割）新券文以売渡申事実正明白也、然上者雖経子々孫々後々末代於此下地者、不可有違乱煩他之妨者也、若臨時段銭（二字衍）段銭諸公事出来候者、売主沙汰可仕者也、此上違乱煩候者、以本銭売返（買）可申者也、仍為後日証文状如件、

明応八年（一四九九）辛（己）未卯月二日　　小坂（堀）入道

道済（花押）

北

直隆（花押）

この売券は付表11⑲―Ⓐである。他のⒷⒸの耕地の売却も同様の記載となっている。但しⒷは在り所が「南縄本於二段次一段」、Ⓒが「南縄本於一段次一段」であり、同一地ではなく近隣地であることがわかる。つまり、小堀道済は明応八年卯月二日（Ⓐ）、同十二月（Ⓑ）、文亀元年（一五〇一）六月十二日（Ⓒ）に計三段（各斗代一石三斗五舛）の近隣地

を売却したのである。そして売却に際して、この三段田の所務関係に変化が生じた。元来、三段田は公方年貢や段銭負担のない耕地であり、この抜地形式の売却においてそれが顕在化したが、「然共於以後公方段銭為諸公事内斗三斗五舛残置者也」と記され、新たに段当三斗五舛の「公方段銭」（諸公事）という所務関係が成立したのである。売券には「残置」とあるので、諸公事の三斗五舛は、買得者（結局は諸公事を差し引いた一石を買得したことになる。Ⓒの買得者は「弘秀」とある）ではなく、小堀道済がそのまま保有したのであろうが、用途は「公方段銭」であるから、結局はこの売買を保障し得る権力に納入されることが予想できる。更にこの三段田（ⒶとⒸ）については、次のような売券・寄進状が残存している。

Ⓓ（端裏書略）

奉寄進田地之事

合半者在江州坂田郡平方上之郷之内六条七里六坪、南縄本於一段次一之内上半也、内斗六斗七舛五合代也、此内一斗七舛五合為諸公事之小堀道済へ入也、定得分五斗也、

右件之田地、元者円実坊買得之下地也、雖然為性妙禅尼灵供田惣持寺江奉寄進也、雖可本証文相副、依有地類本証文之裏をわり寄進申者也、仍為後日寄進之状如件、

文亀元年辛酉十月廿七日　　　　弘秀（花押）

右は付表11⑲―Ⓓであるが、在り所によりⒸの半分の田地であることがわかる。買得者弘秀により買得の約四か月後に母の性妙禅尼供養のために総持寺に寄進したものである[24]。この寄進状により得分六斗七舛五合が、寄進分＝定得分五斗、諸公事＝本主小堀道済分＝一斗七舛五合として確認することができるが、寄進された半（一八〇歩）の田地にも一斗七舛五合（Ⓒの諸公事三斗五舛の半分）の諸公事が割り付けられていたのである。また、次の売券は⑲―Ⓐと同一

地である。

Ⓔ（端裏書略）

永代売渡申　私領田地新放券文之事

合三斗五舛《一段者ノ内ヨリ》者在江州坂田北郡平方上ノ郷之内六条七里六之坪、南縄本於三段次一段公方年貢此内斗定能米三斗五舛に仕候て売申者也、此下地従主方毎年無煩可被召者也、御本所御免除自名之田数内也、

右件田地、元者惣持寺普賢坊先祖相伝之私領也、雖然依有直要用能米一石一斗ニ限永代売渡申処実正明白也、殊ニ本証文一通相副進上者、雖経後々末代子々孫々違乱煩不可有他之妨者也、仍為後日支証明鏡之状如件、

天文廿（一五五一）年三月□日　　売主惣持寺普賢坊

実勝（花押）

付表11⑲-Ⓔとしたこの売券は、在り所により⑲-Ⓐと同一地であるが、小堀道済の売却から既に五十二年が経過している。しかし、ここで着目すべきは本主の小堀道済の保有していた諸公事三斗五舛が、売却の対象となっていると言うことである。五十年以上経過して、どのような経路で諸公事が総持寺普賢坊実勝の手に渡ったのかは不明であるが、「諸公事三斗五舛」は「公方年貢」と表現されている。また、この下地の説明として、「従主方毎年無煩可被召者也、御本所御免除自名之田数内也」とある。この一段田には「主」がおり、毎年、支障なく「公方年貢」が納められると解釈できる。このことは、⑲-Ⓐで本主の小堀道済が「諸公事」（公方段銭）を保有し、その後、「諸公事」は総持寺普賢坊実勝が得ることとなり、天文二十年に売却（⑲-Ⓔ）の運びとなるのであるが、主（本主）による「諸公事」（公方年貢）の農民からの徴収、買得者への納入が相変わらず続いていたことを示唆していよう。また、「御本所御免除自名之田数内也」から元来、当該地は荘園年貢免除の名内の田地であったことがわかる。

さて、以上のような荘園年貢無負担の名内地が抜地形式で売却される事例は散見できる。例えば、大永二年（一五二二）二月二十一日付殿村家世売券[25]二通には次のようにある。田地一段の売券に「在坪江州坂田北郡柏原庄西方貞吉名ノ内抜地字長沢井ノ尻クロノ東縄本一段也、分米内徳舛ノ定八斗《（合カ）》一石也、但此内ヨリ公方年貢斗定五舛在之、口米者名親ヨリ弁申間、不可有御弁、納舛二つゝめて三舛五合也、併公方段銭卅文可有御弁、此外ハ無万雑公事」と記され、もう一つの田地小（一二〇歩）の売券にも「在坪江州坂田北郡柏原庄西方貞吉名ノ内抜地字長沢せトナワテ北南へ立クルノ東也、分米内徳納舛定四斗、但此内ヨリ公方年貢斗定二舛納舛ニツ、メテ一舛四合也、御《（ロカ）》米者親名ヨリ弁申間不可有御弁、并公方段銭十一文可有御弁、此外者無万雑公事」とある。

二つの土地はいずれも「貞吉名ノ内抜地」であり、それは「御《（ロカ）》米者名親ヨリ弁申間、不可有御弁」からも明らかである。しかし前者一段田の場合、分米一石より公方年貢五舛（納舛で三舛五合〈五舛×〇・七となっている〉）及び公方段銭三〇文が差し引かれている。一方、後者の一二〇歩の田地も分米四斗より公方年貢二舛（納舛で一舛四合〈二舛×〇・七となっている〉）及び公方段銭一一文が差し引かれている。この事実は、前掲付表11⑲のように売買や寄進の過程で諸負担体系が生じた状況と一致している。すなわち売却分の「分米」があり、そこから極端に低斗代の「公方年貢」や「公方段銭」が差し引かれる形で成立したのである。なお、分米は「内徳舛」「内徳納舛」で計算しており、売却対象となった「分米」は、そもそも名内留保分としての内徳（名内徳分）が、その専用の舛の「内徳舛」で計量されたことを明示している。

次いで年貢負担記載のない付表11⑤について検討する。左の売券は⑤―Ⓐである。

Ⓐ永代売渡保司給之下地之事

合四段者在江州浅井郡速水南之郷之内六段田、北縄本より三段目まで、又北より六段め一段合四段也、内徳分俵定六石四斗也、

此外無万雑公事下地也、

右件田地、元者弓削稲葉堀忠清雖為先祖相伝之私領、依有直要用、能米四拾五石弐斗に、限永代稲葉南殿江売渡所実正也、（中略）

永享十一己未年（一四三九）十二月十日　売主弓削稲場堀

忠清（花押）

これにより、速水南郷内六段田のうち「北縄本」から三段目までの三段と、同じく六段目の一段の計四段からの「内徳六石四斗」が、堀忠清から稲葉南に売却されたことがわかる。そして、それから六十五年後に「北縄本」に近い一段目の請状と、七十年後に二段目の売券が作成された（付表11⑤—Ⓑⓒ）。各々、左に掲出する。

Ⓑ請申一色下地之事

合一段者在江州浅井郡速水南之郷内字六段田、北縄本一段ナリ、公方年貢四斗春成百文内徳分舛定一石ナリ、無此外万雑公事、

右件田地、元者憑作之下地ニテ候へ共、相違なき下地ニテ候間、ひけい（秘計カ）(26)申事実正也、此下地者、違乱煩於有に者、四貫八百文代物、本物帰《カヘシ》に我々わきまへ返弁可申者也、毎年ことに内徳分升定一石ツ、にて、一段ツ、ほんさう可申候、一粒にても候へ、未進仕候ハゞ、其時下地お召はなされ可申候、仍支証状如件、

永正元年（一五〇四）甲子十一月二十八日　請人高田仲五郎

左近（花押）

ⓒ永代売渡申私領新放券文之事

合一段者在江州浅井郡速水南郷之内六段田、北より二段目一段也、徳分升定一石二斗代春成百文宛此外無万雑公事也、一円下地也、

右件田地、元者弓削源次郎先祖相伝私領也、雖然依有直要用能米俵定八石弐斗に、永代河内濱治部三郎殿江売渡

申処、実正明白也、(中略)

永正六年己巳十二月吉日　　　売主　弓削源次郎

清秀(花押)

道源(花押)

付表11⑤-Ⓐにあるように、永享十一年十二月十日に売却された四段田は、「内徳」六石四斗の他は「無万雑公事下地」であって、荘園年貢無負担の抜地として顕在化した。それが⑤-Ⓑの永正元年十一月二十八日の請状では新たに「公方年貢四斗春成百文」が、⑤-Ⓒの永正六年十二月吉日の売券では新たに「春成百文」が設定されているのである。この状況は、前述してきたように名内の徳分地が抜地となって売却・寄進される中で、その一部が新たに低斗代の諸負担として創設されている実態を明瞭に証明しているのである。(27)

そこで、売券・寄進状中の「公方年貢」(本年貢・所当・本役を含む)及び「公事」の段当額を計算してみる。「公方年貢」については、分析対象三四八通中一五四例(重出分除外、以下同)が算出可能で表7として左掲した。これによれば相当のばらつきがあるが、仮に付表11⑲-Ⓔで諸公事が「公方年貢」と称された三斗五舛を基準にして、それが含まれる四斗未満までの合計は四八例(約三一%)に達する。

表7　売券・寄進状の公方年貢の段当額

斗代	件数
≀	9
0.1石丁度	11
≀	6
0.2石丁度	1
≀	7
0.3石丁度	5
≀	9
0.4石丁度	8
≀	12
0.5石丁度	9
≀	5
0.6石丁度	14
≀	11
0.7石丁度	3
≀	5
0.8石丁度	11
≀	3
0.9石丁度	3
≀	4
1.0石丁度	7
≀	3
1.1石丁度	0
≀	2
1.2石丁度	4
1.4石丁度	1
≀	1
計	154

一方の「公事」については種々みられるが、「公事米」が頻出する。一二一例中（公方公事米一例を含む）最高段当額は七斗、最低が五舛で、二斗が九例、一斗五舛が六例を占め、平均は約二斗一舛である。その他では「（公事）段銭」一四例の最高斗代が六斗、最低一舛五合で、一斗が六例あり、平均は約一斗四舛となる。また、特殊例としては「朽木文書一七」の文明十年八月十七日付の一五通ある一連の売券において、「公事代」「地徳」ともに全て五斗代となっており、一定基準のもとでの売買がなされている。なお、右の他にも多種の「公事」があるが、いずれも段当三斗以下である。したがって、公方年貢負担のない売券・寄進状のみならず、低斗代の負担（諸公事・公方段銭・公方年貢など）のともなう売券や寄進状の対象となった土地も、在地留保分として潜在化していた所領とみなすことが可能ではなかろうか。

2　内徳

ここでは、専用の計量舛の存在や、抜地形式の売買、寄進の対象となった内徳について具体的に検討する。

㋐永代売渡申嶋郷和久野平内名田地事

　合二段者在所一段ハ栗田、一段わかさ道の上下あり、斗代ハ升定、石代、段銭共ニ、

右件之田地者、殿様（朝倉教景）之御判九段之分書しるし御判給候といゑとも、依有要用、現銭九貫文ニ永代売渡申所実正也、

但此九段之内より、社司免田ニ斗定弐石五斗代壱貫七百廿五文立申候へ共、此田地ハ内得分を致沽脚（却）候之間、本役等之事ハ、此方ニ拘候田地之内より沙汰申候間、売渡申候、此弐段之□□□（田地ニ）おひてハ、聊万雑公事有間敷候、[28]

（下略）〔本文書裏ニ朝倉教景ノ花押アリ〕

㋑永代売渡申下地之事

合畠二段在所桑子之北宮石名之内、年貢二貫九百五十文目此内八百五十目、五郎衛門分
右件之下地者、名内之徳分以、桑子明眼寺江代拾三貫二百五十文ニ、永代売渡申処実正也、年貢公事之義者、従本名可致沙汰候、此内色成し之年貢参百文、毎年本名江可有御納所者也、(29)（下略）

㋒　以上
今度急用之砌、兵粮三俵馳走候、依之天王前田地二畝(30)永代遣候、此下地真垣名之内、為内徳秡(抜)地候間、一切不可有諸役者也、(31)（下略）

㋐は福井県敦賀市の「西福寺文書」中の永正十二年（一五一五）二月九日付　春慶田地売券である。㋐の地は朝倉教景の安堵のある九段田であり、その中から社司免田として「弐石五斗代壱貫七百廿五文」が支払われる耕地であった。但し、この二段は「内得（徳）分」の売却であるので、本役（社司免田として納入される分）は残りの田地からの納入となるのであった。典型的な抜地売却の方式であり、その対象が内徳であることが明白である。加えて、この抜地にも段銭が生じていた。

㋑は愛知県岡崎市の「妙源寺文書」中の天文四年（一五三五）十月十四日付　桑子明眼寺宛　平岩了玄外四名連署畠地売券である。やはり「年貢公事之義者、従本名可致沙汰候」とあり、三段畠の抜地形式の売却例であるが、その対象となったものは「名内之徳分」、即ち内徳であった。また、これも同様に「色成年貢」三〇〇文が本名に納入されている。

㋒は滋賀県坂田郡の「成菩提院文書」中の天正十三年（一五八五）六月十三日付　柏隠書状である。天王前田地二畝は真垣名内の内徳であって抜地として下されたので諸役負担はないと解釈できる。

以上から内徳は名内に留保されていた得分であり、(32)それが抜地形式で売却・寄進されて顕在化したのである。その

際に、本名（本主）に対して多種の低斗代の諸負担体系が構築される場合があった。また、内徳の存在形態は田地のみならず、㋑にあるように畠地など多様な形態であったことが推測される。

3　加地子

一般的には、中世を通じての生産力の上昇と本年貢の固定化により中間作合的在地剰余の収奪形態と説明される加地子であるが、荘園本年貢と比べてもかなり多量の加地子を単に生産力上昇が生み出した剰余分とみなし得るのかという疑問が残るところであった(33)。そこで、前述した内徳の視点から再検討を試みる。次に示す史料は付表11⑨―ⒶⒷ、㉒―Ⓑである。

Ⓐ永代売渡申私領畠新放券文事

合二段者江州夫馬郷但有坪ハ畠中藤次郎名之内横道ノ上下畠二段、公方黒大豆一段ニ一斗宛、内徳ハ米一段ニ一斗宛也、

右件畠者夫馬郷（畠中）藤次郎先祖相伝之私領也、雖然依有要用分米一石仁観音寺密厳坊源慶仁永代売渡申処、実正明白也、（中略）

応仁二年戊子十二月廿九日（一四六八）　　口入五郎庄司

藤庄司　後家（花押）

売主夫馬郷畠中　治　部（花押）

息女　菊女（花押）

Ⓑ奉寄進　観音寺東谷薬師堂田事

合畠二段者字夫馬郷畠中藤庄司名内也、公方黒大豆二□（斗）同加地子二斗米也、

右件畠ハ密厳坊先祖相伝私領也、雖然為施主頓証菩提殊ハ子孫無病息災以申諸願故也、（中略）
文明九年（一四七七）丁酉十二月七日
密厳坊源慶（印）
（裏端書略）

前者の⑨-Ⓐは、応仁二年十二月二十九日に夫馬郷畠中藤次郎畠地二段を藤庄司後家・治部・息女菊女らが観音寺密厳坊源慶に売却した売券である。当該地からは公方黒大豆が段当一斗、内徳が米で段当一斗の負担があった。その九年後に買主の密厳坊源慶は、この土地を観音寺薬師堂田として寄進したのである。それが後者の文明九年十二月七日の寄進状（付表11⑨-Ⓑ）である。ここでは、公方大豆二斗とともに先の「内徳ハ米一段ニ▉斗」が「加地子二斗米」と記載されている。

なお、名の名前が「畠中藤次郎名」（Ⓐ）から、「畠中藤庄司名」（Ⓑ）となっており気になるが、地積・地目・買得者・寄進者・諸負担・得分の内容から同一地と判断した。名の呼称の変更については、Ⓐの売主の一人が「藤庄司後家」とあることから、名が畠中藤次郎から畠中藤庄司に相続されて「藤次郎名」が「藤庄司名」となった可能性もあろう。

Ⓑ売渡田地新放券之事（文脱）
合一段者在坪江州坂田郡大原庄之内夫馬郷畠中名□（治部カ）アミ也、字よし原西者よし原を限北者五郎庄司下地を限東者大平寺下地を限
南ハ上坂之四郎三郎殿下地をかきり也、公方年貢五斗、内徳分六斗、二斗公事米引定加地子四斗也、升者夫馬井田定、（舛申）(34)
右件田地、元者上教買徳相伝之私領也、雖然直要用依有能米弐石仁永代限太平寺行満坊仁売渡申處実正明白也、
（中略）
永正八（一五一一）カノトノヒツジ卯月十二日
観音寺浄教（花押）

口入夫馬治部（花押）

（裏端書略）

永正八年卯月十二日観音寺浄教が大平寺行満坊に一段田を売却した時の売券が右の㉒—Ⓑである。そこには「公方年貢五斗、内徳分六斗、二斗公事米引定加地子四斗」とあり、公方年貢の他に内徳六斗から二斗の公事米を差し引いた加地子四斗が売却の対象となっていることがわかる。

以上のことから抜地形式での売買・寄進の対象となった内徳は、その際に得分として定量化されて加地子と表現されたのであるから、[35]内徳を生み出す在地留保地が加地子を成立させる一要因となる。つまり、従来のような土地生産力の増大が加地子を現出させたとする理解にとどまらず、中世の荘園公領制の基本的課税対象地の「定田」や「公田」に捕捉できていない土地（畠地や荒地、山野河海などを含む）からも加地子は誕生したのである。かくして加地子は、年貢化せずに名内に留保されてきた得分（内徳）が、売買や寄進などを契機として定量的に保障、顕在化した部分と解釈することができる所以である。

三　買地安堵

荘園公領制下の納税耕地である「公田」は、基本的には売却禁止であった。[36]従って、そのもとで売却された多くの耕地は、仮に低額な公方年貢などの負担があったにせよ、原則的には非荘園公領的な留保地、永原慶二氏の言う[37]「私領」「非公田」が一般的であったものと推測される。そして以上の売却行為に対して、大名権力は買地安堵という対応を示した。すでに戦国期の買地安堵については、藤木久志氏・大石直正氏・藤井譲治氏・河村昭一氏・下村效氏・

和泉清司氏・久保田昌希氏・鈴木勲氏・粟野俊之氏など多くの先学により、伊達・蘆名・若狭武田・朝倉・長宗我部・後北条・今川・寒河江大江・最上などの事例が知られている。[38] また最近では入間田宣夫氏[39]が「中世国家と一揆」と題して、徳政とのかかわりで包括的に述べている。さて、藤木氏以来、戦国大名知行制との関連で論じられてきた買地安堵を、河村氏は加地子の安堵とした。[40] このような諸先学に学びつつ、未だ事例研究もなされていない江北地域の買地安堵の実態を明らかにし、加えてその背景や意義にも言及する。

1 実態と背景

付表12は江北三郡における買地安堵一覧である。[41] これによると永禄四年以前と以後で、その安堵者に変化が生じる。永禄四年以前は守護の京極氏をはじめとして、その「根本被官」と言われた今井氏や浅井氏、京極氏の支流の百々氏が買地安堵をおこなっていたが、同年以降は浅井氏にその行為は集中する。以前、小和田哲男氏[42]は浅井氏の戦国大名化の時期を支城在番制の成立などから永禄三、四年としたが、それはちょうど、浅井氏の買地安堵の独占化の時期にも該当する。したがって買地安堵制という面から見ても同時期の浅井氏は、国人領主から戦国大名へと成長する画期的段階にあったと考えられる。

さて、以上のように江北地域でも守護・国人層の買地安堵が確認でき、それが浅井氏のもとに独占されてゆくことがわかるが、引き続いて安堵文言などから買地安堵の背景について検討する。左の安堵状は付表12⑧⑩である。

⑧長岡郷（坂田郡）河上下地二段之事、従日向（左京亮）方、光汲房御買得之儀、令存知候、借懸由彼方雖被申候、徳政已前ニ被為所務
上者、聊不可有異義旨申究候、恐々謹言、
天文廿年（一五五一）

安堵文言	文書形式	典拠
永代買得而京極殿より御判を申請	譲与目録	井戸村文書(坂７−28)
如前々可有寺務	奉行人連署奉書	杉本坊文書(東史影)
大沢跡当給人雖競望候、巨細承分□□□如前々御寺納肝要候	書状	西秋文書 (坂６−59)(浅４−323)
大沢跡給人雖御相論候証跡明鏡之上者、御寺納不可有相違候	書状	成菩提院文書 (坂６−２)(浅４−290)
何不可有相違候	奉行人連署奉書	上平寺文書(坂６−60) 杉本坊文書(浅４−292)
如前々可有御知行候	書状	中村文書(坂６−292)
全不可有知行相違候也	書状	恵福寺文書(坂６−145)
聊不可有異義旨申究候	書状	郷野文書(浅４−263)
不可有勘落之事	置目	総持寺文書 (坂７−130)(浅４−309)
久政任折紙旨、如前々御知行不可有異儀候	書状	郷野文書(浅４−264)
御知行聊不可有相違候、自然給人衆何歟雖有之不可有御承引候	書状	竹生島文書(浅４−228)
一円ニ可被成御知行旨、最前長政以折紙被申候	磯野員昌書状	郷野文書(浅４−264)
猶以御買得之筋無紛之条全御裁判不可有相違候、……誰々雖競望族候可為御存分次第候	書状	郷野文書(浅４−264)
徳政雖申付候、当寺之儀天文廿二年如置目相除候	書状	竹生島文書(浅４−232)
於上平寺領者聊不可有異儀候	書状	上平寺文書(坂６−61)
貴所御買得事連々上へ御入魂之儀候、向後も万事不可有御疎略旨御申ニ候	郷秀就副状	郷野文書(東史影)

付表12　江北三郡買地安堵表

No	年月日	西暦	安堵者	被安堵者	安堵対象
①	文明 5. 9.28	1473	京極	井戸村備後守 沙弥定阿弥	日撫ノ本経田名
②	大永 7.12.27	1527	京極	長福寺	当寺本尊領同密蔵院諸買得寄進田畠
③	天文 3.10.11	1534	浅井亮政	玉村大蔵坊	大野木内大沢次郎左衛門尉前より御買得分
④	天文 3.12.16	1534	浅井亮政	成菩提院	大沢小次郎売地日光寺曼荼羅坊寄進分壱段字門田之事
⑤	天文 7. 9.16	1538	京極	上平寺密蔵院	上平寺密蔵院領同諸買得寄進物至于田畠山屋敷等
⑥	天文13. 6. 4	1544	百々信光	清浄院	宇賀野宝浄坊より御買得之下地
⑦	天文15.12.11	1546	今井定清	恵福寺	若宮殿御神領之内壱段買得と申候
⑧	天文20.12.19	1551	浅井久政	郷伊豆入道（秀就）	長岡郷河上下地二段之事従日向方光汲房御買得
⑨	永禄 4. 2.14	1561	浅井賢政	惣持寺	諸寄進寺之買得分
⑩	永禄 4. 4.14	1561	浅井賢政	光汲房	長岡郷河上下地二段御買得候
⑪	永禄 4.12.21	1561	浅井長政	竹生島	従海津御買得下地之事
⑫	（永禄 5）. 3.28	1562	浅井長政	光汲房	鏡新田四段小儀
⑬	永禄 5. 4.24	1562	浅井長政	光汲房	鏡新田坂前四段小儀
⑭	（永禄 9）11.27	1566	浅井長政	竹生島	（竹生島領）
⑮	9.11		樋口直房	上平寺	御本尊領諸寄進坊領買得之下地
⑯	10.28		加賀勝成	吉祥房	当郷（長岡郷）鏡新田

「典拠」欄の略称は以下の通り。坂＝『改訂近江国坂田郡志』、浅＝『東浅井郡志』、東史影＝東京大学史料編纂所影写本。数字は巻-頁を示す。

十二月十九日　　　　浅井左兵衛尉
　　　　　　　　　　　　久政（花押）
郷伊豆入道殿《（秀就）》
　　　御宿所

⑩長岡郷河上下地二段、御買得候、然処日向左京亮方、何歟被申様候、一向無謂候、所詮証跡明鏡上、久政任折紙旨、如前々御知行不可有異義候、恐々謹言、
永禄四《（一五六一）》
　四月十四日　　　　浅井備前守
　　　　　　　　　　　　賢政（花押）
光汲房
　　御房中

現在の坂田郡天野川上流、山東町長岡に比定される「長岡郷河上下地二段」を光汲房が日向左京亮方より買得し、それに対して浅井久政・賢政父子が安堵を加えたのである。郷秀就と光汲房の関係は不詳であるが郷氏の抱えていた寺庵の一つであろう。さて、当該地における買地安堵申請の背景には、売主の日向左京亮が「借懸」つまり永代売却ではなく賃貸関係にあったとして、徳政を機に売却後もその所有権を主張したことがあげられる。そして結局は、「徳政已前ニ被為所務上者」とあって、浅井氏の徳政以前から永代の所務が確認できるので永代売買として安堵を受けたのである。このことは買得地の所有権が不安定であったことを示しているが、河村氏はその理由の一つとして、笠松宏氏[43]・勝俣鎮夫氏[44]・菅野文夫氏[45]の諸論を引用批判しつつ、沽却地と売主の一体観念が社会通念としてあったと推測している。[46]

そこで左に掲出する若狭国のいずれも抜地形式の売券・寄進状・下地状（内容は寄進安堵状）から売主と沽却地間に

残存する実態を解明する。

㋐永代売渡申下地之事

合一段者金松名内在所倉谷之前

右下地者、雖為我ら重代相伝、要用あるに仍、諸御公事をのそき、為ぬき地と、代銭七貫二百文ニ売渡申処実正也、万一於此下地、とかく申事出来候ハヽ、為公方堅可有御罪科者也、但於後日、本名として出銭くわやく（課役）等之事申候共、此燈（証）文之旨にまかせ承引有間敷候、仍為後日永代売けん状如件、

永正四年（一五〇七）丁卯三月廿二日　　能世又三郎

助次（花押）(47)

㋑（端裏書）「御屋形様元光御披見

正空寄進状　酉十月二日也」

永代奉寄進松永金松名抜地之事

合一段者在所者、松永倉谷之前、分米一石五斗者（異筆）「并段銭二百文在之、判舛四斗四舛斗定」

右件抜地者、松永領家分金松名之内、永代雖買徳仕候、為明通寺三ヶ夜之仏名料、売券相副末代寄進申所実正也、然間、段銭諸公事除買徳仕上者、万一号本名主、又者他之妨在之者、為公方堅御成敗肝要候、仍永代寄進申状如件、

大永元年（一五二一）三月八日　　正空（花押）

明通寺

衆徒御中(48)

㋒

（武田元光）
（花押）

若州小浜西福寺江寄進田地壱段弐歩之事

但福堂名之内抜地ナリ、在所遠敷一本木ノ本、井子田ト云之、

右田地者、内藤上野介（膳廉）雖為給所之内、山東豊前守家忠令買得之、寄進之上者、無他競望可令知行、於此地者、聊不可有諸役諸公事等、縦雖有本名主職退転之儀、為新寄附之条、更不可有相違、永令領知之、可被専勤行已下之由、被仰出也、仍下知如件、

大永八年三月廿八日　　四郎兵衛尉膳忠（花押）

覚阿上人(49)

㋐は金松名内倉谷前の一段田を抜地として能世又三郎助次が売却したことを示す。㋑はその十四年後に正空が松永金松名抜地倉谷前の一段田を明通寺に寄進したことを示す。能世助次が誰に売却したものか不明であるが、両通がともに金松名抜地倉谷前の一段田の売券、寄進状で明通寺に残存していること、㋑に「売券相副末代寄進」とあってこの「売券」が㋐を指していると思われることから、同一地に関する史料とみてよい。つまり、この一段田は永正四年に能世助次から正空へ、大永元年に正空から明通寺へと売却、寄進されたのである。

㋐の時点ではこの田地に諸負担はなく、「諸御公事をのそき」とあり本名からの負担が見込まれる形式での抜地売却であった。しかし㋑の時点では異筆ではあるが、段銭二〇〇文、判升にして四斗四舛という新たな負担体系が創設されていることがわかる。そしてこのことは、端裏書の「御屋形様元光御披見　正空寄進状　酉十月二日也」との関連を窺わせる。若狭守護武田元光はこの寄進状を披見して買地安堵を与えたが、その見返りとして当該地に段銭二〇〇文を賦課したと推測できるからである。この寄進状が作成されたのは辛巳年であり、端裏書には「酉」とあるので

直近とすれば、四年後の大永五己酉年に買地安堵がなされたことになる。

㋒は山東家忠が内藤上野介膳廉より抜地形式で買得した田地を現小浜市西福寺に寄進したことに対して、武田元光が袖判を加えて安堵したのである。抜地であるので諸役諸公事の負担はないが、「縦雖有本名主職退転之儀、為新寄附之条、更不可有相違」に注目したい。抜地の原則は㋐のように本主（本名主）に本役（荘園年貢）負担を任せて無負担地として売却する形式である。故に理論的には仮に本名主が没落して本役納入が果たされなければ、その売却行為は認められず所有権は大きく揺らぐことになろう。ここに㋑のように大名権力の安堵、更には段銭のような低斗代の諸負担が創設されることになるのである。㋒では仮に本名主が退転（本名主からの本役納入がなくなる）しようとも、武田元光は当該地の寄進行為を新たに承認（新寄附）するとして保障を重ねたのである。

　河村氏は買得地の所有の不安定性を、「沽却地と売主の一体観念」が社会通念として存在したとするが、これを抜地売却の観点から実証する必要がある。抜地形式は前述したように本名主（本主）の本役納入が起点となっており、仮に永代の売買としても本名主との縁は残存した。そこに本名主の違乱の余地があった。㋐にはそれが「但於後日、本名として出銭くわやく（課役）等之事申候共」と具体的に記されている。そこで買得者は加地子得分保障要求を、本名主層への「色成し之年貢」[50]、あるいは大名権力への諸公事納入を引き替えとして具現化したのであった。

2　意義

　最終的に買地を安堵すると言うことは、大名権力にとって当該地の給地化を意味することに他ならない。既に下村氏・河村氏・入間田氏などの先学は、役負担をともなう買地の給地化を指摘している。とりわけ前述したが、河村氏は買地安堵を加地子の安堵とみなし、知行制に編入されたとする。それでは江北地域の場合はどうであろうか。

付表12の被安堵者をみると大部分が多くの売買、寄進活動に携わっていた「寺庵」層と思われる。彼ら「寺庵」は既述したように土地の買得や開発をおこなっていたが、それらの集積地は抜地が多くを占めていたものと推測される。したがって「寺庵」は、売却者の本名主を中心とする違乱行為を抑止するために、大名権力の保障を希求したのである。

こうした安堵には、当然のこととして御恩としての「役」負担がともなう。それは先学の指摘の如く買地の給地化と言えようが、江北地域の場合、その明瞭な史料に乏しい。しかし、多数の「寺庵」[51]を抱えていた大原観音寺には、永禄六年（一五六三）十月九日付 大原観音寺年行事宛 浅井長政書状[52]で陣僧の負担が命じられている。また、前出の坂田郡長岡郷内にある「鏡新田」に関して、次のような「寺庵」吉祥坊宛の書状（前者）がある。

当郷（長岡郷）鏡新田之儀為粮米悉雖勘落候、向後弥可有入魂之由候間、無別儀所務之儀可被申付候、猶郷（秀就）伊豆守可申候、
恐々謹言、
十月廿八日　勝成（加賀五郎カ）（花押）
吉祥坊[53]

これに対する副状（付表12⑯）を次に掲げる。

⑯当郷（長岡郷）鏡新田之儀悉御勘落候而、当城粮米ニ雖被入候、貴所御買徳（得）連々上へ御入魂之儀候、向後も万事不可有御疎略旨御申ニ候、殊御礼物被参之間具致披露候、無別儀之趣御書被参候、弥御用所之儀御馳走可為肝要候、委細藤右衛門尉可申入之間不能巨細候、恐々謹言、
十月廿八日　秀就（郷）（花押）
「（端裏）
郷伊豆守

吉祥坊御坊中　　秀就
（切封墨引）」

『改訂近江国坂田郡志』では「勝成」を「加賀五郎ヵ」とする。また『近江坂田郡志』収載の「校訂京極系図」には、京極高数の四代後に「勝成五郎」とある[54]。加賀氏は京極高詮の子息の高数が加賀氏を称したようで、この長岡郷に入部したという[55]。したがって加賀氏が長岡郷に勢力を有していたのは、浅井氏より前の天文末年以前のことであろう。

文書内容は、加賀勝成が長岡郷鏡新田を「粮米」として没収するが、吉祥坊の所務は安堵するとしている。郷秀就の副状にも「貴所御買徳（得）連々上へ御入魂之儀候、向後も万事不可有御疎略旨御申ニ候」とあって明瞭である。この買得地から吉祥坊がどれほどの加地子得分を所務できていたのかは不明であるが、当該地は「新田」とあって新開の抜地である可能性が高い。そして「向後弥可有入魂之由候間」や「御用所之儀御馳走可為肝要候」から、吉祥坊が加賀勝成に対して何がしかの奉公をしていたものと考えられるので、買得分である加地子得分が給恩化されていると言えよう[56]。

以上のように明確な事例は少ないが、江北地域においても諸先学が指摘するように、買地安堵により買得地が給地化し、換言すればそこからの加地子得分が給恩化し、大名権力の知行制に編入されたものとみなすことができる。

むすび

本節は、土地売却・寄進と言う私的レベルの社会現象から戦国大名権力を探究しようとしたものであった。この過程で明らかにしえたことは、次のようである。戦国期の江北地域において「寺庵」は買得や開発などにより土地を集積し、それらを「寺院」に寄進していたこと。斗代に関しては一石または一石五斗の売券・寄進状が多く、平均化すると一石二斗前後の斗代となること。売価は諸得分の五〜六倍を中心に推移していたこと。在地留保分の所領の抜地形式の売券・寄進状がみられ、そこには低斗代の負担のともなう場合もあること。売却・寄進の対象となったものは名内に留保されていた内徳であったこと。内徳は売却・寄進の際に定量化した得分としての加地子と称されたこと。加えて買地安堵については、永禄四年以降に浅井氏に安堵が独占されること。本名主の本役負担や、本名主への諸負担納入を背景とした買得地の所有権の不安定さ(本主からの違乱・競望)があること。このような在地矛盾を払拭するために大名権力に諸公事を納めたり、買地の給地化を希求したりしたこと。そして、大名権力からすれば買地の給地化は加地子得分を自己の知行体系内に取り込むことになったこと。以上である。

かくして戦国大名には、荘園制を権力基盤の中心に据えた政治権力とは言い切れないものがある。

註

（1）勝俣鎮夫「戦国大名今川氏検地の一事例」「戦国大名検地の施行原則」(同『戦国法成立史論』一九七九年)、同「戦国大名検地について―安良城盛昭氏の批判に答える―」(『史学雑誌』九二―二、一九八三年)。勝俣氏は以上の論考で「検地増分＝名主加地子得分＝名田ノ内徳」とする。

（2）安良城盛昭「戦国大名検地と「名主加地子得分」・「名田ノ内徳」―勝俣鎮夫『戦国法成立史論』によせて―」(同『日本封建社会成立史論』上、一九八四年)、同「戦国大名検地の分析方法とその具体化―大山喬平・勝俣鎮夫氏の大福寺分析の再検討と勝俣「反論」についての再批判もあわせて行なう―」(一九八三年六月十一日、歴史学研究会中世史部会報告）。安良城氏は以上の論考・報告で「検地増分＝名田ノ内徳＝隠田」とする。
（3）河村昭一「戦国大名の買地安堵について―若狭武田氏を中心に―」（『兵庫教育大学研究紀要』五、一九八五年）。
（4）売却・寄進当事者を階層別に峻別することは困難である。従ってここでは便宜的に「寺庵」に属さない有姓者を「土豪」とした。
（5）「観音寺文書」（『改訂近江国坂田郡志』〔以後『改坂』とする〕六―三八四）。
（6）「総持寺文書」（『改坂』七―九六）。
（7）既に以下の先学は、越前・美濃の中小寺院が「加地子」「内徳」「地徳」を集積していたことを指摘している。須磨千穎「越前国野坂荘内西福寺領の考察」（同『荘園の在地構造と経営』二〇〇五年）。なお、須磨氏は「名ノ内徳分」を「名主得分」とするが、抜地や加地子との関連では述べていない。高牧実「中世末美濃の土豪覚書」（『徳川林政史研究所紀要』一九六九年）、大山喬平「公方年貢について―美濃国龍徳寺の売券―」（『人文研究』二二―四、一九七一年、大山A論文）、同「中世末期の地主的土地所有」（『赤松俊秀教授退官記念国史論集』一九七二年、大山B論文）、永原慶二「室町幕府＝守護領国制下の土地制度」（『土地制度史Ⅰ〈体系日本史叢書6〉』一九七三年）
（8）例えば明応七年六月十四日付 大聖春運寄進状（「観音寺文書」『改坂』六―四九四）には、「右件下地者為妙済禅尼同琅運阿闍梨追善奉寄進者也、八月廿七日琅運日也、十一月二日者妙済禅尼之日也、此日無懈怠可有御弔者也」とある。
（9）「観音寺文書」（『改坂』六―五一〇）
（10）「西福寺文書」（『福井県史　資料編9中・近世七』二〇二頁）。
（11）「六角氏式目の所務立法」（勝俣註（1）著書）
（12）「朽木文書一七」（東京大学史料編纂所写真帳〔以後「東史写」とする〕）。

(13) 宮川満『太閤検地論第Ⅰ部』(一九五九年)三〇一頁。
(14) 「大徳寺文書」(『大日本古文書』家わけ一七―四―一七四)。
(15) 明応五年八月八日付 田付与一売券(「総持寺文書」『改坂』七―八四)の田地一段の売価二貫八〇〇文を仮に二石八斗とすると、定得分五斗六舛のちょうど五倍となる。
(16) 付表11の同一地でも地価の変動が窺われる。
(17) 表5によると、売価一〇石未満で得分一石二斗未満の売券が一六七通あり、全体二〇五通の約八二%を占める。これに対して、売価二〇石以上で得分二石三斗以上の売券も七通あり、これらは「国人・土豪」層の土地売却とみてよい。
(18) 「朽木文書一七」(東史写)。
(19) 上島有『京郊庄園村落の研究』(一九七〇年)二一八頁。
(20) 水藤真「武田氏の若狭支配―武田氏関係文書・売券の検討から―」(『国立歴史民俗博物館研究報告』第二集、一九八三年)。
(21) 『国史大辞典』三―二六七頁。「加地子」参照。
(22) 『国史大辞典』七―五六五頁。「定田」参照。なお、富澤清人氏は荘園検注について、丈量が行なわれた田を「取田」とすることから、「検注とは「取る」作業であったともいえる」と述べる(同『中世荘園と検注』九頁、一九九六年)。このことから、在地には逆に取られなかった留保地も存在したことが想定される。
(23) 註(7)大山A論文。
(24) ⑲―Ⓒには「此一段之内上半、総持寺へ寄進申者也、得分五斗也」と裏書がある。
(25) 「成菩提院文書」(『改坂』七―二二一)。

(26)『東浅井郡志』四巻四五八頁(以後『浅』とする)では「ひけい○請負義」とするが、「秘計」が妥当ではなかろうか。なお、「大徳寺黄梅院文書一」(東史写)を実見している。

(27)河村昭一氏は、越前の土地売買の分析において、「名抜き形式が一般的傾向である」と既述している(同「戦国大名朝倉氏の領国支配と名体制」『中部大名の研究〈戦国大名論集4〉』一九八三年)。

(28)「西福寺文書」(『福井県史　資料編8中・近世六』一九六頁)

(29)「妙源寺文書」(『新編岡崎市史　史料古代中世』九二五頁)

(30)下村效氏は「畝」表示に関して「中世農民の小規模耕地の開発と農民的土地所有の形成に伴う丈量単位」と性格規定した(「太閤検地の丈量、畝制の成立」『日本中世の法と経済』一九九八年)。そこで、分析対象の売券・寄進状のうち「畝」表示を抽出すると四五通が確認できた(同一地は除外)。その中で「無公方」と明記されているものが二通、本役負担記載のないものが三四通にも達した。ここに畝表示耕地と抜地の関連性を窺うことができる。

(31)「成菩提院文書」(『改坂』六―七)では「秡地」とするが、東京大学史料編纂所影写本(以後「東史影」とする)では「抜地」と読める。また、『改坂』では「(花押)」とあるが、「東史影」では黒印状である(印文不詳)。

(32)無論、「公田」の生産力向上により重層的に剰余分が生じて名内徳分として売却されることもある。例えば、付表11㉙の「公方年貢四斗二舛六合六夕公田也、内徳分三斗六舛」をあげることができる。

(33)永原慶二氏は名主加地子の成立に関して、「土地生産力の上昇分だけからは説明しきれないものがあり、本来的・潜在的な剰余留保分とともに減免分の一部もこれとかかわっていると思われる」と述べる(同「中世の社会構成と封建制」『岩波講座日本歴史4〈中世2〉』一九八五年)。また、西谷地晴美氏も「加地子得分は荘園公領制の成立段階から在地側に潜在していたと考えることもできる」とする(同「中世成立期における「加地子」の性格」『日本史研究』二七五、一九八五年）。

(34)『改坂』（六―五一三）では「井田」とする。また、「観音寺文書」（「東史写」）でも「井田」に近い。しかしここでは意味上から敢えて『大原観音寺文書』（滋賀県古文書等緊急調査報告二、一九七五年、二〇五頁）の「舛申」にしたがった。

(35) 既に三浦圭一氏は、文明二年六月日付 菅浦惣庄前田作得分定書（『菅浦文書』上―一五二）により、「内徳」を「『加地子』を意味する菅浦惣庄の独特な表現」とする（同「惣村の起源とその役割」『中世民衆生活史の研究』一九八一年）。更に藤井譲治氏は「若狭においては『加地子』という用語は見られず、それに代わる『内徳』という用語が多出する」と言う（同「戦国時代の加地子得分」『赤松俊秀教授退官記念国史論集』一九七二年）。また、河村氏（註(27)論文）や、神田千里氏（「越前朝倉氏の在地支配の特質」『中部大名の研究〈戦国大名論集4〉』一九八三年）も「内徳分」＝加地子得分と理解している。更にここでは、永禄四年六月十一日付 焼津神主次郎左衛門宛 今川氏真判物の「百姓相拘神田就加地子□□（有之）、以彼内徳分、今度之造作各致談合」（「焼津神社文書」『静岡県史料』三―八〇四頁）を例示しておく。

(36) 網野善彦「荘園公領制の形成と構造」（『網野善彦著作集』第三巻、二〇〇八年）。

(37) 永原慶二「加地子について」（同『日本中世社会構造の研究』一九七三年）。

(38) 藤木久志「戦国大名制下における買地安堵制―永正～天文期の伊達氏について―」（同『戦国社会史論』一九七四年）、大石直正「会津蘆名氏」（『福島県史 第一巻 原始・古代・中世通史編1』一九六九年、八七六頁）、藤井譲治註(35)論文、河村昭一前掲註(3)(27)論文、下村效「戦国・織豊期徳政の一形態―土佐長宗我部氏の買地安堵・上表・徳政をめぐって―」（同『戦国・織豊期の社会と文化』一九八二年）、和泉清司「戦国大名後北条氏における知行制」（同『関東戦国史の研究』一九七六年）、久保田昌希「今川氏の徳政について」（同『戦国大名今川氏と領国支配』二〇〇五年）、鈴木勲「陸奥・出羽両国における買地安堵状について」（『山形県地域史研究』二、一九七七年）、粟野俊之「戦国大名最上氏の買地安堵について」（『山形県地域史研究』六、一九八一年）など。
(39) 入間田宣夫『百姓申状と起請文の世界―中世民衆の自立と連帯―』（一九八六年）。
(40) 河村前掲註(3)(27)論文。
(41) 六角氏の例としては、大永四年七月二十七日付 多賀大社神官中宛 六角定頼安堵状（「多賀神社文書」『近江蒲生郡志』二―五一四）や、大永五年閏十一月二十三日付 朽木稙綱宛 六角氏年寄連署奉書（『内閣文庫影印叢刊朽木家古文書』上―五五五）がある。
(42) 小和田哲男『近江浅井氏〈戦国史叢書6〉』（一九七三年、八〇頁）。
(43) 浅井氏の徳政令としては、天文七年九月二十一日付 浅井亮政徳政条目案と、天文二十一年 浅井氏徳政条目案が知られる（ともに『菅浦文書』上―一〇五、一〇六）が、付表12⑧を天文二十年の浅井氏の徳政新事例としてよいであろう。
(44) 笠松宏至「中世の政治社会思想」（同『日本中世法史論』一九七九年）。
(45) 勝俣鎮夫「地発と徳政一揆」（同『戦国法成立史論』一九七九年）。
(46) 菅野文夫「中世の土地売買と質契約」（『史学雑誌』九三―九、一九八四年）。
(47) 「明通寺文書」（『福井県史 資料編9中・近世七』六一八頁）。
(48) 「明通寺文書」（『小浜市史 社寺文書編』六六〇頁）。
(49) 「西福寺文書」（『福井県史 資料編9中・近世七』二〇二頁）。
(50) 「妙源寺文書」（『新編岡崎市史 史料古代中世』九二五頁）、註(29)の天文四年十月十四日付 桑子明眼寺宛 平岩了玄外四名連署畠地売券。
(51) 天文二十一年十一月吉日付 浅井久政宛 大原観音寺二十三坊連署請文状（「観音寺文書」『改坂』六―五七四）には、闕

伽井坊・谷本坊・上之坊・延命院・梅本坊・密厳坊以下二三坊がみられる。

(52)「観音寺文書」(『改坂』六―五九九)。

(53)「郷野文書」(『改坂』六―七六)。

(54)『改坂』六―七六、『近江坂田郡志』上(一九一三年)七六四頁。

(55)『角川日本地名大辞典25滋賀県』(五〇四頁)。

(56)付表12⑥⑦⑩⑪⑫や註(41)の六角氏年寄連署奉書の安堵文言には、「御知行不可有異儀候」(付表12⑩)のように「知行」の語がみられる。この「知行」概念を今川義元、氏真の代において下村效氏は、「封建的主従関係の物質的裏付けとしての『知行』の意味への転化があることが推定されてよい」と指摘する(「知行の概念と知行の沽却」下村註(38)著書七五頁)。

〔付記〕

今回の上梓にあたって註(49)の解釈を訂正した。初出時は「於此地者、聊不可有諸役諸公事等」から本名主への負担がないことで当該地が隠田化し、西福寺への寄進行為で新たに役負担が設定され武田元光の安堵がなされたとした。しかしこれは名抜地(福堂名之内抜地)であるので、抜地売却の原則により本名主からの本役納入を前提に、本名主への負担は設定されないケースであった。その同地の売券(「西福寺文書」『福井県史　資料編9中・近世七』二〇一頁)が左である。

永代売渡申田地之事

合壱段弐歩　在所遠敷一本ノ木之本井ノ子田ト言之

右田地者、母候明白庵知行跡職田畠等、為給分従　上様被仰付、御判頂戴仕候、雖然依有要用、現銭七貫文ニ永代売渡

申処実正也、年貢壱石六斗　但此内六斗者浜売□定、残而壱石者一俵売升四斗弐升入之定也、同段銭弐百文
毎年可有御納、　御判相副可進候へ共、自余之田地相加間無其儀候、為其案文写進之候、於此田地聊不可有諸役諸公事
等、為子孫違乱煩申者并他ノ競望有間敷候、若とかく申者在之者、可為盗人之間、為公方堅可有御成敗者也、仍為後証
売券状如件、

大永八年戊子三月二十七日　　内藤上野介

膳廉（花押）

山東豊前守《（家忠）》殿

まいる

寄進前日の売券であり、翌日の武田元光の承認をともなう西福寺への寄進が既に決定済みの売却と考えられる。それは「自余之田地相加」とあって、買得後に西福寺領に加わることが予想できることからも説明できよう。同地の年貢一石六斗の内訳として「此内六斗者浜売□定、残而壱石者一俵売升四斗弐升入之定也、同段銭弐百文」と記されている。内藤膳廉の給分地化していた当該地には右の年貢体系が創設されており、買得者の山東家忠はこれを西福寺に父母の霊供田として寄進したのであった（大永八年三月二十八日付 覚阿上人宛 山東家忠田地寄進状「西福寺文書」『福井県史 資料編9中・近世七』二〇二頁）。しかし、この売買・寄進は名抜という形式から問題の残るものであった。それは、売券と同日付の次の（大永八年）三月二十七日付 山東家忠宛 内藤膳廉書状（「西福寺文書」『福井県史 資料編9中・近世七』二〇二頁）に窺われる。

一筆令啓候、仍御判之旨ニまかせて、遠敷一本之木之本田地、永代売渡申候也、雖然万一此下地相違ニ付て者、加斗之
庄段銭之内、以本銭何時も可申合候、恐々謹言、

（大永八年）三月二十七日　　内藤上野介

膳廉（花押）

山東豊前(家忠)守殿

まいる

注目すべきは「万一此下地相違ニ付て者、加斗之庄段銭之内、以本銭何時も可申合候」である。難解な解釈であるが、「加斗之庄」とは戦国期に武田氏の支配が及んでいた小浜市の加斗荘のことであり、もしも当該地の売買や寄進に障害が生じた場合には、加斗荘の段銭の一部を「本銭」とすることを申し合わせたと読める。即ち、名抜地売却・寄進であるので、本名主の違乱があった場合は、本文での「色成し之年貢」（註（50））に相当する「本銭」の本名主への負担を確認したのではなかろうか。しかし武田元光は、仮に本名主が没落し本銭負担がなくなっても、この寄進を袖に花押を据えて保障したのである。それが、註（49）の御判下知状の「縦雖有本名主職退転之儀、為新寄附之条、更不可有相違」として明示されているのである。

なお、この〔付記〕は、松浦義則氏の「戦国大名若狭武田氏の買得地安堵」（『若狭武田氏』〈シリーズ・中世西国武士の研究4〉二七〇頁、二〇一六年）中における筆者への批判に対して、筆者の現在の考えを開陳する意味もこめている。

第三節　戦国期越前国の負担体系と朝倉氏
―敦賀郡善妙寺領の分析―

はじめに

近年の戦国期越前朝倉氏の在地支配に関する研究は、名体制、とりわけ河村昭一氏(1)の指摘した「名立」政策を中心に展開してきた。河村氏は朝倉権力の特質を名体制維持に求め、「ここに「荘園体制社会の最終段階」における戦国大名権力のあり方をみることができる」と結論した。これに対して神田千里氏(2)は「名立」の意義を、本年貢分と加地子分を一元的に朝倉氏の知行制に捕捉した政策とし、新しい権力論を提示した。一方、勝俣鎮夫氏(3)は以上の先学が「沽却散在地」に対する視点から、「名立」政策を一般化して論じていることに問題点を見出している。

これが在地支配からみた朝倉氏権力論の大局的な研究状況である。しかし本節では、制度的な収取単位としての「名」あるいは「名立」という政策的側面から朝倉氏権力を考察する手段はとらず、戦国期に越前国で広範囲に成立していた諸収取体系(本役米銭・段銭など)そのものの性格を在地側の諸状況より検討し、最終的にそれを権力の一端に編成した朝倉氏の性格を解明してゆく方法をとる。

そのために先ず、戦国期の越前に広く看取できる名抜地売却・寄進例を確認し、それにより、荘園年貢無負担の名内得分地にもかかわらず、新しく諸負担体系が成立していたことを明らかにし、それを前提として、永禄元年(一五五八）六月五日付 善妙寺寺領目録を分析し、戦国期の新しい諸負担体系設定の意義を追究する。そして最後に、永禄十三年二月四日付 善妙寺寺領差出等から、朝倉氏の分数役徴収による寺領安堵という視点で、その権力論に迫ってみたい。

一　抜地売券・寄進状の分析

かつて大山喬平氏[4]は、美濃国龍徳寺の土地売券・寄進状の分析で、荘園年貢負担義務付地売却と、荘園制解体過程における土地売却の一形式として荘園年貢無負担地（名抜地）売却を明らかにした。筆者も以前、若狭国と美濃国と西三河地域の抜地売却・寄進例を表示し、抜地でも諸負担のない耕地（B形式）と、諸負担体系が創設されている耕地（A形式）のあることを述べた[5]。これに対して本多隆成氏[6]は、筆者の右の区分の根拠の曖昧さを指摘したのだった。ここでは越前国の抜地売券・寄進状を分析し、右の抜地方式で売却された耕地の二つの存在形態を再確認し、また諸負担の成立している形態において、その売却方式を考察する。

既に河村昭一氏[7]は、天文八年（一五三九）十月十八日付「平泉寺賢聖院院領目録」などの分析をおこない、「越前における土地売買はいわゆる名抜き形式が一般的傾向であることがほぼ明らかとなった」と述べている。

そこで本節では、越前国の名抜き方式と確認できる売券・寄進状を表化し（付表13）、在地に留保されていた戦国期の荘園年貢無負担地の実態を検討してゆきたい。

付表13によれば、名抜地売却においては、諸負担を親名地に任せ、まったくの無負担地として売買される場合と、段銭などの諸負担体系が成立している名抜地として売買される場合のあることがわかる。次の売券（付表13②③）は各々の典型例である。

②　永代売□

合壱段者□

右田者依有要用料足伍貫文ニ永代売渡申候、但在所者金山重実名之内堀田にて候間、彼名之名役公事等名主一円ニ沙汰仕候条、此田ニおいてハ一向公事なしニ永代売申候、然上ハ更々親他之妨あるましく候、千万為子孫違乱之輩出来候ハヽ、公方之御さたとして可有御成敗候、仍為後証永代売券如件、

文明十五年(一四八三)癸卯卯月念日

売主金山住人右近(花押)

同子弥太郎(略押)

③　永代うりわたし申かう(江)三郎名八一(8)のぬき(抜)の事

合一所者斗代参斗三舛、ありつほハ両せんのおもろ、東ハ上つうのハせおさかい、南ハちさうたう(地蔵堂)の田おさかい、西ハ両せんのいやしきおさかう、北ハ同名おさかう也、

右かの名てんハ、わたくしちう代さう(相伝)てんの下地たりとゆへ共、要用有仍、けんせん(現銭)壱貫文ニうりわたし申所しち也、但この下地の内よりおや(親)名之内ゑ二舛まいねんけたい(懈怠)なく御ちきやう(知行)あるへく候、又地さうたうの御たうちやう(道場)へ壱斗一舛毎年けたいなく御さた(沙汰)候て、内とく(徳)二斗御ちきやうあるへく候、此下地ニりんしてんやく(臨時点役)まんさうくし(万雑公事)あるましく、又此下地ニおき候ておや子きやう(兄弟)代、又名つれしゝそんそん(子々孫々)なんとゝ申物いてき候てさまたけ申候ハヽ、くはう(公方)の御さたとして御さいくわん(罪科)あるへく候、その時一口しさい申ましく候、よつて永代うりけんの状如件、

諸負担・得分など	斗代	備考	典拠
貞光内抜田550文所 南友重内抜田300文所			慈眼寺文書(福 6-769)
彼名之名役公事等、名主一円ニ沙汰仕候条、此田ニおいては一向公事なし			永厳寺文書(敦 2-768)
おや名内へ２舛、地蔵堂御道場へ１斗１舛、内徳２斗知行	0.33石	三郎名八一のぬき、ありつほハ両せんのおもろ	鵜甘神社原神主家文書(福 6-632)
万雑公事名主沙汰可申候、但段銭等事者買主方へ被□候	(１石以上)		永厳寺文書(敦 2-769)
	１石	五名をはつれ候	永厳寺文書(敦 2-769)
分米５斗	1.5石	吉野下保金屋名之内抜田	昌蔵寺文書(福 4-32)
内得分之私領段銭ハ名主之方へ可有沙汰			西福寺文書(敦 3-264)
内得分を致沽却候之間、本役等之事ハ此方ニ拘候、田地之内より沙汰段銭共ニ売渡申			西福寺文書(敦 3-268)
名内得分之内ニ候間、段せんそのほか諸役なしニうり申候、分米８斗５舛９合	0.859石		永厳寺文書(敦 2-770)
名之内徳之山			洞泉寺文書(敦 4 上-349)
年貢者段別１石代、此内より本役ハ毎年５斗宛親名江御さた	１石		滝谷寺文書(福 4-280)
上成諸役等被致其沙汰、於余分者為内徳可有所務、分米４石５斗		正包名之内抜田	越知神社文書(福 5-282)
名道名之内徳にて候へ□永代売渡申候(段銭アリ)	(0.83石以上)		永厳寺文書(敦 2-772)
１石之下地２ヵ所		唯智名四分一之内、ぬき地に売	野村志津雄家文書(福 5-426)

付表13　越前国抜地売却寄進一覧

No	年月日	西暦	地積/地目	売価	売却・寄進者	買得・被寄進者
①	文明 6.11.13	1474	不明/田	寄進	宗伝	慈眼寺
②	文明15.卯.20	1483	1段/田	5貫	右近・弥太郎	
③	延徳元. 3. 5	1489	一所/田	1貫	衛門太郎	
④	延徳 3. 3.27	1491	1段/下地	4貫800文	末友刑部五郎	
⑤	明応 7.12.13	1498	1段/田	不明	三郎大夫	
⑥	永正 2. 3.25	1505	小/田	寄進	窪太郎左衛門吉久	乗祐道場
⑦	永正 7.11.21	1510	1段半/田	6貫	太郎兵衛	西福寺
⑧	永正12. 2. 9	1515	2段/田	9貫	春慶	
⑨	永正13. 4. 7	1516	1段/田	5貫	二郎大夫	
⑩	永正14.卯.15	1517	一所/山	1貫500文	五幡浦下方住人	洞春庵全尖
⑪	永正17.4月日	1520	5段/田	10貫	前波藤房	
⑫	大永 2. 8.22	1522	（2段以上）/田	寄進	府中竜門寺瑞安	越知山大谷寺
⑬	大永 2.12.27	1522	1段/田	3貫500文	さ近大郎	（永厳寺某軒）
⑭	享禄 3.11.29	1530	二所/田	4貫	常願兵衛	

年貢米２斗５舛の内、５舛ハ公方年貢也、親名衛門次郎方へ残而内徳２斗之内１斗分左衛門三郎へ、のこり１斗ハひめにゆつり候		江三郎名之内、めうけう屋しき	鵜甘神社原神主家文書（福６-634）
本役年々無沙汰有限本役并小成物如前々之可有御沙汰候			金沢市立図書館所蔵文書（福２-612）
		助遠名抜地	鵜甘神社原神主家文書（福６-637）
於田地臨時天役万雑公事ある間敷候		定末名四分一抜地	鵜甘神社原神主家文書（福６-638）
分米２石３舛	1.5333…石	中野保之内、本所方恒久名之抜地	中道院文書（福５-121）

延徳元年（一四八九）つちのとのとり　三月五日
衛門太郎（略押）
うりぬし池田下庄水海地さうたう村之住人

付表13②売券の耕地は、金山重実名の「名役公事」負担を名主に任せるという典型的な名抜き方式を示す文言から、同方式で売却された金山重実名内の「堀田」＝新開発地であったものと思われる（B形式）。一方、③は江三郎の名抜地であるが、当該地には、親名へ二升、地蔵堂御道場へ一斗一升の負担が義務付けられており、残りの「内徳二斗」が実質上の売却対象となっている。ここに戦国期の越前国でも名抜地における諸負担体系の設定が確認された（A形式）。そして付表13によれば、名抜地に成立した諸負担の納入先には、名主⑦、親名③⑪⑮の多いことがわかる。また、諸負担の内容は段銭④⑦⑧⑬、本役⑪⑯、上成⑫、公方年貢⑮、小成物⑯などが認められる。

続いて、右のような名抜地売却の対象となった名内得分＝「内徳」[9]分の性格を考え、名抜方式による売却・寄進以前の「内徳」を内在させた在地構造に迫ってみたい[10]。結論的に言えば、「内徳」は名内に潜在する様々な形態の留保分が、売却・寄進な

⑮	天文 4. 3. 5	1535	一所/屋敷	譲与	浄観	左衛門三郎
⑯	天文19. 9月日	1550	抜地/不明	譲与	富田吉順	三輪弥七
⑰	永禄 4. 12. 28	1561	二所/田	米１斗	太郎五郎兵衛	下田中左衛門次郎
⑱	永禄 8. 6. 2	1565	一所/田	300文	六兵衛太郎	下田中左衛門次郎
⑲	元亀 2. 12. 18	1571	１段半/（田）	不明	花光寺	元三大師

「典拠」欄の略称は以下の通り。福＝『福井県史 資料編』、敦＝『敦賀市史 史料編』。数字は巻-頁数を示す。
No ②⑧は、既に河村氏が名抜地売却とする。

どにより定量化・顕在化したものと思われる。例えば、次の売寄進状（付表13⑩）は、「名之内徳之山」が売却されている事例である。

⑩　永代売渡申同奇（寄）進申山之事
合一所有在坪五幡保内庵之小谷也、東者洞落之小尾塚、南西者江良山之尾塚、北は堂山之尾塚谷一円、以上、
右山者、雖為我等先祖相伝之後名之内徳之山、依有用要（ママ）、現銭一貫五百文に洞春庵全尖え永代売渡、同寄進申所実正明白也、然上者、雖経子々孫々後々末代、不可有違乱煩他妨者也、万一号子孫、違乱族在之者、為公方可預御罪科者也、依為後証、売券同寄進之状如件、

加判衆仏士各右衛門（花押）
同中屋名左衛門五郎（花押）
時永正（一五一七）十四年
売主五幡下方住人
卯月十五日
後名主新《刀禰也》左衛門（花押）
同名主大西衛門（花押）

同名主　明法（花押）
同名主衛門四郎（花押）
同名主　彦太郎（花押）

五幡下方新左衛門以下五人の名主得分地であった「後名之内徳之山」が、洞春庵全尖に売寄進されたのである。また、この売寄進に関しては、同年月日付で、やはり新左衛門らの連署する寄進状[11]があり、それによれば「是者内徳之山にて候へは、万蔵（雑）公事無更」とあって、売寄進対象の「内徳」が名主等の得分として荘園年貢無負担地から発生したことがわかる。更に次の売券（付表13⑨）は、右のような「内徳」＝名内得分が、荘園年貢無負担地に成立する性格を示している。

⑨　永代売渡□

合壱段者西ハ太□　分米八斗五舛九合□

右之田地ハちう代さうてんのちたりといへ共、用々（要用）あるニよつてけんせん五貫文ニ永代うり渡申処しつ正也、さ候間、せんそさう田の名内得分之内ニ候間、段せんそのほか諸役なしニうり申候間、万さうくしなしニ末代御ちきやうあるへく候、此うへハ子々孫々としていらん申者あるましく候、仍為後日状如件、

永正十参年四月七日　　木崎之住人
二郎大夫（花押）

売却対象の一段田は「名内得分之内」であるので「段せんそのほか諸役なしニうり申」とある。従って当該地は、名内得分地の売却例であり、そこに成立する「諸役なし」という内徳の本源的性格を明確に表現しているのである。[12]
以上のように内徳には、荘園年貢を免除された名内各所に留保される諸得分の意味があり、その内徳を対象とした

名抜き方式の売買・寄進とは、対象地を名編成から除外するという意味を持つものである。そして、戦国期の越前国にはこのような方式の土地売買が盛行していたと思われることから、在地側には広範囲に荘園年貢無負担であった名内得分地が広がっていたものと予想される。一方、前掲の付表13③や⑫のように、名抜地自体に諸負担が創設されて売却・寄進がおこなわれているケース（A形式）も確認できる。そこで更にこの場合について、左の売券⑬と「一紙目録」より検討を加える。

⑬　（前欠）

合壱段者在所ハのさか郷東□　□てくろ北ハあせ斗代八斗三舛□　□御納候へく候、
右彼田地者仍有要用、現銭三貫五百文ニ限永代売渡申候処実正也、公方之御段銭を堅御催促候間、名道名之内徳にて候へ□（共カ）、永代売渡申候処実正也、万一菟角申候人出来候ハヽ、以此支証為公方堅御成敗可有、親他之違犯有間敷候、仍而為後証永代状如件、

大永弐（一五二二）年十二月廿七日　　あわうの御名
さ近大郎（略押）

□軒之一指（紙）目緑（録）

一段大永元年九月廿六日代三貫五百文年貢八斗五舛段銭在　宗□（胤カ）
一段大永元年八月十日代三貫六百文内斗八斗二舛段銭無　あさうの中二郎
一段大永元年十二月十六日代四貫文年貢八斗三舛段銭在　あわうのさ近
一段大永二年十二月廿七日代三貫五百文年貢八斗三舛段銭在　あわうのさ近大郎

一段大永四年三月十六日代四貫文年貢八斗段銭なし　かわむかい大郎衛門
二段大永五年十二月廿七日代六貫文年貢壱石六斗六舛段銭在　あわうの二郎さ衛門
一段大永七年五月二日代三貫八百文年貢八斗三舛段銭在　あわうの二郎さ衛門
小　大永七年二月十日代壱貫五百文　かわむかい大郎衛門
半段大永七年十一月十六日代弐貫弐百文段銭在　あわうのさ近
一段大永八年十月十六日代三貫五百文（○コノ部分ニ裏花押アリ）年貢八斗三舛段銭在　あわうのすなかれ右近
一段享禄二年十二月廿七日代三貫五百文年貢八斗三舛段銭在　あわうのさ近大郎
一段享禄二年十二月三日代三貫三百文年貢八斗三舛段銭在　あわうのさ近大夫
已上壱町壱段余　すなかれ
享禄三年（一五三〇）庚寅七月廿四日(13)

前者の左近大郎売券は、「一紙目録」の四筆目に相当するので、当該一段田は、「一紙目録」を所蔵する永厳寺の一塔頭と思われる「某軒」に売却されたのである。また、売券中の「名道名之内徳にて候へ□（共カ）、永代売渡申候処実正也」から、この一段田は「名道名」の内徳分を留保していた一段田が、名編成より抜き去られる名抜きという形式で売却された可能性が高い。そして、この他にも「一紙目録」中の三・五・六・一〇筆目に相当する田地売券が永厳寺文書中に残存するので、この「一紙目録」は内容的には買地目録とすることができ、さらに言えば四筆目に代表されるように、内徳分を対象とする永厳寺某軒の土地集積と考えることができる。また、これらの買地の所務関係をみると、「年貢」「段銭」の存在がわかる。「年貢」に関しては、前掲の左近大郎売券の「斗代八斗三舛」が「一紙目録」に「年貢八斗三舛」とでてくる。一方、段銭については「一紙目録」の六筆目・一〇筆目に相当する左の田地売券が参考となる。

永代うり渡申田地之事

合弐段者在所ハのさか郷、東ハ政所屋之田とさかへ、南ハミちとさかへ、西ハかわくろとさかへ、きたハ地るいのあとさか
へ、段せん共ニ御納あるへく候、

右之田地ハ用々あるによつて、けんせん六貫文ニ永代をかきりうり渡申所実正なり、此田地ニおいてささおい（相違）あ
る間敷候、其子細ハ政所屋のそ□（きカ）分ニゆつくりの田地事にて候へハ、しんるい申候て此下地ニおいてははん（万）一と
かく申人候ハヽ、此しやう（支証）をもつて、公方としてかたく御せいはい（成敗）あるへく候、其時一言子細申間敷候、仍永
代状如件、

大永五年十二月廿七日　砂流郷之内

二郎左衛門尉（花押）（一14）

右が六筆目、次が一〇筆目である。

（端裏書略）永代売渡申候田地之事

合壱段者在処ハ中田之分、東ハくろをさか、（ゑ脱カ）南ハ長畠之路をさかゑ、西ハゆかわお境、北ハ彦太郎田お境、年貢段銭御納候
へく候、

右件下地ハ仍有要用、現銭三貫五百文ニ限永代売渡申候処実正也、此田地ハ我々かあんしち分にて候間、如此限
永代売渡申候、於此田地親他之違乱有間敷、若兎角申候者出来候ハヽ、以此支証為公方御成敗可有、其時一言之
子細申候ま敷、仍状如件、

大永八年つちのへ子拾月十六日　すなかれ

右古（近カ）（花押）（15）

右の二通の田地売券の四至表示の最後に、「段せん共ニ御納あるへく候」「年貢段銭御納候へく候」と記され、年貢・段銭が買主の永厳寺某軒に納入されていたことがわかる。そしてこれは、「但段銭等事者買主方へ被参候（16）」とある付表13④売券とも同例である。以上のことから、「年貢」「段銭」を含めての名抜形式の売買（但し買主から更に上級領主に上納する可能性もある）を想定することができる。

一方、若狭国の事例であるが、次の抜地寄進状にみられるように、段銭諸公事などの諸負担を除外して売却がなされている場合もある。

（端裏書）「御屋形様元光（武田）御披見

正空寄進状　　酉十月二日也」

永代奉寄進松永金松名抜地之事

合一段者在所者、松永倉谷之前、分米一石五斗者（異筆）「并段銭二百文在之、判舛四斗四舛斗定」

右件抜地者、松永領家分金松名之内、永代雖買徳仕候、為明通寺三ヶ夜之仏名料、売券相副末代寄進申所実正也、然間、段銭諸公事除買徳仕上者、万一号本名主、又者他之妨在之者、為公方堅御成敗肝要候、仍永代寄進申状如件、

大永元年三月八日　　　　正空（花押）

明通寺

衆徒御中（17）

正空が買得した抜地一段を若狭国小浜の明通寺に寄進したのである。かつて筆者は、この寄進地をA形式（諸負担

付の場合）としたが、本多隆成氏は「寄進をうけた明通寺が「諸公事」の負担を負わないという点では（B形式＝諸負担なしの場合と。引用者註記）同じこと」と述べ、筆者の区分に疑問を投げかけた。確かに工空は金松名一段を名抜地形式で買得したが、その際には「段銭諸公事除買得仕上者」とあって、段銭・諸公事は本名に留めての買得であった。この意味からすると本多氏の指摘のようにB形式の売買となろう。しかし、その後の工空から明通寺への寄進にあたって、本名主などからの妨害から逃れるために、若狭守護武田氏の保障（具体的には端裏書の安堵の加筆）[18]が不可欠となり、ここに新たに当該地に「段銭二百文（判舛四斗四舛）」が生まれたのである。即ち、段銭負担をともなうA形式の抜地寄進例と言えよう。[19]なお、この史料の解釈については、本書第二章「戦国期の負担体系」第一節「加地子試論」（一五六頁）や第二節「戦国期の買地安堵」（二三一〜二三三頁）でも同様の論旨を展開した。

以上のように、戦国期の越前国・若狭国の土地売券、寄進状には、内徳を内容とする多数の名抜方式の事例を想定することができ、その際には、名抜地に諸負担の成立している場合と、無負担地のままの場合のあることが確認できた。

そこで次に、戦国期の越前国における内徳分を内包させた在地留保地に創設された諸負担体系の実態を検証し、その成立の意義を追究するために、当該期の越前国の寺領目録である永禄元年六月五日付 善妙寺寺領目録の分析を試みる。

二　善妙寺寺領目録の分析

福井県敦賀市神泉町にある浄土宗の古刹手筒山善妙寺は、古くは気比神宮寺中の釈迦寺と称された寺院[20]で、応永三年(一三九六)三月二十八日の越前守護斯波義将の外題が認められる「善妙寺当知行地注文」[21]により寺領安堵がなされ、以降、朝倉氏の支配下に編入されていった。なお、これより検討する永禄元年(一五五八)六月五日付 善妙寺寺領目録[22](以後「寺領目録」とする)は、既に水藤真氏が『朝倉義景』で分析を加えているが[23]、本節ではより多方面から細密に検討してみた。

(1)善妙寺領概要

先ず「寺領目録」の記載様式を示すために、冒頭部分である善妙寺領常住分の「田数」と「地子銭納分」の一部を左に掲示する。

越前敦賀郡善妙寺領常住分目録之事[24]

田数

在坪ハ長塚、東ハくろ、南ハ地類、西ハ西方寺分、北ハ板倉殿分ヲ堺也、
壱段小　分米壱石壱斗五舛此内壱斗五舛川成不作　段銭百参文

在坪ハ長塚、東ハ道、南ハ正行庵分、西ハ長谷部殿持分、北ハ地類ヲ堺也、
壱段　分米八斗　段銭七拾五文

在坪ハ前崎かはな辻堂之本、東ハ道、南ハ地類、西ハくろ、北ハ宇野左京亮殿分ヲ堺也、
大　分米六斗　段銭五十三文

(中略)

地子銭納分

壱所　六百文本　宇野左京亮殿居屋敷

壱所　弐百六文本但春秋ニ　本勝寺　居屋敷

壱所　壱貫八百文本但春秋ニ　本妙寺　居屋敷
在所ハ東町、地口三間奥ヘ九間、六尺三寸間ヲ以、東ハ溝、南ハかい道、西ハ地類、北ハ中橋之まちヲ堺也、
壱所　六百十八文本　月別六十文宛
同所、地口弐間半奥ヘ九間、同尺間也、東西ハ地類、南ハかい道、北ハ中橋之まちを限也、
壱所　八百廿四文本　月別八十文宛
（下略）

「寺領目録」は、表8にある如く「善妙寺常住」（善妙寺領）・五塔頭・九寮舎からなり、各々の筆数は表8に、田数合計は付表14に示してある。表8によると、善妙寺常住分が九三筆で全体の半分近くを占め、続いて五塔頭（阿弥陀院・正行庵・釈迦院・宝寿院・蓮蔵院）の五五筆（約二八％）、九寮舎（潮音軒・勝養軒・玉祥院・陽栖軒・玉照軒・成就

表8　寺領目録の筆数合計

		田	川成	地子銭	合計
善妙寺常住		68	2	23	93
塔頭	阿弥陀院	7	0	3	10
	正行庵	10	0	2	12
	釈迦院	8	0	0	8
	宝寿院	11	0	2	13
	蓮蔵院	10	0	2	12
寮舎	潮音軒	12	2	1	15
	勝養軒	4	0	2	6
	玉祥院	4	0	1	5
	陽栖軒	4	0	0	4
	玉照軒	3	1	0	4
	成就院	2	1	3	6
	玉渕軒	4	0	0	4
	清澤軒	2	0	0	2
	永福庵	2	0	0	2
合　計		151	6	39	196

院・玉渕軒・清澤軒・永福庵）の四八筆（約二四％）となる。また、田数合計は付表14に示すように、善妙寺常住分が一〇町三段小、塔頭はいずれも一町以上、寮舎は、二町三段小の潮音軒を除けばすべてが二段以上で六段大以下である。

以上が「寺領目録」による善妙寺領の概要であるが、この「寺領目録」は「天筒山善妙寺役者」として、「蓮蔵院寿仙」「阿弥陀院賢玉」「成就院周厳」の三人が連署して、朝倉氏に指し出した形態を採っている。また、同様に永禄九年十月十五日付 善妙寺法度も、[25]「阿弥陀院賢玉」「正行庵桂宥」「潮音軒昌珪」「成就院周厳」「釈迦院寿慶」の五人連署により朝倉氏に提出されている。このことから、塔頭・寮舎より「善妙寺役者」などとする寺僧が選出され、善妙寺領の管理・運営がなされていたものと推測される。[26]

付表14は「寺領目録」による善妙寺常住・塔頭・寮舎の年貢諸負担の収納状況を表化したものである。これによると、善妙寺領内での収納体系は、「分米合計」から「本役」（本役米と本役銭がある）を差し引いて石高表示で「寺納」とする体系と、「段銭合計」「地子銭合計」から各々の「引分」を引いて貫高表示で「寺納」とする体系に大別することができる。[27]

⑵ 負担体系

そこで先ず、前者の負担体系について検討する。前掲の「寺領目録」冒頭部分のように、分米高は一筆ごとに記載されてはいるが、その「本役米・本役銭」は、一筆耕地記載の後部に一括して納入高・納入先が示されている。[28]左は阿弥陀院領の場合である。

此内方々江相立米銭本役之事

壱石五斗斗上共　嶋殿へ

壱石　気比之寺家へ修正頭米

四升　同寺家へ　春秋ニ
　以上弐石五斗四升
四百五拾文　嶋殿へ
壱貫七百五拾文　中村善右衛門尉殿へ
　以上弐貫弐百参（ママ）文
米納拾七石八斗此内米銭本役ニ相立残而
　拾参石六升　寺納

以上の記載で善妙寺阿弥陀院は、百姓より徴収した分米合計一七石八斗から本役米銭を差し引き、嶋某・気比寺家・中村善右衛門尉へ納入し、一三石六升を寺納としていたことがわかる。そしてこの徴納体制は、引分となる本役米銭負担のない勝養軒・玉祥院・陽栖軒・玉照軒・成就院・玉渕軒の六寮舎を除く善妙寺常住及び五塔頭・三寮舎において確認できるのである（付表14B参照）。すなわち善妙寺領内の本役米銭は、原則的に一筆ごとの耕地には割り付けられてはおらず、善妙寺の責任において納入がなされ、その代償として「寺納」分が保証されていたものと推察できる。

(3) 分米斗代

次に分米斗代について検討する。表9は分米斗代計算の可能な一五四例を表化したものである。これによれば、不作川成分を除外すると、六斗以上一石三斗未満がいずれも一〇例以上を数え、平均斗代は約八斗六升一合となる[29]（なお最低が五斗で最高が一石五斗九升である）。そして更に右の分米に一筆ごとに設定されている段銭を加えて一筆の耕地の全負担額を段当斗代計算すると、表10のようになる。但し、段銭無負担地が七筆、不明地が五筆あるので、全体は

段銭合計	段銭引分	地子銭合計	地子銭引分	寺納
C	D	E	F	G＝(C＋E)－(D＋F)
13.095(山手銭地子銭4.050を含む)	10.024	14.258	7.61	3.071＋6.648(計9.719)
2.232	3.078	2.531	0	1.682(1.685)
1.492	1.492	0.613	0.406	0.207
2.636	2.636	0.206	0	0.206
2.28 (2.271貫)	2.28	1.06	0.545	0.515
0.848	不明	1.867	2.127(段銭引分を含)	0.588(C＋E)－F
2.957 (2.942貫)	2.957	0.3	0	0.3
(1.180貫)	0	0.8	0	1.983(1.980)
(0.924貫)(川成不成0.153を含む)	(0.771貫)	(3.909貫)	0.53	3.542(3.532)
0.905(0.899)	0.689(0.686)	0	0	0.213
0.203＋不明分	不明	0	0	0.203
(0.462貫)	0	(2.400貫)	0	2.862
(0.225貫)	0	0	0	0.228
不明	不明	0	0	0.153
不明	不明	0	0	0
(29.409＋不明分)	(23.924＋不明分)	(27.944貫)	(11.218貫)	22.419(22.391)

付表14　善妙寺領年貢等収納一覧

		田数合計	分米合計 A	本役 B	本役斗代	寺納 （A−B）
善妙寺常住		10町３段小	81.306石	3.363石 10.926貫	（0.138石）	67.017
五塔頭	阿弥陀院	２町２段	17.8石	2.54石 2.203貫	（0.215石）	13.06 （13.057石）
	正行庵	１町２段	9.15石	0.52石 2.460貫	（0.248石）	6.17
	釈迦院	２町２段	19.333石	3.422石 1.623貫	（0.229石）	14.3 （14.288石）
	宝寿院	１町６段大	15.3石	3.583貫	（0.214石）	11.707 （11.717石）
	蓮蔵院	１町	6.8石	0.7石	（0.07石）	6.1
九寮舎	潮音軒	２町３段小	16.95石	4.224石 1.529貫	（0.246石）	11.2 （11.197石）
	勝養軒	６段大	6.3(6.35)石	0		6.3
	玉祥院	６段小	7.1石	0		7.1
	陽栖軒	６段小	5.5石	0		5.5
	玉照軒	６段大	5.5石	0		5.5
	成就院	５段	3.4石	0		3.4
	玉渕軒	３段大	3.1石	0		3.1
	清澤軒(良金譲分)	６段	（3.9石）	1.250貫(公事銭)	（0.208石）	2.65
	永福庵	２段	（2.36石）	0.800貫	（0.4貫）	1.56
合　計		（25町２段）	（203.799石）	（39.143〔１石＝１貫〕として算出）	本役平均約218文	164.66 （164.656）

（　）内の数値は筆者の推定。

表9
分米斗代一覧

斗代	件数
0.0石～	1*
0.1～	0
0.2～	1*
0.3～	2*
0.4～	3*
0.5～	9*
0.6～	18
0.7～	29
0.8～	20
0.9～	16
1.0～	18
1.1～	18
1.2～	14
1.3～	3
1.4～	1
1.5～	1
合計	154
平均約0.861石	

＊は不作川成地。但し、5斗以上は、9件のうち5斗の1件のみ。

表10
分米＋段銭斗代一覧

分米＋段銭斗代	件数
～200文	0
～300	1*
～400	0
～500	2*
～600	5*
～700	12
～800	13
～900	26
～1000	20
～1100	9
～1200	15
～1300	17
～1400	9
～1500	8
～1600	2
～1700	1
～1800	1
～1900	1
合計	142
平均	約1020文

＊は不作川成地。但し501～600文の5件は、1件のみ川成地。

一四二例となる。なおここでは、「寺領目録」の換算値である一合＝一文として算出した。

表10によると、最低斗代は五七五文（四例、不作川成分は除外）、最高斗代は一貫八六〇文で、八〇一文～九〇〇文が二六例で最多、続いて九〇一文～一貫文の二〇例、一貫二〇一文～一貫三〇〇文の一七例となる。そして、平均斗代は約一貫二〇文＝一石二㪷である。これは、江北地域の売券・寄進状中の諸負担合計の平均斗代の約一石二斗[30]、越前国今立郡大滝寺領及び丹生郡剣大明神領織田庄の諸負担合計の平均斗代「一石―一石五斗」（大滝寺領）、「一石前後から二石前後、平均役一石五斗」[31]（剣大明神領）と比較すると、幾分下回る結果となった。

さて、付表14の如く分米が納入される田地には、前記の六寮舎(勝養軒・玉祥院・陽栖軒・玉照軒・成就院・玉渕軒)を除いて「本役」として「本役米」「本役銭」の負担が確認できる。そこで、この「本役」を仮に段当計算してみると、付表14「本役斗代」のようになる(小数第四位以下切り捨て)。これによると、最高段当額は永福庵の本役銭段当額の四〇〇文、最低は蓮蔵院の七舛(七〇文)であり、平均すると約一一八文となる。この数値は荘園年貢公事負担の基準地の意味をもつ「公田」の荘園年貢額と比較しても、相当に下回る額である。更に前述した如く、これらの本役米銭の大部分は一筆ごとに割り付けられているのでなく、納入高・納入先については後掲一括記載形式を採っているのであって、これも分米地の非公田的性格を示唆するものとなろう。また、前出の本役負担のない六寮舎の田地も、荘園年貢負担無しの非公田的耕地と考えられる。[32]

ここで以上の事柄を勘案すれば、「寺領目録」に記されている分米地は、荘園公領制における基本的徴税単位となる「公田」ではなく、免除をうけた在地留保分であり、善妙寺がその責務において低額な本役米銭を上納することで、寺領として安堵されていた耕地であると推測することができる。そして、善妙寺側がこれらの寺領を、本役米銭・段銭上納を同寺に留めおいて仮に売却すれば、諸負担なしのB形式の抜地売券が作成されることになろう。なお、本役米銭の上納先については、(5)本役米銭・段銭の納入先の部分で考察を加える。

(4)段銭・地子銭

もう一つの負担体系である段銭・地子銭について最も留意すべき点は、「寺領目録」冒頭部分に示す如く、本役米銭と違って一筆ごとに段銭・地子銭負担が設定されていることである。加えて、この段銭は付表14Dのように、勝養軒・成就院・玉渕軒を除いて「段銭引分」(善妙寺寺納以外の分)があり、若干の中間得分たる善妙寺寺納分(C・D)以外は、善妙寺より上納されているのである。また、「善妙寺寺領常住分」において、「段銭ハ正蔵寺へ従百姓直ニ相立」などとする百姓直納事例も三件確認できる。地子銭も同様にFのように善妙寺常住・正行庵・宝寿院・蓮蔵院・玉祥院で引分（善妙寺寺納以外の分）が認められ、他所への納付があった。

以上をまとめてみると、段銭・地子銭負担体系の大部分は、百姓が善妙寺を通して納入している形態をとっていることがわかる。つまり、百姓は段銭・地子銭をその責任において地下請[33]することで、一筆ごとの百姓地の作職得分に対して段銭・地子銭徴収者よりの保障を期待していたものと推測できよう。[34]そして右の事柄を、次の善妙寺領内でおこった競望行為から考えてみる。左の元亀四年（一五七三）五月八日付の敦賀郡奉行[35]と思われる三反崎紀美・上田垙良連署書状には、善妙寺領内「犬田壱段」の競望状況が窺われる。

当寺領分惣目録之事、伊冊（朝倉景紀）以御裏判之筋目、御屋形様（朝倉義景）御一行被相成候、然処犬田壱段、善聚院事新競望ニ付而御申之通彼院主へ尋申候処、一向無支証被申ニ候条、右之犬田壱段事、任目録之旨、無相違可有御寺務、善聚院も存分被相停由候間、旁以別作人可被申付事肝要候、恐々謹言、

元亀四
五月八日　　三反崎助左衛門尉
紀美（花押）
上田兵部丞
垙良（花押）
善妙寺
御役者中[36]

これを大訳すれば以下のようになる。善妙寺領として朝倉氏より安堵を得てきた「犬田壱段」について、善聚院から新競望があった。そこで善妙寺の要望で朝倉氏から善聚院院主に糺したところ、競望するにたる明確な証拠は認め

られなかった。従って、「犬田壱段」は善妙寺領として相違ない。善聚院も競望行為を撤回したので、別の作人に作職を申し付けることが肝心である、と解釈できよう。

また次の史料は、競望対象地とみられる「寺領目録」中の「犬田壱段」（常住分中）の一筆である。

在坪ハ犬田、東南ハ禅眼寺分、西ハ速水殿分、北ハ安孫子新右衛門尉分ヲ堺也、　壱段　分米五斗　段銭七拾五文

これによれば同地は永禄元年の時点で、分米五斗、段銭七五文の負担地であり、一文＝一合として計算すれば、五斗七舛五合＝五七五文の斗代耕地となる。これは、分米と段銭の合計斗代を表化した表10を参照すると、低斗代の部類の耕地に属する。

こうした実態から、この競望行為を以下のように考えることができよう。善聚院と作人は段銭七五文以上を負担するとして、「犬田壱段」の所有権及び作職を望んだのであるが、その負担増の確証は取れず、結局のところ「犬田壱段」は「寺領目録」の通り善妙寺領であり、一方の善聚院は競望を取り止め、作職も別の作人に申し付けることとなった。つまり「犬田壱段」の競望は失敗に終わったが、その内容は一筆ごとに割り付けられていた段銭を増額し、作人→善聚院→上納先といった段銭の新負担体系を構築することで、当地の善聚院領化、具体的には分米段銭の徴納、作職得分の保障を朝倉氏に要求したのであろう。そして、こうした段銭の増額は低斗代の当地の負担額を押し上げ、結果的には作職得分が斗代に編入されることとなる。例えば後出するが、後掲表12の釈迦院や玉照軒の寺納米に「斗代之増（分）」が加筆されているのは、以上のような在地の競望的状況に対応した得分確保のための善妙寺—百姓間の意図が背景にあるものと思われる。

(5) 本役米銭・段銭引分の納入先

それでは「寺領目録」の分析の最後として、本役米銭・段銭引分の納入先に関して検討を加える。表11は本役米銭

と段銭引分の上納先、及びその額を表化したものである。これによれば上納先は四〇を数えるが、このうち「阿弥陀院」「当寺（善妙寺）常住」「玉祥院」「宝寿院」は善妙寺領であり、善妙寺内部でも本役米銭・段銭の収納関係があったようである。

さて、上納先の中で注目されるのが表中の備考欄に(気)印を付した気比神宮関係である。[37]元来、前記した如くに善妙寺は釈迦寺と称した気比神宮寺であった関係上、本役米銭・段銭引分が納入されたのであろう。また、(善)印は「寺領目録」中の四至表示に看守できる上納先であり、善妙寺周辺に土地を所有していた中小寺院[38]や土豪層と思われる。次に(朝)印を付した「中村善右衛門尉」と「中村清右衛門尉」（但し四至表示にもみられる）と「三段崎四郎左衛門尉」があげられる。既に河村昭一氏[39]は朝倉氏の敦賀郡奉行として、前波・上田・中村・岩次・土山・小木・三段崎・笠松・富田・小河の各氏を掲出した。したがって右の三人は、敦賀郡奉行となった朝倉氏家臣、またはその一族の可能性が高い[40]。

このように本役米銭・段銭引分の善妙寺よりの上納先は、気比神宮関係（一八例、四五％）、在地寺院・土豪層（一一例、約二八％）、敦賀郡奉行関係者に大別することができ[41]、約半数が気比神宮関係が占めている。

まとめとして、戦国期の越前国善妙寺領において確認できる本役米銭・段銭負担体系の意義について述べておく。「寺領目録」の分析により、勝養軒・玉祥院・陽栖軒・玉照軒・成就院・玉渕軒の田地には本役負担がないこと、また、本役は耕地に割り付けられているのではなく、後掲一括記載方法をとっており、善妙寺の責任において納入されること、更に仮に本役を段当計算してみると平均約二一八文で低額であること、などがわかった。一方、段銭は一筆ごとに割り付けられており、百姓の請負のもとに、その多くは善妙寺から他所に納入されていること、そして、本

表11　本役米銭・段銭引分納入先一覧

No	納入先	本役米合計	本役銭合計	本役銭＋段銭	段銭	合計	備考
1	石塚三郎四郎	0.333石	0文	0文	0文	333文	(気)
2	泉寺	0.41	1200	0	0	1610	(善)
3	気比之寺家	2.58	420	0	40	3040	(気)
4	阿弥陀院	1	400	0	0	1400	善妙寺領
5	院内之馬大夫	0.6	0	0	0	600	
6	嶋	1.5	970	1842	2105	6417	(気)
7	中村善右衛門尉	2.26	2000	739	2316	7315	(朝)
8	和田	3.02	968	0	1916	5904	(善)
9	番米	0.826	0	0	0	826	
10	今井新三郎	0.09	0	253	0	343	(善)
11	執当	0.6	3800	3009	2728	10137	(気)
12	神人	0.1	100	0	462	662	(気)
13	三段崎四郎左衛門尉	1.405	0	0	0	1405	(朝)
14	此田与次郎	0	2200	100	1312	3612	(気)
15	松井坊	0	950	0	462	1412	(善)
16	嶋新七郎	0	480	0	153	633	(気)
17	養源庵	0	100	0	153	253	(善)
18	石塚大炊助	0	100	0	2112	2212	(気)
19	長屋	0	1100	3342	462	4904	(気)
20	当寺常住	0	333	0	0	333	善妙寺領
21	河端但馬守	0	500	0	0	500	(気)
22	気比之不断経	0	400	0	0	400	(気)
23	慈祥院	0	406	0	不明	406＋α	段銭百姓直納
24	比田殿分増常軒	0	245	0	153	398	段銭不明分アリ(気)
25	行事代	0	500	0	0	500	(気)
26	八十嶋三位	0	300	0	462	762	

27	大祝	0	100	0	0	100	(気)
28	西方寺之内東寮	0	750	0	0	750	(善)
29	神人阿曽	0	300	0	0	300	(気)
30	宇野左京亮	0	530	0	0	530	(善)
31	泉之西方院	0	0	500	0	500	(善)
32	玉祥院	0	0	2618	309	2927	善妙寺領
33	石蔵	0	0	1215	0	1215	(善)(気)
34	野路与次	0	0	670	0	670	(善)
35	河端次郎左衛門尉	0	0	700	0	700	(気)
36	河端四郎	0	0	0	2421	2421	(気)
37	河端新三郎	0	0	0	153	153	(気)
38	中村清右衛門尉	0	0	0	不明	不明	(朝)(善)
39	正蔵寺	0	0	0	不明	不明	百姓直納
40	宝寿院	0	0	0	不明	不明	百姓直納善妙寺領

「備考」欄の(気)＝気比神宮関係者、(善)＝善妙寺周辺の寺院・土豪、(朝)＝朝倉家臣。

役・段銭ともにその上納先は、気比神宮関係・在地寺院土豪層・敦賀郡奉行と思われることが明らかとなった。

以上から戦国期の善妙寺領は、低額の本役負担地、あるいは本役無負担地からなっており、その意味では非公田的な性格の田地であり、その田地には一筆ごとに段銭が賦課され百姓の作職が保障されていたのである。しかし、段銭増を掲げて作職獲得を希求する在地の動向を看過してはならないだろう。つまり本役や段銭体系は、単に荘園年貢として理解するのではなく、寺納分や百姓得分の動揺を在地側から解決する一策として創設されたと理解すべきである。

そこで次には、右のような在地状況に対して、大名権力は如何なる対応をとったのかを考察してみたい。

三　寺領安堵

「寺領目録」には、既述したように善妙寺役者として三人の塔頭院主の連署があり、次のように記して朝倉氏に提出された。これに対して敦賀郡司朝倉景紀は、裏書を加えて善妙寺に返却したのである。

右、英林様（朝倉孝景）御一行并御裏判之目録、芳永様（朝倉景冬）御一行等、去年（弘治三年）三月廿四日寺家炎上之時、焼失ニ付而、先目録之筋目御判之儀申上候、仍背先目録之旨、或者他人之地、或者公事未落（居脱カ）不知行之地等、於書加申者、可有御勘落者也、

仍如件、

永禄元（一五五八）戊午年六月五日　　天筒山善妙寺役者

蓮蔵院　寿仙（花押）

阿弥陀院賢玉（花押）

成就院　周厳（花押）

（裏書）「善妙寺領相載古目録之地此分也云々、其覚雖分別無之、安堵之証跡先年拝見之段以歴然之上、此目録封裏訖、

若文明拾三年以後、或寄進、或買得之地等、於被書加者、此一巻可相破候也、仍如件、

永禄元年七月十日　　（朝倉）景紀（花押）」

善妙寺所蔵の文書類は、弘治三年（一五五七）三月二十四日の火災で焼失したので、再び善妙寺側は「寺領目録」を作成し、朝倉氏の認可を得たのであった。それが翌年の永禄元年七月十日のことで、その裏書には「若文明拾三年以後、或寄進、或買得之地等、於被書加者、此一巻可相破候也」とあり、「寺領目録」で承認された善妙寺領は、少な

くとも文明十三年（一四八一）より確定していたのである。これは善妙寺役者からの文言に「英林様御一行并御裏判之目録」と記すように、「朝倉英林壁書」を制定した一乗谷初代朝倉孝景以来、戦国期の朝倉氏の安堵が代々継続していたことを意味しよう。

さて、このような状況下において、前欠ではあるが永禄十三年二月四日付で朝倉氏下代と考えられる小木直恒・苻南宗珍宛の善妙寺領差出写(42)がある。これは内容的には、善妙寺寺官が朝倉氏に対して寺納高を報告し、更にその五分の一を算出して朝倉氏への納入を約した差出書の写しである。(43)そこで、善妙寺領差出写(44)（以後「寺領差出」とする）の記載様式を示すためにその冒頭部分を左掲し、また全容は表12として示した。

（前欠）

永禄十三二月四日　　　　　　桂宥

阿弥陀院

一、拾参石弐斗　天文廿年ニ相注進候分如此

此五分壱

弐石六斗四舛相立申候

壱貫七百文

此五分壱

参百四拾文

永禄十三二月四日　　　　　　昌桂

釈迦院

表12　寺領一覧

	寺納米	五分一役	寺納銭	五分一役	付表14(A−B)	付表14(G)
阿弥陀院	13.2石	2.46石	1700文	340文	(13.057石)	(1685文)
釈迦院	14.2	2.84	200	40	(14.288)	206
(釈迦院斗代之増)	2.6	0.52				
(釈迦院計)	16.8	3.36	200	40		
蓮蔵院	6.1	1.22	800	160	6.1	588
宝寿院	11.7	2.34	150	30	11.707(11.717)	515
(宝寿院寄進)	1.5	0.3				
(宝寿院計)	13.2	2.64	150	30		
潮音軒	10.7	2.14	300	60	11.2(11.197)	300
玉祥院	7.1	1.42	3600	720	7.1	(3532)
慈祥院	8.3	1.66	2280	456		
(慈祥院新寄進)	0.95	0.19				
(慈祥院新寄進)	0.94	0.188				
(慈祥院計)	10.19	2.038	2280	456		
勝養軒	6.3	1.26	1983	400(396.6)	6.3	(1980)
成就院	3.4	0.68	2874	575(574.8)	3.4	2862
清澤軒	3.5	0.7	150	30	2.65	153
(清澤軒買得)	1.417	0.2835 (0.2837)	163	33(32.6)		
(清澤軒計)	4.917	0.9835	313	63		
陽栖軒	5.1	1.2 (1.02)	1000	200	5.5	213
玉照軒	2.8	0.56	240	48	5.5	203
(玉照軒斗代之増)	0.3	0.06				
寿慶	2.7	0.54				
(玉照軒・寿慶合計)	5.8	1.16	240	48		
玉渕軒	4.1	0.82	550	110	3.1	228
(玉渕軒買得)	2.9	0.58				
(玉渕軒計)	7.0	1.4	550	110		
廻月軒	0.8	0.16				
永福庵	1.2	0.24			1.56	
総計	184.857	36.972	25956	5191	(164.656)	(22391)

(　)内の数字は筆者の試算。

一、拾四石弐斗　天文廿年ニ相注進候分如此
此五分壱
弐石八斗四舛　相立申候
天文廿年以来出来分
弐石六斗　斗代之増分
此五分壱
五斗弐舛　相立申候
合参石参斗六舛　五分壱相立申候也
弐百文
此五分壱
四拾文
永禄十三二月四日　寿慶
（下略）

記載様式に関しては塔頭・寮舎ごとに分けられているが、これを永禄元年の「寺領目録」の善妙寺常住・塔頭・寮舎と照合すると、「寺領差出」には「善妙寺常住」「正行庵」がみられず、恐らくは前欠部分にそれらがあったものと考えられる。また、「寺領差出」の「慈祥院」と「廻月院」が「寺領目録」にはないことから、少なくとも文明十三年以来、善妙寺領として朝倉氏より安堵を得ていた塔頭・寮舎ではなく、それ以後に新たに善妙寺領に加入した寺庵・寮舎であろう。次に「天文廿年ニ相注進候分如此」「天文廿年以来出来分」とあることから、この「寺領差出」

は、天文二十年[46]（一五五一）に基準が置かれて作成されたものと思われる。

以上から「寺領目録」と「寺領差出」の関係について、次のように推測できよう。

焼失により永禄元年に再び作成された「寺領目録」は、前述したように文明十三年の初代朝倉孝景の安堵より確定されてきた基本的な善妙寺領を記した目録であった。それ以後、善妙寺は寄進・買得などにより寺領を拡大させていったことと思われるが、「寺領目録」の朝倉景紀裏書に「若文明拾三年以後、或寄進、或買得之地等、於被書加者、此一巻可相破候也」とあるように、その寄進・買得分を善妙寺が勝手に「寺領目録」に書き加えて、朝倉氏の安堵体制に繰り込むことはできなかった。ここに朝倉氏が安堵した「寺領目録」と、実際の善妙寺領との間に差異が生じることとなる。

そこで、「寺領目録」と「寺領差出」の寺納分を比較するために参考として表12の右端に付表14に示した寺納高を並記しておいた（A—B・G）。これによれば、蓮蔵院・玉祥院・勝養軒・成就院については「寺領目録」と「寺領差出」の石高表示寺納分は同額である（勝養軒にいたっては貫高表示寺納分一貫九八三文も同額）。また潮音軒と陽栖軒に関しては、その石高表示寺納分は各々一一石二斗→一〇石七斗、五石五斗→五石一斗に下落しているものの、全体的に見れば「買得」「寄進」「斗代之増分」などにより「寺領差出」の寺納分は上昇している（例えば釈迦院は一四・二八八石→一六・八石、宝寿院は一一・七〇七石→一三・二石など）。これは、「寺領目録」の末尾の石高表示定寺納分が一六四石六斗六舛、貫高表示定寺納分二二貫四一九文に対して、「寺領差出」にはそれぞれ一八四石八斗五舛七合、二五貫九五六文と記され、石高表示では二〇石一斗九舛七合、貫高表示では三貫五三七文の増額となっている点から明瞭である。

したがって善妙寺は、寺領増分を寺納高に算入して「寺領差出」の末尾に「右此外ニ隠無御座候、若於有相違者、可有寺領分御堪落者也」と記して朝倉氏下代に提出し、その安堵を得ようとしたのである。そしてその条件は、全寺納分の五分の一を常住・寺庵・寮舎を単位として朝倉氏に納入するところの、所謂、寺庵役の納入であった。

同年、この寺庵役は曹洞宗勝載山永厳寺(47)（現在の敦賀市金ケ崎町）にも、次のように朝倉氏により賦課されている。

代方五分壱
四百文者　寺納分高
此五分壱
八拾文但四舛宛仕参舛弐合か　如此只今相立申候
永禄拾参
三月拾八日　永厳寺
役者（花押）
両御下代まいる(48)

永厳寺が寺納分高の五分一の八〇文を朝倉氏に納入したことがわかる。そして以上の善妙寺・永厳寺の事例により、朝倉氏は永禄十三年に気比神宮周辺の諸寺領に対して、寺納高の五分一の寺庵役を賦課したものと推察できよう。加えて右の寺庵役に関しては、すでに河村昭一氏が「寺庵役の賦課例」として記しているが(49)、それによれば「為当郡（敦賀郡）庄之橋粁、郡内諸寺庵拾分壱之儀、去々年申付候」(50)「国中寺庵拾分一」(51)などとあり、寺領に対する分数役が一郡一国規模で徴収されていたこと(52)、何らかの使用目的を踏まえた臨時的課役であったことがわかる(53)。

このように、朝倉氏は分数役的な寺庵役の徴収をもってして新たに寺領安堵を試みたのであるが、その背景には、前項で例示した善妙寺領への競望行為に見られるような土地保有権の不安定性を払拭するために、大名権力朝倉氏より強固な保障を希求する在地寺院側の意図があったことを看過してはならないだろう。従って以上の意味からすれば、分数役は「寺納分」「作職得分」保有の安定化を目的とした本役米銭・段銭と同性格の負担体系と言えるが、それはさらに非公田をも包摂する一国平均役として重要な意味をもつのである。換言すれば戦国期の越前朝倉氏は、在地留保分から成立した負担体系を一郡一国平均役としてその領国に及ぼすことで、「寺納分」や「作職得分」を保障した権力とみなすことができるのである。

むすび

戦国期の越前国には、荘園制下の在地留保分である名内徳分が、様々な形態で潜在していた。それは例えば、名主所有の荘園年貢無負担である名内徳分の成立する耕地が、名抜方式として売却・寄進されることから想起できる。また、本名主に荘園年貢の負担を任せる名抜方式には売却・寄進地自体に諸負担が成立している場合と、無負担地のままの場合のあることがわかった。

一方、善妙寺領の場合、名編成は看取できないが、本役は常住分・五塔頭・九寮舎ごとにまとめられ上納されているので、本名主を常住分・五塔頭・九寮舎に置き換えれば、名主が名役・公事を一円に沙汰しているのと同じ形態をとっている。また、一筆ごとには段銭・地子銭が設定され、抜地売買・寄進の時に明らかになる負担体系が設定されていることがわかった。従って、名編成の有無はあるが、基本的に在地構造は同一であり、更に本役・段銭・地子銭を負担することで、私的在地留保分(名編成がおこなわれていれば「内徳」と称される)の寺納分や作職得分収納を安定化させる在地状況を彷彿とさせる。

以上のような在地状況に対して朝倉氏は文明十三年(一四八一)以来、善妙寺領に安堵を続けていたが、永禄十三年

（一五七〇）に、天文二十年（一五五一）注進分を基準とした買得・寄進分も含めた総寺領を差し出させ、寺庵ごとに寺納分の五分一を朝倉氏に納入させたのである。この寺庵役は臨時的課役と思われるが、一郡一国規模のものであって、ここに朝倉氏の善妙寺領に対する安堵政策は確立した。かくして戦国期の朝倉氏は、競望状況に代表される在地留保分所有の不確定性を梃子として、在地よりの保障要求を一郡一国規模の分数役的寺庵役に昇華させたのである。

このことは、在地寺庵層の保有する内徳分の一部を朝倉氏が権力内部に役体系として組織化したことを意味しており、この点から戦国期の朝倉氏には、すでに中世荘園制的政治権力を超越している側面があると考えられるのである。

註

（1）河村昭一「戦国大名朝倉氏の領国支配と名体制」（『史学研究』一二三、一九七四年、『中部大名の研究〈戦国大名論集4〉』再録）。

（2）神田千里「越前朝倉氏の在地支配の特質」（『史学雑誌』八九―一、一九八〇年、『中部大名の研究〈戦国大名論集4〉』再録）。

（3）勝俣鎮夫「解説」（『中部大名の研究〈戦国大名論集4〉』一九八三年）四三四頁。

（4）大山喬平「公方年貢について―美濃国龍徳寺の売券―」（『人文研究』二二―四、一九七一年）、同「中世末期の地主的土地所有―美濃国龍徳寺の売券―」（『赤松俊秀教授退官記念国史論集』一九七二年）。

（5）拙稿「加地子試論―増分論争止揚への試み―」（『國學院大學大学院紀要―文学研究科―』一九、一九八八年）、本書第二章第一節。

（6）本多隆成『近世初期社会の基礎構造―東海地域における検証―』（一九八九年）一〇五頁。

（7）河村註（1）論文。

（8）山本孝衛氏は分数名について、織田荘犬王丸名の事例により、「面積を基準にしての分数制である」とした（同「織田荘の分数名と散田」『若越郷土研究』六―二、一九六一年）。これによれば「かう《(江)》三郎名八一」は江三郎名の面積の八分一を抜地として売却したことになろう。

（9）内徳は名内徳（得）分の意味であり、その存在形態は非公田的な在地留保地ばかりでなく、公田にも重層的剰余分として存在する場合もある（拙稿「戦国期の買地安堵―江北地域の売券・寄進状の分析―」『國史學』一三四、一九八八年）本書第二章第二節。

（10）享禄五年（一五三二）二月二十三日付 名主引山衛門等小谷洞春庵屋敷安堵状（「洞泉寺文書」『敦賀市史 史料編』（以後『敦賀』とする）四上―三五〇頁）には、「我等か名地之内徳之畠にて候」とあり、「畠地」も内徳を生み出す。

（11）「洞泉寺文書」（『敦賀』四上―三四九頁）。

（12）増分論争で問題となった「恵林寺領検地日記」（『新編甲州古文書』三―一二三五頁）の一筆に記されている「名田ノ内徳ニ候間無本年貢」も内徳の名内得分としての本質を明瞭に表現するものである。

（13）「永厳寺文書」（『敦賀』二―七七四頁）。なお、九筆目と一〇筆目の間に裏花押があるが、東京大学史料編纂所影写本で確認すると、当時敦賀郡司であった朝倉教景の花押に酷似しているが断定は避けたい。したがって敦賀郡司による買地安堵の可能性がある。

（14）「永厳寺文書」（『敦賀』二―七七三頁）。

（15）「永厳寺文書」（『敦賀』二―七七三頁）。なお、『敦賀』では売却者を「あ小」とし「あこ田地売券」とするが、東京大学史料編纂所影写本では「右古」（右近ヵ）と判読できる。

（16）『敦賀』では「□」にしてあるが、東京大学史料編纂所影写本によれば「参」と判読できる。
（17）「明通寺文書」（『小浜市史』社寺文書編一六六〇頁）
（18）被寄進者の明通寺が覚えのために加筆したとも考えられよう。しかし、河村昭一氏からの私信で指摘を受けたが、武田元光が端裏書の如く正空の寄進地を安堵した際に加筆した可能性が高い。
（19）また本多氏は註（6）著書（一〇六頁）で、左の西三河地域の売券（「妙源寺文書」『新編岡崎市史　史料古代中世』九二〇頁）に対する筆者の解釈の曖昧さを指摘した。

永代売渡申田地之事
合一段、四百五十文め　在所見間
右彼田地者、桑子殿へ可有御寄進由承候間、以名内之徳分代四貫五百文、永代荒河小太郎殿へ売渡申処実也、但於彼下地者、年貢諸公事等自本名沙汰可仕候間、不可有諸役等候、然者子孫・親類・郷内同名并時之地頭政所殿、少違乱煩有間敷者也、仍為後日証状如件、
享禄二年己丑六月廿八日　　善四郎（花押）
荒河小太郎《（宗忠）》殿まいる

本多氏は「年貢諸公事等自本名沙汰可仕候間、不可有諸役等候」から、「当該地には「年貢・諸公事」が存在しているのであるから」、筆者の区分ではA形式（諸負担付き）でなければならないのに、B形式（諸負担なし）としていることに、区分の混乱がみられるとする。しかしこの部分の解釈は、「本名」（親地）からの荘園年貢負担を理由に当該地が「諸役なし」として売却されていることを示している。また、そもそも当該地は荘園年貢を負担しない在地留保分の名内得分地であることは明らかであろう。従って諸負担義務をともなわない名抜形式の売却と考えられる。

(20)『福井県の地名〈日本歴史地名大系18〉』五一〇頁。
(21)「善妙寺文書」(『敦賀』一―二一二頁)。
(22)「善妙寺文書」(『敦賀』一―二一四頁)。なお、当目録は東京大学史料編纂所影写本により確認した。
(23)水藤真『朝倉義景』(人物叢書、一九八一年)一二一～一三四頁。
(24)東京大学史料編纂所影写本により確認したところ、『敦賀』には「常住分」の三文字が欠落している。
(25)「善妙寺文書」(『敦賀』一―二一三頁)。
(26)他例としては、二三坊が寺務を運営していたとみられる近江国坂田郡の大原観音寺がある。
(27)前者の寺納分(付表14A―B)は、本役引分に貫高表示の本役銭があるが、最終的には一合＝一文の換算率で石高表示となっている。一方、寺納分Gは段銭と地子銭の貫高表示寺納分である。本節では屋敷地・畠地などから徴収される地子銭体系(付表14EF)については、地積表示を全て「一所」としてあり、斗代計算が不明確なため詳細な分析は省略し、「分米」「段銭」の負担体系を中心に検討する。なお、善妙寺常住分地子銭負担地二三筆中の一六筆には、段銭に相当するような一八～一一〇文に及ぶ月別銭が一筆ごとに賦課されている。また、「地子銭引分」の大部分は一筆ごとに割り付けられておらず、本役引分と同様に後掲一括記載形式になっている。
(28)例外として清澤軒の二筆と永福庵の二筆には、各々「段銭并公事銭」「段銭并本役銭」が割り付けられている。
(29)水藤真氏は、巨視的に分米合計を総田数で割り、分米平均斗代を八斗四舛七合とした(註(23)『朝倉義景』一三二頁)。これに対し本節では、一筆ごとに斗代を算出しそれを件数一五四で割って微視的分析を試みた。
(30)本書第二章第二節。
(31)宮川満『太閤検地論』(一九五九年)第Ⅰ部三〇一頁。

(32) 美濃国龍徳寺文書中の売券・寄進状や三河国額田郡山中郷の永和三年(一三七七)九月日付 公田等名寄帳などの分析からすると、「公田」よりの荘園年貢は少なくとも段当五〇〇文以上であることが想定される(本書第二章第一節)。

(33) 神田千里氏は註(2)論文で、越前国坂井郡河口・坪江荘の百姓が地下請をおこなっていたことを指摘している。

(34) 百姓がその責務により負担した段銭を段当斗代計算すると、一四二例中、最低が七五文(但し川成地三例除外)、最高は一五五・八文である。件数では七五文の三七件、続いて一五三文の三六件、一五四・五文の三一件となり、以上で全体の約七三・二%を占める。したがって段銭賦課方式は、段当七五文とその約二倍の二方式があった。

(35) 河村昭一「朝倉氏の敦賀郡支配について」(『若越郷土研究』二〇—一、一九七五年)。

(36) 「善妙寺文書」(『敦賀』一—二四〇頁)。

(37) 『気比宮社記』(一九四〇年)中の「大永六年之旧記」や「天文二十二年之旧記」などにみられる気比宮関係者と同姓の者に対して(気)を付してみた。

(38) 表11の2の泉寺は、永正年間(一五〇四～二一)の金前寺の別称という(『敦賀市通史』一九五六年、四五一頁)。金前寺は現在の敦賀市金ケ崎町にある真言宗の古刹で、気比神宮の密言院ともなっており、寺内には一一坊があったが元亀年間(一五七〇～七三)以後に廃絶したという。(『福井県の地名〈日本歴史地名大系18〉』五一三頁)。

(39) 河村註(35)論文。

(40) 『敦賀市史 通史編』上巻(三浦圭一執筆、一九八五年、三八八頁)では、この三人を敦賀郡司朝倉景紀の有力家臣で郡奉行衆とする。

(41) このように形式的に三大別してみたものの、実際にはこの立場が重複していると思われる。

(42) 河村註(35)論文。

(43)「善妙寺文書」(『敦賀』一—二三五頁)。
(44)河村氏は註(1)論文において、この分数役を「寺庵役」とし、その賦課例を表示している。
(45)表11の23に本役銭・段銭の納入先として確認される。
(46)他史料からは、天文二十年に朝倉氏に対して善妙寺領の報告がなされた徴候は看取できない。また、同年の敦賀郡全域の寺領状況をみても同様である。しかし、朝倉氏側からすると天文十七年に朝倉延景(義景)が当主となり、天文十九年五月八日には丹生郡の織田寺寺中に宛てて寺社領安堵の判物(「劒神社文書」『福井県史 資料編』五—七七二頁)が出されており、朝倉延景の領国化政策が本格化してくる時期にあたる。
(47)『福井県の地名〈日本歴史地名大系18〉』五一三頁。
(48)永禄十三年三月十八日付 永厳寺役者代方五分壱受取状「永厳寺文書」(『敦賀』二—七七六頁)。
(49)河村註(1)論文。
(50)永正十年(一五一三)五月六日付 西福寺宛 朝倉教景判物(「西福寺文書」『敦賀』三—二六五頁)。
(51)享禄四年(一五三一)十二月二十七日付 大谷寺宛 朝倉氏一乗谷奉行人連署書状(「越知神社文書」『福井県史 資料編』五—二八九頁)。
(52)『敦賀市史 通史編』上巻(三八八頁)では、この永禄十三年の五分一役について「寺社領の有無にかかわらず敦賀郡一体に課せられたものと考えられよう」とする。
(53)松浦義則氏は、河村昭一氏の寺庵役賦課例に三例を追加して六例を提示したのち、朝倉氏の寺庵役徴収を「寺社(領)が朝倉氏の『国家』に編成されたことを意味する」と述べた(「戦国大名朝倉氏領国と寺社領」『福井大学教育学部紀要』Ⅲ社会科学三三号、一九八三年、のち同『戦国期越前の領国支配』二〇一七年所収)。なお、松浦氏は右の著書において、「内徳」について、「広い意味では、ある得分地を持っているひとがその土地に課せられる本役（本米・本役米、本役銭）を負担した後に残る得分のこと」とか、内徳の形成過程を「耕地拡大や生産力の上昇によって生まれてくる剰余が長年にわたり蓄積されてくる」とかとする。つまり本役米銭の固定化を前提として「段あたり生産力の向上や耕地面積の拡大の成果を名の内部に保留することが可能」であったから生じたと考えているようである（「朝倉氏の戦国大名化と名・内徳について」「内徳と在地社会」『戦国期越前の領国支配』一八・一九・三五八頁、新稿）。

無論、生産力の上昇、新開発＝余剰分も名内徳分の一形態ではあるが、本書で歴史的に明らかにしたように、「内徳」とは、そもそも中世社会を通じて名内に留保を認められた様々な形態の得分であり、それが売却や寄進などで顕在化・定量化（加地子と表現）されたものである。その際に内徳分所有を確実なものとするために、諸負担体系（本役米銭・段銭など）が生じてきたのであって、それゆえに内徳のほうが諸負担額を大きく凌駕するのは当然のことと言えるのである。

第四節　後北条氏と段銭

はじめに

戦国大名研究の王道とされる後北条氏研究には、極めて豊富な蓄積が残されている(1)。また一方では、大局的に戦国大名を論じるにあたって、守護権力の継承という立場から、その権力論に迫っている業績がある。この代表例としては、藤木久志氏(2)が守護職を梃子とした伊達氏の段銭体系の樹立を述べたものなどがある。しかし、戦国大名が守護出身ばかりでなく、ましてやその典型とされる後北条氏も守護出身でない以上、守護公権を継承できなければ戦国大名になれなかったとは言い難いであろう。加えて、仮に守護公権が戦国大名権力を支えていたとしても、戦国大名はそれを簡単に継承できたのであろうか。もし継承することができたとすれば、守護公権取得以前に培っていた実力こそ、権力の基軸に据えなければならない。

そこで本節では、守護公権と戦国大名権力の関係、更に戦国大名権力論の一端に迫ることを目標とするため、後北条氏と段銭に関して考察してゆく。

後北条氏の段銭制度については、既に佐脇栄智氏(3)が税制改革の中で研究しており、これに対して池上裕子氏(4)の補正が加えられているが、それ以後まとまった論考はないように思われる(5)。本節では、佐脇氏・池上氏などの業績に導かれつつ、後北条氏領国下の段銭の性格を明らかにするために、後北条氏の領国になる以前に成立していた公田段銭と比較検討してゆく。

一　後北条氏以前

段銭の研究は、戦前に滝善成氏(6)の業績があり、更にこれを継承した戦後の代表例として、阿部猛氏(7)の段米・段銭の起源と負担方式に関する成果を挙げることができる。これらの先学によれば、その淵源を律令制の変質にともなって成立した田地段別賦課の臨時的な一国平均役に求め、朝廷諸行事や役夫工米のように大寺社修造費用などに充用したとされる。そして以上のような段銭は、大田文に記載されたいわゆる公田を対象としており、その研究は、室町幕府の財源、守護段銭として一層進展した(8)。そこで、従来あまり明らかにされてこなかった事例、すなわち後に後北条氏の領国となる地域に発令された役夫工米・段銭に関する史料を集積して、その実態を捉える。

付表15は役夫工米・段銭の賦課免除に関する一覧表である。

先ず差出人をみると、鎌倉府を含めた室町幕府関係者が目に付く(9)。また、段銭請取状の差出人としては、例えば役夫工米で言えば、役夫工使のような徴収使と思われる名前が確認される(付表15⑲㉘など)。一方、十四世紀後半の③⑥⑦⑩⑬⑭は、京都・鎌倉の大寺院宛官宣旨である。この時期の関東地方における伊勢神宮役夫工米免除を内容とする官宣旨の存在は、鎌倉府・室町幕府権力の編成を考えるうえで貴重な素材となると思われるが、ここでは事例を指摘するにとどめておく。

続いてその内容であるが、役夫工米・段銭史料を集めたので伊勢神宮関係が多い。しかしそれ以外にも「鶴岡八幡宮御修理要脚段銭」（付表15⑰）、「永安寺造営段別銭」（⑱）、「天羽八幡宮造営要脚段別銭」（㉑㉓）、「六所宮（大國魂神社）造営段銭」（㉙㊸）、「称光天皇御即位要脚段別銭」（㉟㊱）、「鹿島社御修理要脚段別銭」（㊺）、「熊野那智山造営料伊豆国段銭」（㊻）などを看取することができる。そしてこれらの段銭請取状から、一段当りの段銭額が判明する。

㉜　納（竪切紙）　官庁段銭一段別廿（文脱カ）事

　　　　　公田九丁二段半

　　合壱貫八百五十文者、

　右、為馬野郡（上総国）内富益沙汰、所納如件、

　応永十五年（一四〇八）十二月四日

　　　　　　　　　秀阿（花押）

右の段銭請取状には「官庁段銭」とあって、恐らくは中央官庁の諸経費に充用されたのであろう。加えて、「一段別廿（文脱カ）」とあり、「公田九丁二段半」から合計「一貫八百五十文」の段銭を徴収したことがわかる（$92.5\chi = 1850$文〔$\chi = 20$文〕）。そして、この二〇文という段当段銭額は、上総国称名寺領佐貫郷の「大嘗会米段銭」（付表15⑤）、「鶴岡八幡宮御修理要脚段銭」（⑰）、「外宮神宝料足」（⑲㉔）、上総国馬野郡富益郷の「永安寺造営段別銭」（⑱）とほぼ同額であり（付表15「内容」欄参照）、このことにより、後北条氏以前に当該地域に賦課された段銭額は、段当平均約二〇文だったと推測される[10]。

次に、このような段銭の賦課される対象を考えてみる。結論を言えば、先学の業績に確認できる「公田段銭」が、後北条氏以前の東国でも看取することができる。付表15「備考」欄に示したが、特に段銭請取状には「公田」と明記してある場合が多く、また逆に「無公田」を段銭免除理由としている事例もある（⑮㉚㊵）。

内容	備考	典拠
下総国円覚寺領役夫工米	賦課施行状不事行	円覚寺文書(神3上-443)
甲斐国恵林寺・黄梅院(円覚寺)・浄居寺領等役夫工米段銭	免除勅免官宣旨あり	円覚寺文書(神3上-578)
伊勢神宮役夫工米(武蔵国江戸郷内前島村丸子保内平間郷半分)	免除、官宣旨	円覚寺文書(神3上-585)
内宮料役夫工米上野国新田庄長楽寺領平塚村西女塚村	免除	正木文書(群5-209)
大嘗会米段銭称名寺領上総国佐貫郷(段別約20文)	賦課公田請取状	金沢文庫文書(神3上-631)
伊勢大神宮役夫工米(伊豆国多留郷相模国厚木郷秋葉郷上総国庄吉郷)	免除官宣旨	円覚寺文書(神3上-646)
伊勢大神宮役夫工米(相模国三浦庄内長沢郷武蔵国赤塚高坂郷)	免除官宣旨	鹿王院文書(神3上-652)
三島宮東西御読経三昧堂塔本八幡宮国分寺領等役夫工米	免除	三島神社文書(神3上-658)
極楽寺(鎌倉)領所々役夫工米	免除施行状	極楽寺文書(神3上-662)
伊勢大神宮役夫工米(相模国毛利荘妻田荻野真広名上総国小蓋八板)	免除官宣旨	覚園寺文書(神3上-663)
覚園寺領上野国寮米役夫工米以下	免除	覚園寺文書(神3上-667)
極楽寺領所々役夫工米	免除	賜蘆文庫文書(神3上-667)
伊勢大神宮役夫工米(武蔵国船木田新庄本庄)	免除官宣旨	東福寺文書(埼5-398)
伊勢大神宮役夫工米(伊豆国三津庄内平沢立保葦保久料武蔵国男衾郡内和田郷)	免除官宣旨	浄光明寺文書(神3上-691)
役夫工米等田役(下総国神崎庄宮和田郷神領段銭)	免除＝公田なし	神崎文書(神3上-702)
鶴岡八幡宮領相模国西桑原郷内社領分役夫工米	免除	鶴岡八幡宮文書(神3上-710)
鶴岡八幡宮御修理要脚段銭天羽郡(上総国)佐貫郷南方(段別約20文)	賦課公田請取状	金沢文庫文書(神3上-718)
永安寺(鎌倉)造営段別銭(段別約19文)馬野郡富益(上総国)	賦課公田請取状	覚園寺所蔵戌神将胎内文書(神3上-758)

付表15　役夫工米・段銭賦課免除一覧

No	年月日	西暦	差出人	受取人
①	延文 6. 3. 27	1361	下総守護千葉氏胤	(円覚寺)
②	永和 2. 11. 6	1376	足利義満	鎌倉公方足利氏満
③	永和 3. 12. 11	1377	広橋兼光 小槻兼治	円覚寺
④	永和 5. 3. 6	1379	小倉大使幸徳丸	(長楽寺)
⑤	永徳 3. 9. 23	1383	古河資長	(称名寺)
⑥	至徳元. 7. 5	1384	町資藤 小槻兼治	円覚寺正続院
⑦	至徳元. 11. 3	1384	安居院知輔ヵ 小槻兼治	鹿王院
⑧	至徳 2. 6. 1	1385	鎌倉府奉行人ヵ	(三島神社)
⑨	至徳 3. 2. 23	1386	管領斯波義将	関東管領上杉憲方
⑩	至徳 3. 6. 15	1386	安居院知輔ヵ 小槻兼治	(覚園寺)
⑪	至徳 4. 3. 15	1387	鎌倉公方足利氏満	関東管領上杉憲方
⑫	至徳 4. 3. 15	1387	鎌倉公方足利氏満	極楽寺長老
⑬	嘉慶 2. 5. 25	1388	町資藤 小槻兼治	東福寺
⑭	嘉慶 3. 2. 3	1389	中御門宣俊 小槻兼治	(浄光明寺)
⑮	明徳元. 12. 20	1390	鎌倉府奉行人	宮和田郷地頭
⑯	明徳 2. 12. 25	1391	鎌倉公方足利氏満	矢多田式部丞
⑰	明徳 3. 10. 12	1392	長乎	(称名寺)
⑱	応永 5. 8. 28	1398	聖初・宗能	(覚園寺)

外宮神宝料足天羽郡佐貫郷南方(段別約20文)	賦課公田請取状	金沢文庫文書(神３上-765)
外宮料勘落方役夫工米天羽郡佐貫郷南方金沢領	賦課請取状	金沢文庫文書(神３上-765)
天羽八幡宮(上総)造営要脚段別200文充佐貫郷南方金沢分	賦課請取状	金沢文庫文書(神３上-766)
外宮米用途佐貫郷南方金沢分	賦課請取状	金沢文庫文書(神３上-767)
天羽八幡宮造営要脚200文充段別銭佐貫郷南方金沢分	賦課請取状	金沢文庫文書(神３上-769)
外宮神宝料足天羽郡佐貫郷南方内金沢領(段別約20文)	賦課公田請取状	金沢文庫文書(神３上-770)
長楽寺領諸御公事除役夫工米并当国一宮神役事造営之間所被免許也	賦課	長楽寺文書(神３上-775)
外宮料役夫工米上野国新田庄長楽寺領平塚村西女塚村	免除	正木文書(群５-211)
伊豆国三島宮東西御読経所并三昧堂塔本八幡宮国分寺領役夫工米	免除	三島神社文書(神３上-787)
外宮料役夫工米上総国天羽郡佐貫郷南方内金沢称名寺領	賦課公田請取状	金沢文庫文書(神３上-800)
黄梅院領武蔵国小山田保山崎郷同保黒河郷半分六所宮造営段銭	免除	黄梅院文書(神３上-804)
常陸国吉田社領役夫工米段別銭	免除＝公田なし	吉田薬王院所蔵文書(神３上-812)
官庁段銭請取３通(加筆応永16年)	賦課請取文書目録	覚園寺文書(埼５-447)
官庁段銭(段別20文)馬野郡(上総国)内富益	賦課公田請取状	覚園寺所蔵戊神将胎内文書(神３上-833)
鶴岡八幡宮末社熱田領相模国出縄郷(余綾郡)内役夫工米	免除	鶴岡神主家伝文書(神３上-841)
鶴岡八幡宮領関東御分国役夫工米	免除	鶴岡八幡宮文書(神３上-851)
称光天皇御即位要脚段別銭新田庄	催促	正木文書(群５-212)
御即位要脚段銭上野国新田庄内岩瀬川、富沢、寺井	納入	正木文書(群５-213)

⑲	応永 6. 9.18	1399	富田聖初	（称名寺）
⑳	応永 6. 9.26	1399	大使	（称名寺）
㉑	応永 6.10.17	1399	別当聖源	（称名寺）
㉒	応永 6.11. 5	1399	いなけ	（称名寺）
㉓	応永 6.11.□6	1399	別当聖源	（称名寺）
㉔	応永 6.12. 2	1399	聖初	（称名寺）
㉕	応永 7. 9.15	1400	鎌倉公方足利満兼	世良田長楽寺長老
㉖	応永 8. 6. 5	1401	大使信治	（長楽寺）
㉗	応永 8.10. 7	1401	鎌倉府奉行人	伊豆守護代寺尾憲清
㉘	応永10.12. 3	1403	大使祖厳	（称名寺）
㉙	応永11. 6.12	1404	鎌倉府奉行人	埴谷備前入道
㉚	応永12. 9.11	1405	鎌倉公方足利満兼	（吉田社）
㉛	応永14. 6.19	1407	浄光明寺	
㉜	応永15.12. 4	1408	秀阿	（覚園寺）
㉝	応永17. 5.26	1410	大炊助・民部丞	土屋上総介 河村三郎
㉞	応永20. 4.21	1413	管領細川満元	関東管領上杉禅秀
㉟	応永22. 8.10	1415		
㊱	応永22.10. 9	1415	全忠	

鶴岡八幡宮領関東御分国役夫工米	免除	鶴岡八幡宮文書(神3上-884)
鹿王院領武蔵国赤塚郷(豊島郡)外宮役夫工米	免除	鹿王院文書(埼5-477)
天龍寺領相模国成田庄武蔵国下里郷(比企郡)段銭以下	免除	鹿王院文書(埼5-479)
相模国金目郷(大住郡)北方公田流失→役夫工米免除	免除	浄光明寺文書(神3上-905)
三島宮東西御読経所并三昧堂塔本八幡宮国分寺供僧等申内外宮役夫工米	免除	三島神社文書(神3上-907)
永福寺領武蔵国春原庄内別当領役夫工米	免除	相州文書所収文書(神3上-910)
黒河山崎六所段銭免状葛浜(武蔵国埼玉郡)已下段銭免状	免除文書目録	黄梅院文書(神3上-938)
円覚寺領所々外宮内宮役夫工米	減額	円覚寺文書(神3上-956)
鹿島社御修理要脚段別銭	催促	塙又三郎氏旧蔵文書(神3上-962)
熊野那智山造営料伊豆国段銭	催促	上杉文書(群7-198)
浄光明寺領相模国金目郷など役夫工米	免除	浄光明寺文書(埼5-551)
足立郡崎西郡之段銭寄進	催促	鷲宮神社文書(埼5-570)
内宮料関東御分国役夫工米	催促	内宮神宮所持古文書(神3下-118)
内宮料関東国々役夫工米	催促	御内書符案(神3下-118)
内宮料関東分国役夫工米	催促・不事行	内宮引付(神3下-120)
内宮料関東御分国役夫工米	催促・不事行、その他3通	内宮引付(神3下-127)

㊲	応永25. 5.10	1418	管領細川満元	当社社務僧都
㊳	応永26.10.27	1419	室町幕府奉行人	造宮使
㊴	応永27. 4.19	1420	管領細川満元	関東管領上杉憲実
㊵	応永28.12.13	1421	鎌倉公方足利持氏	浄光明寺長老
㊶	応永29. 5.10	1422	鎌倉公方足利持氏	（三島神社）
㊷	応永29. 9.15	1422	鎌倉公方足利持氏	永福寺別当法印御房
㊸	応永33. 6.晦	1426	侍真中趣 院主中宗	
㊹	正長元.12.29	1428	鎌倉府奉行人	円覚寺雑掌
㊺	正長 2.10. 9	1429	沙弥某	徳宿郷（常陸国）地頭
㊻	享徳元.12. 5	1452	管領畠山持国	関東管領上杉憲忠
㊼	享徳 2.12.15	1453	鎌倉公方足利成氏	浄光明寺長老
㊽	享徳 5. 2.10	1456	古河公方足利成氏	（武蔵国太田庄鷲宮大明神）
㊾	文明 3. 3.27	1471	室町幕府奉行人	朝日信濃守
㊿	文明 3. 6.12	1471	足利義政	堀越公方足利政知
51	文明 5. 6.29	1473	足利義政	堀越公方足利政知
52	文明 5. 7. 2	1473	室町幕府奉行人	朝日信濃守

「典拠」欄の略称は以下の通り。神＝『神奈川県史』、群－『群馬県史』、埼＝『埼玉県史』。

数字は巻−頁数を示す。

⑮下総国神崎庄惣社神主荒房丸代政広申、内裏御元服要脚当庄宮和田郷神領段銭事、依無公田、役夫工米等田役不致其沙汰之由、大使延興書状分明之上者、不及是非、所詮向後於社領者、不可被支配之由候也、仍執達如件、

明徳元年十二月廿日（一三九〇）　　散位（花押）

弾正忠（花押）

宮和田郷地頭

鎌倉府奉行人の連署奉書と考えられる右の史料で、下総国神崎庄宮和田郷神領には「公田」がないので、「役夫工米等田役」の負担がないことが明らかである。即ちこの事実は、逆に考えれば「公田」から「役夫工米」としての段銭を徴収することを明示しているのである。

さて以上のことから、段当平均約二〇文の公田段銭が臨時役として存在していたことがわかる。しかし付表15を通観すると、実際に納入が確認できる事例は、段銭請取状と応永二十二年の「御即位要脚段銭」㊱のみである。残りはすべて催促・免除・減額などを内容とするものとなっている。また、段銭請取状は応永十五年㉜を最後として、以後みることはできない。従って、後北条氏以前の当地域における公田段銭体系は、ほとんど機能しなくなっていたのである。それは特に十五世紀にはいって、「催促」を内容とする事例が増加し（㉟㊺㊻㊽㊾㊿(51)(52)）、更に「不事行」（(51)(52)）と記して、徴納が難航している事実を確認できることからも納得のいくところである。

それでは、このような公田段銭体系、その崩壊という歴史的前提を踏まえて、後北条氏は新たに如何なる段銭体系を創設していったのであろうか。

二　田名郷の段銭

ここで先ず後北条氏の段銭に関して、先学の業績を振り返って論点を明らかにしておく。佐脇栄智氏[11]は、天文十九年(一五五〇)四月一日付の後北条氏領国下に発給された「公事赦免」内容の北条氏印判状から、同年の税制改革及び貫高の六%の「役銭」＝新段銭という恒常税の創設を指摘した。これに対して池上裕子氏[12]は、この「役銭」を新段銭でなく「懸銭」と理解したのだった。後に佐脇氏は自説を訂正し池上説を支持するにいたる[13]が、筆者もまた天文十九年の税制改革にみられる貫高に六%を懸ける「懸銭」の創設に賛同したい。一方、問題の段銭について池上氏は、従来のように田畠合計貫高を段銭賦課基準とするのではなく、「段銭が田地を対象に賦課されたと考えるのが妥当」と述べている[14]。そしてこれは、池上氏自身も言うように、後北条氏研究にとって重要な部分であるが、また同時に充分に実証されたとは言い難い問題でもある。したがって税制改革での新段銭体系が否定されて以来、後北条氏の段銭研究には多くの課題が残されているのである。

そこで段銭賦課の対象や段当額について、後北条氏の段銭関係史料が最も多く残存している神奈川県相模原市の田名郷を中心に検討してゆく。

田名郷は永禄二年(一五五九)に成立した「北条氏所領役帳[15]」では、松山衆の中に「一、八拾貫文　東郡田奈郷　神尾善四郎」と記載されている。この田名郷に対する後北条氏の段銭賦課状況を示したものが表13「田名郷の段銭の推移」である。これによれば、天文二十一年八月十日[16]に小田原へ納入が命じられている「段銭六貫三百廿文」が、二十九年後の天正九年(一五八一)八月十七日[17]にいたっても「本段銭」として田名郷の段銭の基本となっていたことがわか

表13　田名郷の段銭の推移

No	年代	段銭	
(1)	天文21年	6320文（本段銭）	
(2)	弘治元年	6320文 2107文（増段銭）〈6320×３分の１〉	8427文
(3)	永禄５年	4800文（懸当検見辻）〈80貫文×0.06〉	
(4)	永禄６年	4800文（懸段銭） 2400文（増段銭）〈4800×２分の１〉	7200文
(5)	永禄９年８月23日	8427文（穀段銭）	
(6)	永禄９年９月22日	33俵２斗５升（穀段銭）〈約8664文〉	
(7)	永禄11年８月10日	8427文（穀段銭）	
(8)	永禄12年８月20日	8427文（穀段銭）	
(9)	天正３年９月９日 水害減免	6320文×２分の１ 2107文×３分の２	4565文
(10)	天正９年８月17日	4214文（段銭増分）〈6320×３分の２〉 2107文（増段銭）〈6320×３分の１〉	6321文

る。即ち天正九年には、弘治元年の増段銭＝二貫一〇七文（本段銭×三分の一）と、天正九年の増段銭＝四貫二一四文（本段銭×三分の二）が、後北条氏により賦課されていたのである。[18] 一方、このような本段銭六貫三二〇文を基本とする段銭体系に対して、永禄五・六年にみられる「段銭四貫八〇〇文」が注目される（表13(3)(4)）。

(3)　田名郷壬戌歳懸当検見辻役銭可□

四貫八百文　段銭十月十日を限而、山上ニ可渡之、

四貫九百九十二文懸銭六月分共ニ、十月十五日を限而、同人ニ可渡、

三百文　城米銭を以、十月晦日を限而、神保（二）□可渡之、

以上、

右役銭、随当作員数、被仰付候上者、日限如御定、奉公人ニ渡之、皆済之請取を取、霜月二日・三日之間ニ、小田原へ持来、関・安藤両人ニ可相断、無其儀ニ付而者、郷中無沙汰歴然之間、可被懸罪科旨、

被仰出者也、仍如件、
壬戌（永禄五年）（虎朱印）
九月廿四日
田名之郷小代官百姓中[19]

(4)（竪切紙）去年戊歳（永禄五年）検見辻ニ懸段銭四貫八百文也、当年増弐貫四百文相添、以上七貫弐百文、来晦日を切而、小田原御城へ持来、奉行山上ニ可渡之、当年御検見衆雖可被指越候、結句郷中之造作ニ罷成由、入　御耳候間、止検見、増分被仰付候、御日限を不違、持参可申候、若致無沙汰付而者、入譴責、牛馬を可引由、被仰出候状如件、
亥（永禄六年）八月朔日（虎朱印）
田名百姓中[20]

右の二通の後北条氏朱印状によれば、四貫八〇〇文の段銭は、永禄五年に実施された検見により決定したことがわかる。そして、この四貫八〇〇文という額は、当検見の三年前に成立したとされる「北条氏所領役帳」の田名郷貫高八〇貫文の六％に相当するのである。田名郷は、永禄六年に後北条氏より玉縄城の普請を命じられていることから[21]、永禄五・六年の段銭額は、弘治元年（一五五五）の段銭合計八貫四二七文より減額となっているが、結局は検見の結果、八〇貫文に六％を乗じた四貫八〇〇文に落ちついたのであろう。このことは、佐脇氏が畠貫高の六％とした懸銭[22]の「懸」と同義的に「懸当検見辻役銭」とか「検見辻ニ懸段銭」と明記されていることからも、納得のゆくところである。

さて、右のように永禄五・六年に臨時に採用された「懸段銭」（永禄六年には、その半分の二貫四〇〇文が増段銭となっている）に対して、田名郷の段銭体系の基本は、前述した如く天文二十一年初見の本段銭六貫三二〇文である（表

13⑴。以下、この本段銭の性格を検討する。

⑴（竪切紙）段銭六貫三百廿文相調、九月十日以前、小田原へ持来、関弥三郎ニ可渡之、日限相違ニ付而者、可入譴責、但、
　御法度三文悪銭可撰者也、仍如件、
（天文二十一年）
壬子
　　八月十日（虎朱印）
　　　田名　百姓中(23)

⑽四貫弐百十四文　田名郷段銭、但本段銭三ケ二懸、従当年可致進納辻、
　此外三ケ一、従乙卯（弘治元年）歳毎年御蔵納致来、
右、先年無検地郷村、就　御代替、当年雖可被改候、其以来被打置、只今事六ケ敷間、以段銭増分被仰付候、米穀計運送之苦労可存ハ、員数相当次第、黄金・永楽・絹布類・麻・漆等有合候物を以、可納之、然者十月晦日、必可致皆済所、可捧一札旨、被仰出者也、仍如件、
（天正九年）
辛巳
　　八月十七日（虎朱印）
　　　田名郷　代官　百姓中(24)

　前者⑴の朱印状は本段銭の初見であり、この「段銭六貫三百廿文」が本段銭と判明する証左が、四貫二一四文を「本段銭三ケ二懸」とする後者⑽の天正九年の朱印状である。それでは、この本段銭とはどのようにして成立したのであろうか。仮に何らかの基準貫高に数値を乗じたものならば、前記のように「懸段銭」と記載するであろうし、天文十九年の税制改革での「百貫文地より六貫文懸ニ可出」(25)などと表現されよう。そこで、後者の朱印状の内容から検

討すると、田名郷には検地を実施していなかったので、当年に実行しようとしたが困難であった。従って本段銭の三分の二を「段銭増分」として賦課したと記されている。

しかし、これはあくまでも便宜的措置であって、本来ならば検地の実施は、本段銭に何らかの数値を乗じて「段銭増分」を算出するのではなく、田積を補足して本段銭そのものの増徴をおこなうものである。即ち、後北条氏は田名郷に対して、本段銭の初見である天文二十一年以来(26)、検地を実施していなかったので、その段銭徴収は本段銭六貫三二〇文を基軸に推移していったのであった。そしてこのことは段銭の次のような性格に基づいているのである。

既に徳川氏治世下にはなったものの、後北条氏領国下を想起させる「慶長四年（一五九九）」と主書きのある二月日付 御奉行衆中宛 鎌倉寺社領百姓等申状案に(27)「一、段銭五拾三貫百五文、是者前々より地本一円無之候得共、田作り申候役銭として、被召上候」とあることや、同文の主書きのある十二月朔日付 彦坂元正宛 円覚寺等連署申状案に(28)「段銭之儀者、田地茂無之、田作り候役ニ候間、御免可被下候事」とあって、段銭は基本的には検地によって捉えられた田地の地積に対して賦課された体系であり、後北条氏の「本段銭」も検地によって把握された田地を対象に、後述するところの段当四〇文を割り付けていった負担体系と結論付けることができる(29)。

そこで田名郷について、本段銭の段当額を算出してみる。本段銭六貫三二〇文(30)から田名郷の田の貫高を七九貫文（六貫三二〇文÷〇・〇八＝七九貫文）と算出できる。これに基づいて、田名郷の地積を計算すると一五八段（七九〇〇〇÷五〇〇（田段別五〇〇文）＝一五八段）になる。更に、この田地に本段銭六三二〇文を段別に割り付けると、ちょうど四〇文（六三二〇文÷一五八段＝四〇文）なのである。この事実こそ、段当四〇文の段銭が検地によって捉えられた田地に割り付けられていった証であり、結果的に田地の貫高の八％になったと言える。

ここで先学の研究を振り返ると、池上氏は天正十二年の「大巧寺文書」を使用して、「本反銭は八パーセント、つまり田一反四〇文」とするが[31]、本段銭が八％を乗じて示されたものか、段別に四〇文を割り付けて示されたものか明らかではない。また佐脇氏も相模国飯泉・田名・粟船、武蔵国志田・寺尾の各郷の段銭税率を計算し、「本段銭の税率は八パーセント」と述べるにとどまる[32]。しかし、本段銭が「懸段銭」のように「懸」の文字を使って示されてはおらず、加えて前述したように段銭の基本的な性格は、検地により把握された田地に割り付けられることから、後北条氏の段銭は、郷村の貫高に八％を乗じて算出される役銭ではなく、田地を対象とした段別四〇文の負担体系とすることができる。

三　段銭による権力編成

後北条氏はこの段銭体系を梃子として、その権力編成を推進させていった。もちろん、段銭は小田原へ運搬され、後北条氏の財政を支えていたのであるが、田名郷の段銭の場合、次のような用途に使用されている。

(6)(竪切紙)寅歳穀段銭卅三俵弐斗五升、小田原へ付来、御本城於大蔵、幸田与三ニ渡之、可請取執(ママ)、御中間衆為御扶持米被
下間、致無沙汰付而者、可為曲事者也、仍如件、
(永禄九年(一五六六))丙刁九月廿二日(虎朱印)
田奈(名)郷百姓中[33]

小田原に納入される穀段銭は、一旦は段銭奉行であろう幸田与三に渡されるが、その用途は御中間衆の扶持米となっていたのである。このように段銭は、近世俸禄制の原初形態のように充用されたり、直接に田地が指示されてそこからの段銭が給与対象とされたりする場合もあった。

（折紙カ）
三浦郡公郷寺方給田之事、段銭・懸銭・棟別銭・諸役共ニ、守護不入として、永代出之置（ママ）者也、仍如件、

壬戌（永禄五年）

正月廿四日　　　遠山新四郎
　　　　　　　　　　奉之

古敷谷弾正忠殿(34)

後北条氏の命令を奉じた遠山新四郎は、北条家臣の古敷谷弾正忠に「公郷寺方給田」の段銭などを給与したのである。また、次の北条氏康判物により、後北条氏は寺領内部の段銭徴収を寺院に認可するかわりに、陣夫や定夫などを負担させて、役体系の内部に取り込んでいった。

中村（相模国足柄上郡）之内御寺領上町屋、致不入進候、并反銭・棟別之事者、自来年酉歳可進覧（ママ）候、但陣夫・定夫之儀者、可被仰付候、仍如件、

天文十七戊申（一五四八）

十二月廿三日　　　氏康（北条）書判

本光寺(35)

天文十六年に小田原城内に建立されたとされる臨済宗大徳寺派の禅刹である本光寺(36)は、北条氏康から足柄上郡の下中村上町に寺領を寄進され(37)、天文十九年には後北条氏の検地をうけている(38)。文中には「自来年酉歳可進覧（ママ）候」とあり、天文十八年からの段銭・棟別銭の収納が約束された。更にこのように寺領内の段銭の収得を認められていた例としては、「貴寺従古来、御抱之田畠并段銭本増共両毛以上五貫文目(39)」などとある鎌倉市内の大巧寺(40)をあげることができる。同寺も恐らくは後北条氏に何らかの役負担をしていたものと推測される。

さて、これまでは家臣や寺院に関する事例をあげてきたが、名主百姓や、山の管理者、手工業者も、同様に段銭の

給与化により後北条氏の知行制に編成されていったことがわかる。

相州東郡（高座郡）座間之郷新戸村安藤与太郎七ヶ村之可為名主職之司、若諍輩有之者、以此虎印判可申出、然者、為名主御給恩、相拘之段銭之内、五貫文被下、諸役可為御免許旨、被　仰出者也、仍状如件、

天文十二癸卯（虎朱印）十月廿四日

新戸村

安藤与太郎殿へ(41)

相模川の東、相模原市新戸村の安藤与太郎(42)は、七か村の名主職を所有していた。そして「名主御給恩」として、徴収していた段銭のうち五貫文を給与されたのである。また、天文十九年に伊豆狩野山檜奉行を後北条氏から仰せ付けられた大河神左衛門尉は、「佐野郷（伊豆国）之内、助左衛門名拾貫文之田地相拘、可致耕作候、彼地段銭之内にて、地頭山中ニ相断、自当年改而百疋充、年々可引取之候」(43)とある後北条氏の朱印状を、弘治二年（一五五六）二月二十四日に得ている。本来ならば地頭山中氏(44)に納入されるであろう段銭の一部を、後北条氏は大河神左衛門尉に与え、狩野山檜奉行として北条氏権力内に位置付けたのである。

（竪切紙）
長岡段銭之内弐貫文、為皮燻賃雖被下候、只今不被仰付間、彼弐貫文之分ニ、板目皮拾枚上可申由被成御心得候、自当年無無沙汰相納、毎年此請取歳暮ニ捧可申者也、仍如件、

酉（天正十三年（一五八五）カ）（虎朱印）

七月廿五日　幸田大蔵丞奉之

長岡皮作

九郎右衛門(45)

この酉年七月二十五日付後北条氏朱印状は、伊豆長岡の皮作職人である九郎右衛門に対して、長岡段銭が皮燻賃や板目皮一〇枚賃として、後北条氏から支給されていた事実を示している。[46] 即ち、手工業者の編成にも段銭が利用されていたと考えられる。

以上のように後北条氏は、その領国内（地頭領を含む）に成立していた田地段別四〇文の段銭を、寺院に対しては陣夫・定夫の給与分として免除したり、御中間衆の扶持米や家臣への給分として給与したり、名主百姓や、山を管理する有力百姓、皮革職人に与えたりすることで、その権力内に取り込んでいったのであった。なお、地頭領内（私領内）に成立していた段銭を梃子として諸役体系を拡充させていたことは、後北条氏の権力を評価する場合、特記されねばならないことであろう。

むすび

後に後北条氏領国となる東国地方には、室町時代を通じて役夫工米のような臨時税的公田段銭体系が存立していた。しかし、段当約二〇文のこの公田段銭は、十五世紀に入るとほとんどが衰退し機能を果たさなくなっていった。

そして、朝廷や室町幕府・鎌倉府・守護などの公的権力を賦課主体とする右の公田段銭に対して、後北条氏は全く新しい段銭体系を創出していったと言ってよい。後北条氏は公田・非公田を問わず田地段当四〇文の本段銭を設定し、領国の拡大とともに公領・私領を問わずに漸次、その支配領域に及ぼしていったものと思われる。また、同時に段銭を家臣・寺院・百姓・手工業者などに直接給与することで諸役体系を拡大させ、結果的に強力な権力を培ったのであった。

以上のように後北条氏の段銭は、最早それ以前に実態を失っていた公田段銭の単なる継承によるような性格の負担体系ではないことは明確である。この意味からすると、後北条氏は、公領・私領にまたがる実質的な支配権を再編成させた新たな権力であったと言うべきであろう。こうした新たな段銭体系(47)(負担体系)はいかなる社会的状況を背景として成立したのであろうか。重大な課題ではあるが、本節では言及できなかった。伝馬役を含めて本書の論点であり、第一章と、本章の他節をも参照されたい。

註

(1) ここでは小和田哲男氏の「後北条氏研究の成果と課題」(『後北条氏研究』一九八三年)をあげておく。

(2) 藤木久志「戦国大名制下の守護と段銭—永正~天文期の伊達氏について—」(『戦国社会史論』一九七四年、『東北大名の研究〈戦国大名論集2〉』一九八四年に再録)。

(3) 佐脇栄智「後北条氏の税制改革について—反銭・懸銭を中心に—」(『後北条氏の基礎研究』一九七六年)。

(4) 池上裕子「天文十九年四月朔日令について」(『戦国時代社会構造の研究』一九九九年)。

(5) 佐脇栄智氏は「後北条氏の懸銭・段銭再考」(『後北条氏と領国経営』一九九七年)を発表し再検討を試みている。

(6) 滝善成「段銭段米の研究」(『史苑』七—二、一九三二年)。

(7) 阿部猛「段米・段銭について—起源と負担方式—」(『中世日本荘園史の研究』一九六七年)。

(8) ここでは田沼睦「公田段銭と守護領国」(『中世後期社会と公田体制』二〇〇七年)、百瀬今朝雄「段銭考」(『日本社会経済史研究〈中世編〉』一九六七年)、市原陽子「室町時代の段銭について(Ⅰ)(Ⅱ)—主として幕府段銭を中心に—」(『歴史学研究』四〇四・四〇五、一九七四年)をあげておく。

（9）市原陽子氏は、註（8）論文で「室町幕府の段銭・段米」という詳細な表を作成しており、本節の付表15中②㉙㊶㊷㊻㊾㊿は既に掲示されている。しかし、⑧⑪⑫⑮⑯㉕㉗㉚㉞㊲㊳㊴㊵㊹㊼㊽51 52は掲出されていない。

（10）但し、例外として㉑㉓の「天羽八幡宮造営要脚段別弐百文」がある。なお、この両通の段銭請取状に関しては、金沢文庫学芸員（当時）永井晋氏より写真コピーの恵送を得ている。それによれば「二拾文」でなく「二百文」と読める。

（11）佐脇註（3）論文。

（12）例えば、「陶山静彦氏所蔵文書」（『神奈川県史』〔以後『神奈川』とする〕三下―三一七頁）。

（13）池上註（4）論文。以後、池上説は当論文。

（14）佐脇栄智『後北条氏の基礎研究』（一九七六年、一九八六年復刊）二三九頁。しかし佐脇氏は近年、懸銭を次のように定義している。「北条氏康が天文十九年に税制改革を行い、それまで畠を対象として賦課してきた諸点役とも呼ばれた諸公事を廃止し、その替りとして、畠の貫高に対し税率六パーセントの公事として創設したもの」（註（5）論文）。

（15）『平塚市史』1資料編古代・中世―七一一頁。

（16）「陶山静彦氏所蔵文書」（『神奈川』三下―三四二頁）。

（17）「陶山静彦氏所蔵文書」（『神奈川』三下―九二三頁）。

（18）表13の天正三年の田名郷四五六五文は、水害による減免と思われるが、この貫高は本段銭の二分の一と弘治元年の増段銭の三分の二の和となっている（下村效「後北条氏、天正三年の反銭減免―マイコンによる一つの試み―」『戦国史研究』八、一九八四年）。

（19）「陶山静彦氏所蔵文書」（『神奈川』三下―四五五頁）。

（20）「陶山静彦氏所蔵文書」（『神奈川』三下―四七七頁）。

(21)「陶山静彦氏所蔵文書」(『神奈川』三下―四七三頁)。
(22)佐脇註(5)論文。
(23)「陶山静彦氏所蔵文書」(『神奈川』三下―三四二頁)。
(24)「陶山静彦氏所蔵文書」(『神奈川』三下―九二三頁)。
(25)「陶山静彦氏所蔵文書」(『神奈川』三下―三一七頁)。
(26)「陶山静彦氏所蔵文書」(『神奈川』三下―四五五頁)にあるように、後北条氏は田名郷に永禄五年に「検見」を実施している。しかし筆者は、当該年の作毛状況を調査する「検見」と、耕地面積の把握に努める「検地」を基本的に別物と考えている。
(27)「円覚寺文書」(『鎌倉市史』史料編第二―四〇二頁)。「地本一円無之候得共」が気になる箇所である。「地本」とは本主(本名主)を意味し、本主が不在の土地なので段銭を請け負う仕組みがないが、田作りを賦課対象としているので、段銭を徴収すると解釈できないだろうか。
(28)「円覚寺文書」(『鎌倉市史』史料編第二―四〇三頁)。
(29)福井県敦賀郡の浄土宗の古刹、手筒山善妙寺には、永禄元年六月五日付 善妙寺寺領目録がある。これによれば、田地一筆ごとに割り付けられた段当七五文とその約二倍の二方式の段銭体系が創設されていたことがわかる(本書第二章第三節「戦国期越前国の負担体系と朝倉氏―敦賀郡善妙寺領の分析―」)。
(30)佐脇氏は註(5)論文で、田名郷の本段銭六貫三二〇文に目銭が含まれているとして、目銭の一八三文を差し引き六貫一三七文を納入分とした。
(31)池上氏は天正十二年二月十六日付 富岡美作守宛 大道寺政繁書出写(「相州文書所収鎌倉郡大巧寺文書」『神奈川』三下

一〇二二頁)などにより、一貫二〇〇文の田地に「反銭本増二百文」が設定されていることから、その賦課率を一六%とし、後北条氏の基本貫高である田段別＝五〇〇文の一六%、即ち一段当り八〇文を算出した。更に、この天正十二年時の「反銭本増」は、表13「田名郷の段銭の推移」にも示したように、弘治元年の本段銭の三分の一増、天正九年の本段銭の三分の二増を経てのものと思われ、本段銭の倍額(三分の一＋三分の二)になっているとし、本段銭は貫高の八%で、段別四〇文に相当するとした。

(32) 佐脇註(5)論文。

(33) 「陶山静彦氏所蔵文書」(『神奈川』三下―五三九頁)。なお、穀段銭については(永禄七年ヵ)九月三日付 品川南北代官百姓中宛 後北条氏朱印状写に「一、撰銭諸百姓可致迷惑候歟、於段銭者、来(米)を以納可申」とある(「新編武蔵国風土記稿」『神奈川』三下―四九八頁)。

(34) 「相州文書所収三浦郡団右衛門所蔵文書」(『神奈川』三下―四四三頁)。

(35) 「本光寺文章」(『神奈川』三下―三〇三頁)。

(36) 『神奈川県の地名〈日本歴史地名大系14〉』六八九頁。

(37) 天文十六年九月二十一日付 本光寺宛 北条氏康判物案写(「本光寺文章」『神奈川』三下―二九四頁)。

(38) 下中村上町検地帳(「種徳寺文書」『神奈川』三下―二二二頁)。なお、この検地帳の検討に関しては多くの業績があるが、ここでは小和田哲男「後北条氏領国下の農民諸階層―「下中村上町分検地帳」の再検討―」(『後北条氏研究』一九八三年)をあげておく。

(39) 天正十二年二月二十日付 大巧寺宛 富岡美作守書状写(「相州文書所収鎌倉郡大巧寺文書」『神奈川』三下―一〇二二頁)。

(40)『神奈川県の地名〈日本歴史地名大系14〉』二九八頁。

(41)「相州文書所収高座郡権左衛門所蔵文書」(『神奈川』三下—二八三頁)。

(42)『神奈川県の地名〈日本歴史地名大系14〉』四九二頁。

(43)「大川文書」(『神奈川』三下—三六二頁)。

(44)「北条氏所領役帳」(『平塚市史』1資料編古代・中世—七二六頁)には、伊豆衆のうちで「五拾貫文　同佐野」とある山中彦次郎がいる。

(45)「宮本文書」(『神奈川』三下—一〇七二頁)。

(46)既に永禄十年十一月二十一日付 長岡皮屋七郎右衛門・同孫九郎宛 北条氏康朱印状(「宮本文書」『神奈川』三下—五七三頁)に「ふすへ皮改而御定」として、「一、ふすへ銭年来不被下由依申、此度弐貫文被下候、自手前出ル以段銭、毎年引取可申、(下略)」とある。「自手前出ル以段銭、毎年引取可申」が注目される。皮屋七郎右衛門・同孫九郎は、納入すべき段銭のうちから二貫文を「ふすへ銭」として差し引かれているのである。両人は田地を耕作しており、当該地に割り付けられた段銭の一部が知行化していることになる。

(47)本書第二章「戦国期の負担体系」第二節「戦国期の買地安堵—江北地域の売券・寄進状の分析—」付表11⑲-Ⓐの事例などから、抜地売却に際して買得者が本主に納入する私的段銭が創設されていたことがわかる。
甲斐武田氏の段銭については、柴辻俊六氏が「戦国期の棟別役」(『戦国大名領の研究—甲斐武田氏領の展開—』)の中で「基本的には段銭徴収はみられない」としたが、山室恭子氏は「武田氏によって税率三%の「段銭」が恒常的にしかも広範囲にわたって賦課されていた」(『武田氏の研究〈戦国大名論集10〉』)と述べた。後に柴辻氏は「甲斐武田氏の反銭と棟別銭」(『戦国大名武田氏領の支配構造』)を著わし、自説を再確認している。ここでは、既に阿部猛氏が註(7)論文で、「名田の中に、段銭と云物を、撰び出し高にふみ」（「甲陽軍鑑坤品第四十七」『甲陽叢書』五―一五頁）という一文を掲出していたことを付記しておく。なお、この「撰び出し高にふみ」から、名田より段銭負担地を選び取り「高」に結ぶと解釈し、貫高に八％を乗じて段銭額が決定するのではなく、選ばれた一筆ごとの田地に段銭が設定されたことが想定できる。

「序文にかえて」のなかで「地名辞書を何気なく見ていると、戦国時代からあらわれる地名が目に付く」と記した。そこで、『角川日本地名大辞典』から後北条・今川・武田の本拠地のある「神奈川」「静岡」「山梨」三県の、「鎌倉期に(より)見える」「南北朝期に(より)見える」「室町期に(より)見える」「戦国期に(より)見える」地名を集積表化してみた(表14)。やはり、どの県を見ても「戦国期に(より)見える」地名が突出しており、静岡県は五五・四%(六八七件)、山梨県にいたっては、七五・一%(四七〇件)に達している。神奈川県は幕府の所在地の影響からか「鎌倉期に(より)見える」地名が二三一件あるが、それでも「戦国期に(より)見える」地名は、四五・六%(三六五件)を占めている。全体的には五七%(一五二二件)であり、最少は「室町期に(より)見える」地名で一〇・七%(二八六件)である。これは、室町期の開発が飽和状態にあったことを意味しているのかもしれない(榎原雅治『室町幕府と地方の社会』一一三頁、岩波新書、二〇一六年)。

表14　地名辞典にみえる地名発生時期

	神奈川	静岡	山梨	全体
鎌倉期に(より)見える件数	231	219	53	503
南北朝期に(より)見える件数	114	177	66	357
室町期に(より)見える件数	91	158	37	286
戦国期に(より)見える件数	365	687	470	1522
合計件数	801	1241	626	2668
戦国期の割合(%)	45.6	55.4	75.1	57.0

(『角川日本地名大辞典』より)

以上のように、戦国大名支配の拠点となる地域において、中世社会に出現する地名のうち、六割に近い宿郷村などの地名が、突如として戦国期にあらわれるのである。これを単に開発の成果としてのみ捉えることができるのであろうか。潜在化していた宿郷などが、何らかの要因のもとで大名権力につながったことも予想できよう。このような戦国期の宿立て・郷立ては一体何を意味しているのであろうか。

鎌倉時代から南北朝期を経て室町時代の伝馬制度を通観すると、伝馬役負担を義務付けられた宿は、令制下の伝統的宿や鎌倉御家人領内に見られる宿くらいであり、全体から見ても希有な宿と言うことができよう。そして、一番多く確認できるのは、荘園制的夫役の一種としての伝馬役であるが、いずれも畿内及びその周辺の東寺・東大寺・高山・春日社・興福寺(三蔵院・大乗院)・勧学院領荘園からの徴発であり、年貢輸送や地頭荘官の上下向に利用された。その徴発形態は、街道沿いの各宿からではなく、荘園内から徴発された人夫伝馬が同道し交代しつつ輸送をおこなったものと推測される。なお、以上のような荘園伝馬役は、中世後期になると衰退する。また、守護伝馬役が機能していたとは考えられない。但し稀なケースであるが、宗像社領内や大乗院領内という限定された地域内の宿郷に、伝馬役が賦課される事例をあげることができる。

一方、後北条・今川・武田の各戦国大名は、領国内に伝馬役を仕立てる宿を数多く設置し、伝馬掟を掲げて定数・駄賃・手形など詳細な規定を作成しており、公的な路地保障体制を着実に拡張させていったと言える。後北条氏や武田氏は伝馬屋敷を中心にして宿を創設していったが、その背景には問屋に抱えられていた馬方衆と、街道筋に散在していた馬方衆との競合的動向を想定しなければならない。その結果、新たな伝馬宿立てに際して、大名―問屋―馬方衆による一揆的結合を生み出したのである。公的な路地保障体制構築を目指す大名権力、馬方衆を差配して営業の拡大・安定化をはかろうとする伝馬宿問屋、伝馬宿に帰属し大名権力と直結することで身分の保障を得ようとした馬方衆、この三者が新宿立てという同じ目標を掲げて協同するところに、近世伝馬制度への道は開けてゆくと言えよう。

農業生産力の伸長は、荘園年貢外に成立した余剰生産物を増大させ、その売買によって加地子得分権として顕在化するというのが通説である。しかし、農業生産力の伸長のみでは荘園年貢を凌駕するほどの加地子得分を説明することは不可能なのである。そこで、鎌倉時代より看取することができる非公田的な名内得分地の名抜き売買・寄進の事例から、抜地加地子の存在を明らかにした。その抜地加地子（内徳）の売却・寄進に際しては、買主・被寄進者側から本主（名主・親名）に納入する公方年貢・色成年貢などの低斗代の諸負担が新設された。その背景には、名内に留保されていた荘園年貢負担をともなわない名内得分地が、売却や寄進などで名から抜かれることで、所有権が不安定となるので、それを避けることから低額の諸負担を設けるのと同時に、中世社会に根強く残存する本主権、換言すれば強固な徳政欲求があり、この対応として低額の諸負担を設けたのである。いずれにせよ、抜地買得者側からの加地子得分保障要求の上に右の負担体系は成立したのであった。

このような加地子の存在形態は、本年貢負担なしの名抜地の売却にあたって、少額ながらも諸負担（公方年貢・加地子得分・段銭・万雑公事など）が新設される江北地域の土地売券の分析でも確認された。なお、斗代（諸負担合計の段当額）については、平均一石二斗（一石五斗と一石が突出）であり、これは段当年貢額と言うことになる。太閤検地において「上田一石五斗」の石盛（斗代）は生産高が通説であろうが、中口久夫氏（『太閤検地と徴租法』）や池上裕子氏（『戦国時代社会構造の研究』）が石高＝年貢高と指摘するように、ここでも再検討を迫る結果となった。

越前国の名抜地売却・寄進事例では、段銭・本役・上成・公方年貢・小成物などの低額諸負担が認められることから、名編成は見られないものの、低斗代の本役米銭や段銭が成立している善妙寺領目録の耕地は、名抜地と基本的には同性格の荘園年貢免除地であった。これに対して朝倉氏は安堵を続けたが、特に段銭は一筆ごとに割り付けられており、作職の保障がなされていたのである。そして、この体制は朝倉氏が寺庵役を一郡一国規模で創設したことで、直接に大名権力の知行体制に取り込まれることになった。従って、段銭を納付している作人は、その地位を朝倉氏から確実に保障されたのである。

同様に、税制改革で知られる後北条氏も、前代の段当二〇文の公田段銭体系を乗り越え、一筆ごとの田地を対象として段当四〇文の段銭体系を広く領国内に普及させていった。これにより段銭を負担する作人の地位は、後北条領国内の各郷村の構成員として確固たるものとなったのである。

かくして伝馬役を負担する馬方を宿の構成員とする宿、本役・段銭を負担する作人を村の構成員とする新たな郷村が、大名権力、問屋・名主、馬方・作人の一揆的結合のもとに構築されていった。そして、こうした宿と郷村は一つのセットとして機能していたのであろう。郷村から見れば宿は銭納のために生産物を換金する場であり、宿からすれば郷村からの生産物は住民や往還者の生活を支えるものであった。故に両者の設立は、地域的経済圏の創設を意味しているのである。

戦国期に見える地名の多さは、このような風景を物語っていたのであり、検地帳や安堵状・禁制などに初めて登場する多くの宿郷社会の出現は、問屋・交通業者・村役人・作人などを包み込んだ近世社会へと続く持続可能な共存的・互助的世界の誕生を意味していると言える。

あとがき

最後に、一人の高校教諭の駄文をお許し願いたい。既に最初の論文を認めて、三十年以上が経過してしまった。しかし、未だに史料や論文に向かう気持ちを何とか持ち続けることができているのは、紛れもなく恩師米原正義先生のあの日の厳しい眼差しにある。

江戸時代の墓石が散在している墓地が遊び場所であった少年時代、父の影響もあって歴史が好きになり、両親も親類一同も大学出などいない環境にもかかわらず、國學院大學文学部史学科に進学させてもらい、「日本史研究会」に入会した。研究会での毎日は刺激的であった。自分たちでテーマを決め発表し、討論する研究会が週二日（私は「分国法研究会」と「近世史部会」の二つの部会に入っていた）、それに加えて、機関誌の作成や研修旅行、春・夏の合宿など、怠け者の私にとっては目の回る忙しさだった。そんな日々をともにした先輩方には、今も近しくお世話になっている青柳勝氏や弓倉弘年氏がいる。また、同期には鍛代敏雄氏、永井晋氏らがおり、大きな影響を受けた。

在学中、私はろくに就職活動もせずに卒業論文のことばかり考えていた。その指導会でお目にかかったのが、既に学士院賞を受賞されていた米原先生であった。そして、大学四年生時に履修した土曜一限の「日本文化史」の講義の後、先生より来年度から大学院を担当するということを伺った。この運命的なタイミングが、私の学問へのスタートとなったのである。そして以後、先の青柳氏と鍛代氏とともに、米原門下の一番弟子としての生活が始まった。

当時の中世史専攻の大学院生は小川信先生を指導教授としており、私たち新参者の米原門下生は、そうした先輩院生方とともに切磋琢磨した。私は研究テーマを「戦国大名領国下の在地構造」としたが、その背景には当時盛んに展開されていた「増分論争」（安良城・勝俣論争）があった。身の程もわきまえず自分なりの結論を求めた結果が本書の「第二章第一節」の「加地子試論」である。更にこの方向性を「戦国期の負担体系」として継続したのであるが、これができたのは、米原先生が引き合せて下さったもう一人の恩師、下村效先生の存在に他ならない。学者である以前に教育者であられた両先生には、学問から酒の飲み方に至るまで多くの教えを受けたが、今でも壁にぶつかった時などは、お二人だったらどのようにお考えになるのかなどと想像してしまう。私は一年留年し、当時の内規であった学術論文五本をようやくクリアして大学院を修了することができた。その後、特別研究生として大学に籍を置きつつ、東京大学史料編纂所でアルバイトをさせていただいた。その時は、染谷光廣先生から多大なご指導を賜り、同時に学問の奥深さ厳しさを実感することとなった。

平成元年、私は豊島岡女子学園に教諭として採用された。既に三十歳であった。教育と言う新たな場で色々な経験を積ませていただいたが、一方では細々と論文も書いていた。それは、立派な研究活動を継続しておられる本校の先生方の存在とも無関係ではない。そして、本校理事長（当時）であり國學院大學名誉教授の二木謙一先生が態々《わざわざ》本書の「第一章第四節」となった「今川氏の伝馬制度に関する一試論」（原題）をお読みになり、直接コメントをいただけたことは望外の喜びであった。

以上のように、多くの方々のご援助や励ましにより学問を続けてこられたのにもかかわらず、なかなか上梓にいたらなかったのは、偏に私の怠惰のせいであり、ここに私を支援してくださった二木謙一先生をはじめ本校同僚諸氏、心優しい生徒たち、そして毎日お弁当を作ってくれる伴侶に、心より感謝の気持ちを伝えたい。

冒頭の米原正義先生の厳しい眼差しとは、先生が病に倒れて初めてお目にかかった時の印象である。ベッドの上から言葉にならぬ声を発し高々と手をあげて、親指と人差し指をはさむようなポーズをされた。その眼光の鋭さと手の仕草から、「早く本を書いて持って来い！」という私への強いメッセージであることは明瞭であった。以降、その宿題を果たそうと誓うも遅々として進まず、先生は旅立たれてしまった。ここに曲がりなりにも漸くまとめることができたものの、既に学界の趨勢とは乖離している論考も多く、お恥ずかしい次第である。従って、黄泉の世界にいらっしゃる米原先生、下村先生のもとに本書をお届けしても及第点には遠く及ばないであろう。しかし、それでも私は満足である。何故ならば、先生の永遠のあの眼差しがある限り、まだ宿題は完成していないからである。

なお、発表後三十年以上も経過した論文を上梓することに関しては、忸怩たる思いがあることは否定できない。敢えて決断した背景には、以前より刊行を促してくださった「戦国史研究叢書」編集委員会の皆さま方や出版の労を担っていただいた「岩田書院」の岩田博氏の存在がある。ここに深甚のお礼を申し述べたい。

平成三十年霜月吉祥日

野澤隆一

初出一覧

序にかえて（新稿）
第一章　戦国期の伝馬制度
第一節　鎌倉時代の伝馬制度（『豊島岡研修』平成九年度、一九九七年）
第二節　中世後期の伝馬役―戦国大名伝馬制度の歴史的前提―（二木謙一編『戦国織豊期の社会と儀礼』二〇〇六年）
第三節　後北条氏の伝馬制度（『國史學』第一二七号、一九八五年。原題「後北条氏の伝馬制度に関する一試論」）
付　論　後北条氏と伝馬役（『戦国史研究』第二八号、一九九四年）
第四節　今川氏の伝馬制度（『國史學』第二一二号、二〇一四年。原題「今川氏の伝馬制度に関する一試論」）
第五節　武田氏の伝馬制度―天正三・四年伝馬定による宿立て―（新稿）
第二章　戦国期の負担体系
第一節　加地子試論―増分論争止揚への試み―（『國學院大學大学院紀要―文学研究科―』第一九輯、一九八七年）
第二節　戦国期の買地安堵―江北地域の売券・寄進状の分析―（『國史學』第一三四号、一九八八年）
第三節　戦国期越前国の負担体系と朝倉氏―敦賀郡善妙寺領の分析―（『國史學』第一四一号、一九九〇年）
第四節　後北条氏と段銭（『米原正義先生古稀記念論文集　戦国織豊期の政治と文化』一九九三年）
結　語（新稿）

著者紹介

野澤　隆一（のざわ・りゅういち）

1959年　東京都生まれ
1988年　國學院大學大学院文学研究科日本史学専攻博士課程後期修了
現　在　豊島岡女子学園中学校高等学校教諭
　　　　東京農業大学非常勤講師

主要論文
「足摺岬金剛福寺蔵土佐一条氏位牌群」（『國學院雑誌』第87巻第４号、1986年）
「細川昭元考」（『栃木史学』第２号、1988年）

戦国期の伝馬《てんま》制度と負担体系　　戦国史研究叢書 18

2019年（令和元年）６月　第１刷　350部発行　　定価［本体6800円＋税］

著　者　野澤　隆一

発行所　有限会社岩田書院　代表：岩田　博　　http://www.iwata-shoin.co.jp

〒157-0062　東京都世田谷区南烏山4-25-6-103　電話03-3326-3757　FAX03-3326-6788

組版・印刷・製本：亜細亜印刷

ISBN978-4-86602-072-3　C3321　￥6800E

戦国史研究叢書　②後北条領国の地域的展開（品切）

①	黒田　基樹	戦国大名北条氏の領国支配	5900円	1995.08
③	荒川　善夫	戦国期北関東の地域権力	7600円	1997.04
④	山口　　博	戦国大名北条氏文書の研究	6900円	2007.10
⑤	大久保俊昭	戦国期今川氏の領域と支配	6900円	2008.06
⑥	栗原　　修	戦国期上杉・武田氏の上野支配	8400円	2010.05
⑦	渡辺　大門	戦国期赤松氏の研究	7900円	2010.05
⑧	新井　浩文	関東の戦国期領主と流通	9500円	2012.01
⑨	木村　康裕	戦国期越後上杉氏の研究	7900円	2012.04
⑩	加増　啓二	戦国期東武蔵の戦乱と信仰	8200円	2013.08
⑪	井上　恵一	後北条氏の武蔵支配と地域領主	9900円	2014.10
⑫	柴　　裕之	戦国織豊期大名徳川氏の領国支配	9400円	2014.11
⑬	小林　健彦	越後上杉氏と京都雑掌	8800円	2015.05
⑭	鈴木　将典	戦国大名武田氏の領国支配	8000円	2015.11
⑮	小川　　雄	徳川権力と海上軍事	8000円	2016.09
⑯	須藤　茂樹	武田親類衆と武田氏権力	8600円	2018.03
⑰	小笠原春香	戦国大名武田氏の外交と戦争	7900円	2019.04

岩田選書◎地域の中世　　②③は品切

①	黒田　基樹	扇谷上杉氏と太田道灌	2800円	2004.07
④	黒田　基樹	戦国の房総と北条氏	3000円	2008.09
⑤	大塚　　勲	今川氏と遠江・駿河の中世	2800円	2008.10
⑥	盛本　昌広	中世南関東の港湾都市と流通	3000円	2010.03
⑦	大西　泰正	豊臣期の宇喜多氏と宇喜多秀家	2800円	2010.04
⑧	松本　一夫	下野中世史の世界	2800円	2010.04
⑨	水谷　　類	中世の神社と祭り	3000円	2010.08
⑩	江田　郁夫	中世東国の街道と武士団	2800円	2010.11
⑪	菅野　郁雄	戦国期の奥州白川氏	2200円	2011.12
⑫	黒田　基樹	古河公方と北条氏	2400円	2012.04
⑬	丸井　敬司	千葉氏と妙見信仰	3200円	2013.05
⑭	江田　郁夫	戦国大名宇都宮氏と家中	2800円	2014.02
⑮	渡邊　大門	戦国・織豊期赤松氏の権力構造	2900円	2014.10
⑯	加増　啓二	東京北東地域の中世的空間	3000円	2015.12
⑰	月井　　剛	戦国期地域権力と起請文	2200円	2016.02
⑱	小豆畑　毅	陸奥国の中世石川氏	3200円	2017.02
⑲	那須　義定	中世の下野那須氏	3200円	2017.05